Renate Wagner

NESTROY ZUM NACHSCHLAGEN

Der 53jährige Nestroy, wie Josef Kriehuber ihn gestaltet hat. Der Kopf ist ein Ausschnitt aus jenem Bild, in dem Nestroy gemeinsam mit seinen Kollegen Scholz und Treumann gezeigt wird.

Renate Wagner

NESTROY
Zum Nachschlagen
Sein Leben – Sein Werk – Seine Zeit

:STYRIA

Die Deutsche Bibliothek – CIP-Einheitsaufnahme

Wagner, Renate:
Nestroy zum Nachschlagen : sein Leben – sein Werk – seine Zeit /
Renate Wagner. –
Graz ; Wien ; Köln : Verl. Styria, 2001
ISBN 3-222-12873-1

© 2001 Verlag Styria Graz Wien Köln
www.verlagstyria.com
Redaktion: Elke Vujica
Herstellung: Helmut Lenhart
Layout, Repros & Umbruch: B & R Satzstudio, Graz
Umschlaggestaltung: Graphic-Design Mag. Kurt Rendl, Wien
Druck und Bindung: Druckerei Theiss GmbH, A-9400 Wolfsberg
ISBN 3-222-12873-1

Von allen Geistern,
die verneinen,
ist mir der Schalk
am wenigsten zur Last.

Goethe

J Nestroy

INHALT

Vorwort   9
Chronik   11
Stücke   129
Menschen und Begriffe   219

Nestroy-Literatur   259

Stücke tabellarisch   260

Danksagungen   264
Bildnachweis   264

VORWORT

Der Nachwelt mag es logisch und auch sinnvoll erscheinen, das Leben eines Menschen retrospektiv nach seinen Schwerpunkten zusammenzufassen. Doch jedes Leben wird unweigerlich von Tag zu Tag gelebt, und das Nachzeichnen der äußeren Ereignisse in Chronikform mag durchaus in der Zusammen- und Rückschau dann auch den großen biographischen Bogen ergeben und als Biographie gelesen werden.

Dies ist die Intention der ausführlichen Chronik am Beginn des Buches, die Fakten, Fakten und nochmals Fakten zusammenstellt und so das „Theaterleben" des Johann Nestroy, aber auch Aspekte seiner privaten Existenz, durch all die Jahre seines arbeitsreichen Daseins verfolgt. Wo sich das Einzelinteresse des Lesers an Stücken, an Mitmenschen, an Stichworten entzündet, können diese mit den Verweisen (durch ein * gekennzeichnet) im anschließenden Lexikon-Teil aufgefunden werden. Das bietet die Möglichkeit, sich wie im Internet von Verweis zu Verweis zu bewegen. Bei diesen geht es immer vordringlich um die unmittelbare Beziehung von Menschen und Ereignissen mit und um Johann Nestroy.

Alle Stücke Nestroys sind hier nicht nur alphabetisch gereiht, mit Inhalt, Nestroy-Rolle, Analyse und Verzeichnis der bekanntesten Couplets zu finden, sondern auch in einer erstmals in dieser Form aufgelisteten tabellarischen Summa aller relevanten Gesichtspunkte (Genrebezeichnung, Uraufführung, Musik, Vorlagen, wichtigste Rollen etc.).

Der Lexikon-Teil faßt die Biographien der wichtigsten Menschen in Nestroys Leben ebenso zusammen wie die ihn betreffenden wichtigen Begriffe von Antisemitismus über Revolution bis zu Zensur.

Dieses Buch kann nach Wunsch und Bedarf als Materialsammlung, aber auch als Lesebuch benutzt werden, das in die Welt einer faszinierenden, letztlich immer rätselhaft bleibenden, in ihren Leistungen über weite Strecken genialen Persönlichkeit führt.

Juni 2001   Renate Wagner

CHRONIK

1801

9. Februar: *Der Friede von Luneville beendet kurzfristig den Krieg zwischen Österreich und Frankreich.*

13. Juni: *Das neu erbaute Theater an der Wien, später eineinhalb Jahrzehnte lang „Nestroys Haus", wird unter der Direktion von Emanuel Schikaneder eröffnet.*

7. Dezember: Johann Nepomuk Nestroy kommt als zweites Kind und zweiter Sohn des Hof- und Gerichtsadvokaten Johann *Nestroy und seiner Gattin Magdalena *Nestroy, geborene Constantin, im Haus Bräunerstraße 6 zur Welt und wird in der Michaelerkirche getauft. Sein Bruder Karl Korbinian *Nestroy ist ein Jahr älter.

In diesem Jahr tritt der zehnjährige Franz Grillparzer in das St.-Anna-Gymnasium ein. Der elfjährige Ferdinand Raimund besucht diese Schule schon seit 1797.

Längere Zeit galt irrtümlich der Sternhof als Nestroys Geburtshaus, mittlerweile zeigt die Gedenktafel an dem Barockhaus in der Bräunerstraße 6 die richtige Adresse an. In der Einfahrt befindet sich eine kleine „Nestroy-Ausstellung" in Bildern.

1803

29. November: Nestroys Schwester Franziska *Nestroy kommt zur Welt.

1804

12. Mai: Wilhelmine von *Nespiesny, Nestroys spätere Gattin, wird geboren.

11. August: Nachdem sich Napoleon Bonaparte am 18. Mai zum „Kaiser der Franzosen" ausgerufen hat, nimmt Kaiser Franz II. den Titel eines „erblichen Kaisers von Österreich" an und nennt sich als solcher Franz I.

Franz Grillparzer beginnt sein Studium an der Philosophischen Fakultät der Universität Wien.

1805

9. März: Nestroys Bruder Josef Anton Gotthold kommt zur Welt und stirbt am 21. November im Alter von achteinhalb Monaten.

Ferdinand Raimund wird Zuckerbäckerlehrling.

23. September: Frankreich erklärt Österreich erneut den Krieg.

14. November: Nachdem französische Truppen Wien erobert haben, trifft Napoleon in der Stadt ein und nimmt Quartier in Schloß Schönbrunn.

2. Dezember: Die Franzosen gewinnen die Schlacht von Austerlitz.

26. Dezember: Der Friede von Preßburg erlegt Österreich harte Bedingungen auf.

1806

Nestroy besucht die St.-Anna-Schule.

Die Familie Nestroy übersiedelt in den Sternhof (Ecke Jordangasse / Schultergasse).

18. März: Nestroys Schwester Maria Antonia Elisabeth kommt zur Welt und stirbt am 8. März 1807 im Alter von knapp einem Jahr.

> *6. August: Nachdem sich deutsche Fürsten mit den Franzosen zum „Rheinbund" zusammengeschlossen haben, legt Kaiser Franz die Würde des Römischen Kaisers zurück.*

1807

13. September: Nestroys Schwester Amalia Maria Karoline Nestroy kommt zur Welt.

> *Grillparzer beginnt das Studium der Rechts- und Staatswissenschaften.*

1809

22. Jänner: Nestroys Bruder Eduard Vinzenz wird geboren und stirbt bereits am 6. Februar.

> *9. April: Kriegserklärung Österreichs gegen Frankreich. Grillparzer ist Mitglied eines Studentencorps zur Verteidigung Wiens gegen Napoleon.*
> *13. Mai: Nach Siegen der Franzosen und der Kapitulation von Wien zieht Napoleon zum zweiten Mal in die Stadt ein.*
> *2. Mai: Erzherzog Karl besiegt die Franzosen in der Schlacht bei Aspern.*

13. September: Maria Cäcilie Lachner, später genannt Marie *Weiler, ab 1828 Nestroys Lebensgefährtin, kommt in Wien zur Welt.

> *14. Oktober: Zwei Tage nach einem verhinderten Attentat auf Napoleon wird der Friede von Schönbrunn geschlossen.*
> *Ferdinand Raimund beginnt seine Schauspielerkarriere in Ungarn.*

1810

11. März: Napoleon I. heiratet Erzherzogin Marie Louise, die Tochter von Kaiser Franz.

17. März: „Das Käthchen von Heilbronn" von Heinrich von Kleist wird am Wiener Hofburgtheater uraufgeführt.

Nestroy besucht das berühmte Akademische Gymnasium, wo er die ersten drei „Grammatikklassen" absolviert.

27. November: Nestroys jüngster Bruder Ferdinand *Nestroy kommt zur Welt.

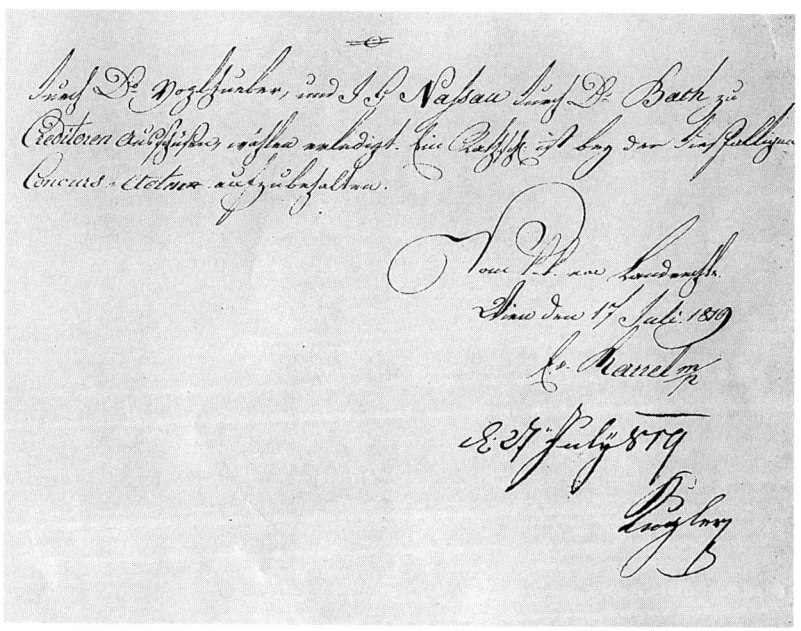

Ein Aktenstück aus der Hand von Johann Nestroys Vater, ausgestellt am 17. Juli 1810. Erstveröffentlichung.

1811

Mit der Einführung der neuen „Wiener Währung" versucht man, den Staatsbankrott zu bekämpfen. Grillparzer schließt sein Studium erfolgreich ab.

1813

Grillparzer tritt als unbesoldeter Praktikant in den Staatsdienst ein.
16. Oktober: *„Völkerschlacht" bei Leipzig. Napoleon unterliegt.*

1814

4. April: *Napoleon dankt ab und trifft einen Monat später in seinem Exil auf Elba ein.*
Nestroy besucht das Schottengymnasium, wo er die vierte „Grammatikklasse" und zwei „Humanitätsklassen" absolviert.
15. September: Nestroys Mutter (Magdalena *Nestroy) stirbt 35jährig an Lungentuberkulose.
18. September: *Beginn des „Wiener Kongresses".*
Herbst: Der 13jährige Johann Nestroy tritt als Klavierspieler öffentlich auf.
Ferdinand Raimund wird an das Theater in der Josefstadt in Wien engagiert.

1815

Grillparzer wird an der Hofkammer endgültig angestellt.
1. März: *Napoleon landet in Frankreich – Beginn der „Hundert Tage", während derer er als Kaiser der Franzosen an die Macht zurückkehrt und niemand abzusehen vermag, ob er wieder besiegt werden kann.*
11. Juni: *Die Schlußakte des „Wiener Kongresses".*
18. Juni: *Napoleon verliert die Schlacht bei Waterloo, dankt vier Tage später erneut ab und wird ins Exil nach St. Helena geschickt.*
Für Österreich beginnt die Epoche des sogenannten „Biedermeier".

1816

November: Nestroy beginnt sein Studium an der Juridischen Fakultät der Universität Wien. Absolviert dort drei „Philosophie-Klassen".

1817

Graf Sedlnitzky wird zum Präsidenten der obersten Polizei- und Zensurbehörde Wiens ernannt, die über rigorose Einhaltung der Zensur wacht – eine Institution, mit der Johann Nestroy im Laufe seines Berufslebens ununterbrochen in Berührung kommen wird.

Das Konservatorium in Wien wird begründet. Nestroy ist dort vermutlich Gesangsschüler.

31. Jänner: *Uraufführung von Grillparzers „Die Ahnfrau" im Theater an der Wien. Ferdinand Raimund wird Ensemblemitglied des Theaters in der Leopoldstadt.*

1818

21. April: *Uraufführung von Grillparzers „Sappho" am Hofburgtheater.*

Juni: *Ferdinand Raimund sitzt eine Arreststrafe ab, weil er seine Geliebte, die Schauspielerin Therese Grünthal, in der Öffentlichkeit geprügelt hat.*

29. Oktober: Nestroy singt im neunten Konzert der „Musikalischen Abendunterhaltungen".

19. November: Nestroy tritt im zwölften Konzert der „Musikalischen Abendunterhaltungen" auf.

8. und 9. Dezember: Im Redoutensaal finden Aufführungen von Händels Oratorium „Timotheus" (= „Das Alexanderfest") statt. Nestroy singt die Baßpartie.

1819

Von Ferdinand Raimund erscheinen sechs Rollenbilder, ein sicheres Zeichen seiner außerordentlichen Popularität.

1820

Nestroy beginnt mit dem Studium der Rechtswissenschaften an der Universität, absolviert aber nur zwei Semester.
Sein Interesse liegt auf kulturellen Betätigungen, u. a. den Auftritten auf privaten Liebhaberbühnen.
Bei einer solchen Gelegenheit lernt er im Haus des Notariatssekretärs Franz Wilhelm Zwettlinger dessen Stieftochter Wilhelmine von *Nespiesny kennen.

> **8. April:** *Ferdinand Raimund heiratet gezwungenermaßen die Schauspielerin Louise Gleich.*

1821

> *Clemens Wenzel Fürst Metternich wird Haus-, Hof- und Staatskanzler und damit inoffizieller absoluter Herrscher über Österreich.*
>
> *In der Wiener Leopoldstadt wird das Kaffeehaus von Jakob Stierböck eröffnet, in dem Johann Nestroy in späteren Jahren Stammgast sein wird.*
>
> **26./27. März:** *Uraufführung von Grillparzers „Das goldene Vlies" im Hofburgtheater.*
>
> **Juli:** *Raimund und Louise Gleich trennen sich. Dennoch kann er, wie später Nestroy, als geschiedener Mann die spätere treue Gefährtin seines Lebens, Toni Wagner, nie heiraten.*

1822

16. Mai: Nestroys 18jährige Schwester Franziska (*Nestroy) heiratet Ignaz Franz Hoffmann.

23. August: Der Privatier Josef Karl Rosenbaum, in dessen Kreisen Nestroy verkehrt, vermerkt in seinem Tagebuch, daß Frau Zwettlinger ihm erzählte, Nestroy werde ihre Tochter heiraten, wenn er am Kärntnertortheater, dem Opernhaus von Wien, engagiert würde.

24. August: Debüt Nestroys als Sarastro in Mozarts „Zauberflöte"
am Kärntnertortheater in Wien, das von dem berüchtigten italieni-
schen Impresario Domenico Barbaja geleitet wird.
Die Kritik verzeichnet eine wohllautende, in der Höhe biegsame, in der
Tiefe allerdings ein wenig kraftlose Stimme.

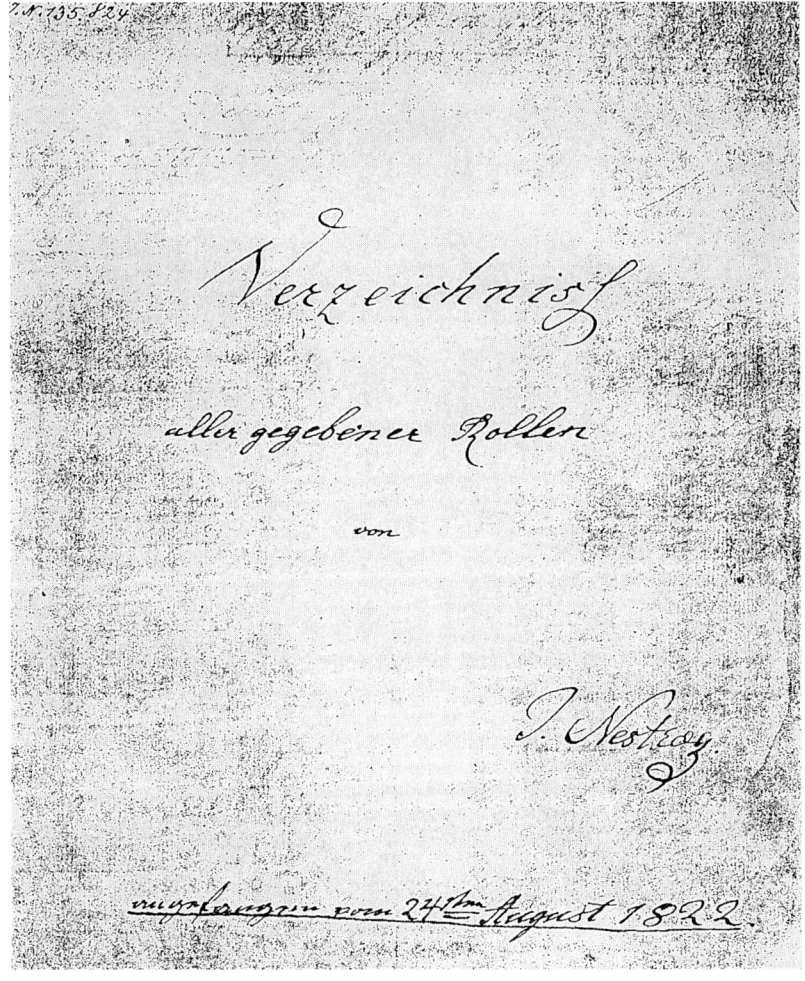

Der junge Johann Nestroy legt sich ein Verzeichnis der von ihm „gegebenen"
Rollen an. Da er im Lauf seines Lebens auf Tausende Vorstellungen kommt, kann
er diese „Buchhaltung" nicht durchhalten.

An diesem Tag beginnt Nestroy ein „Verzeichnis aller gegebenen Rollen", eines von mehreren *Rollentagebüchern, die er in der Folge anlegt und als „Repertoire", „Gegebene Vorstellungen" oder auch „Theater-Tagebuch" bezeichnet.

31. August: Nestroy singt noch einmal den Sarastro.

3. September: Nestroy singt den Vater in „Sargino" von Ferdinand Paër.

21. September: Nestroy singt den Kurt in „Raoul der Blaubart" von André Grétry.

Nach diesen vier Debüt-Abenden ist er ab **8. Oktober** „im Engagement" am Kärntnertortheater. Seine Gage beträgt 600 Gulden für das erste, 1000 Gulden für das zweite Jahr.

> *2. Oktober: Das Theater in der Josefstadt, in dem Nestroy später gastieren wird, wurde von Josef Kornhäusel umgebaut und wird nun mit Beethovens „Die Weihe des Hauses" neu eröffnet.*

22. Oktober: Nestroy singt den Douglas in Rossinis Oper „Das Fräulein vom See", eine der insgesamt 15 Rollen dieses Komponisten, die er im Lauf seiner Karriere als Opernsänger verkörpern wird.

3. November: Nestroy singt den Minister Ferrando in Beethovens „Fidelio". Der Abend ist eine Benefiz-Vorstellung für die berühmte Sängerin Wilhelmine Schröder.

1823

In diesem Jahr singt Nestroy vier neue Rollen am Kärntnertortheater. Es gelingt ihm nicht, sich in diesem renommierten Haus in die erste Reihe vorzuarbeiten.

24. März: Nestroys Nichte Johanna Nepomucena *Hoffmann, Tochter seiner Schwester Maria Franziska, kommt zur Welt. Sie wird um 1840 kurzfristig als „Demoiselle Nestroy" im Carl-Theater zu sehen sein.

11. Mai: Nestroy singt im Kärntnertortheater abends den Dogen in Rossinis „Otello" und spielt anschließend im Zwettlingerischen Haustheater den Michel im „Verbannten Amor" von Kotzebue.

Sommer: Der Sänger und Komponist Julius *Miller, der als Agent für das Deutsche Theater in Amsterdam unterwegs ist, engagiert Johann Nestroy und seinen Kollegen Franz Rosner an sein Haus. Nestroys Gage ist im ersten Jahr mit 1600, im zweiten mit 2500 Hollandgulden festgesetzt.

29. August: Letztes Auftreten am Kärntnertortheater als Waller in „Die Strickleiter" von Paul Graveur.

7. September: Nestroy heiratet Wilhelmine *Nespiesny in St. Augustin in Wien. Zwei Tage später reist das Paar nach Amsterdam ab.

21. September: Nestroy und Wilhelmine treffen in Amsterdam ein. Sie nehmen eine Wohnung am Heiligeweg 15, zehn Minuten vom Deutschen Theater entfernt.

13. Oktober: Nestroy debütiert am Deutschen Theater in Amsterdam als Kaspar in Webers „Freischütz", eine Rolle, die er für diesen Zweck neu einstudiert.

Ein weiteres Rollenverzeichnis Nestroys, das ausführlichste unter den überlieferten von seiner Hand. Die Anmerkungen zu den einzelnen Auftritten sind die einzige Art von „Tagebuch", die wir von Nestroy besitzen.

Bis Ende des Jahres verkörpert er sieben weitere Rollen, darunter den Publius in Mozarts „Titus". Außerdem singt er freiwillig „aus Gefälligkeit" im Chor mit.

> **18. Dezember:** *In Wien wird Ferdinand Raimunds erstes Stück, „Der Barometermacher auf der Zauberinsel", uraufgeführt. Nestroy wird später zwei Rollen darin verkörpern, den Tutu (erstmals 1828 in Graz) und den Bartholomäus Quecksilber (1837 in Wien).*

31. Dezember: Nestroy spielt den Klaus in „Die falsche Primadonna" von Adolf *Bäuerle und beginnt damit früh, sich auch im Rahmen des Sprechtheaters zu bewegen.

1824

Nestroy singt in diesem Jahr in Amsterdam 20 neue Opernrollen, darunter mehrere von Mozart, den Grafen Almaviva in „Figaros Hochzeit", den Papageno in der „Zauberflöte", den Masetto in „Don Giovanni". In der „Entführung aus dem Serail" ist er der Selim Bassa. In Beethovens „Fidelio" gibt er nun den Pizarro. Außerdem spielt er Sprechrollen in Stücken von Holbein, Schikaneder und Kotzebue.

27. März: Die königliche Familie wohnt einer Aufführung des „Barbier von Sevilla" am Deutschen Theater in Amsterdam bei.

10. April: „Merope" von Julius *Miller, der Nestroy nach Amsterdam geholt hat, hat Premiere. Nestroy singt den Nearch.

22. April: Gustav *Nestroy, der Sohn von Nestroy und Wilhelmine, wird in Amsterdam geboren.

Juli: Antisemitische Tumulte in Amsterdam. Es kommt zu Schlägereien im Zuschauerraum, die Polizei schreitet ein, der Vorhang muß fallen, die Schauspieler müssen bisweilen unter Polizeieskorte aus dem Theater gebracht werden, das vorübergehend geschlossen wird.

September: Das Deutsche Theater in Amsterdam erhält eine moderne Gasbeleuchtung.

November: Die Kritik vermerkt, daß Nestroy sich in der Rolle des Pizarro „harlekinsmäßig karikaturistisch" gebärdet, was scharf abgelehnt wird.

*17. Dezember: In Wien erlebt Ferdinand Raimunds zweites Stück,
„Der Diamant des Geisterkönigs", seine Uraufführung. Der Longima-
nus ist 1826 in Graz Nestroys erste Raimund-Rolle. 1829 spielt er in
Preßburg auch die von Raimund selbst verkörperte Rolle des Florian
Waschblau.*

1825

Bis zum Ende seines Amsterdamer Engagements singt Nestroy noch
fünf Opernpartien und spielt vier Theaterrollen.

*19. Februar: Grillparzers „König Ottokars Glück und Ende" wird am
Hofburgtheater uraufgeführt.*

Frühjahr: Infolge von Überschwemmungen bricht in Amsterdam eine
Seuche aus. Nestroy schickt Wilhelmine und den kleinen Gustav aus
Sicherheitsgründen nach Wien zurück.

21. Juni bis 10. Juli: Auch Nestroy erkrankt.

30. Juli: Wilhelmine und Gustav kommen nach Amsterdam zurück,
aber Nestroy möchte nicht länger bleiben. Gastrollen in Brünn sind verabredet.

13. August: Letztes Auftreten in Amsterdam, zwei Tage danach wird
das Haus der andauernden Skandale wegen wieder geschlossen.
Reise zur See nach Hamburg; weiter über Hannover, Braunschweig,
Leipzig, Dresden und Prag.

23. Oktober: Eintreffen in Brünn.

31. Oktober: Nestroys Debüt in Brünn als Jakob in Méhuls Bibel-Oper
„Joseph und seine Brüder". Er wird nach dem 2. und 3. Akt hervor-
gerufen.

Nestroy schließt mit Direktor Alois Zwoneczek einen Vertrag über
17 Monate, bis Ostern 1827, ab. Gage: 4000 Gulden Wiener Währung.
Bis zum Jahresende verkörpert Nestroy fünf Opernpartien (darunter
die Titelrollen in Mozarts „Don Juan" – deutsch gesungen – und in Rossinis „Der Barbier von Sevilla"), aber daneben schon sieben Rollen in
Sprechstücken aller Genres. Damit beginnt sich die Waage bereits
zugunsten des Schauspielers Nestroy zu neigen.

28. November: Nestroy erscheint als Geßler in Schillers „Wilhelm Tell" auf der Bühne hoch zu Roß.

3. Dezember: Nestroy singt in „Der Dorfbarbier" von Johann Baptist Schenk nicht genehmigte Zusatzstrophen.

Erster Zusammenstoß mit der *Zensur in Gestalt von Polizeidirektor Karl *Muth.

11. Dezember: Nestroy wird als Käsperle in dem Volksstück „Die Teufelsmühle am Wienerberge" vom Publikum ausgezischt und benimmt sich in der Folge „ungebührlich". Daraufhin muß er tags darauf in den Polizeiarrest, den folgenden Tag noch einmal.

1826

Bis zum vorzeitigen Ende seines Vertrages in Brünn singt Nestroy noch sechs Opernrollen, darunter Mozarts Figaro in „Figaros Hochzeit", und spielt in 13 Theaterstücken.

21. Februar: Weil ein Kollege erkrankt ist, springt Nestroy innerhalb von zwei Tagen in der Alt-Männer-Rolle des Burleigh in Schillers „Maria Stuart" ein.

April: Die Künstlervereinigung „Ludlamshöhle", der auch Grillparzer angehört, wird als „staatsgefährdend" aufgelöst.

14. April: Nestroy extemporiert als Dandini in Isouards Oper „Aschenbrödel".

18. April: Wird deshalb zur Polizei zitiert, wo er erklärt, daß er in solchen Rollen extemporieren müsse.

28. April: Letztes Auftreten in Brünn, was Nestroy an diesem Abend noch nicht weiß, denn sein Vertrag würde noch elf Monate dauern. Doch Polizeidirektor Karl *Muth hat seinen Vertrag annulliert.

1. Mai: Nestroy reist auf Engagementsuche nach Wien und verhandelt zuerst am Kärntnertortheater mit Louis Antoine Duport, dem Nachfolger von Barbaja, aber es kommt zu keiner Einigung.

Nestroy reist nach Preßburg, um sich Direktor August Stöger vorzustellen, der die Bühnen in Preßburg und Graz nebeneinander leitet.

Das Ständische Theater in Graz, ein wichtiger Ort für Nestroy: Hier stellte er
sein erstes Theaterstück vor, hier entwickelte er seine besondere schauspielerische
Eigenart.

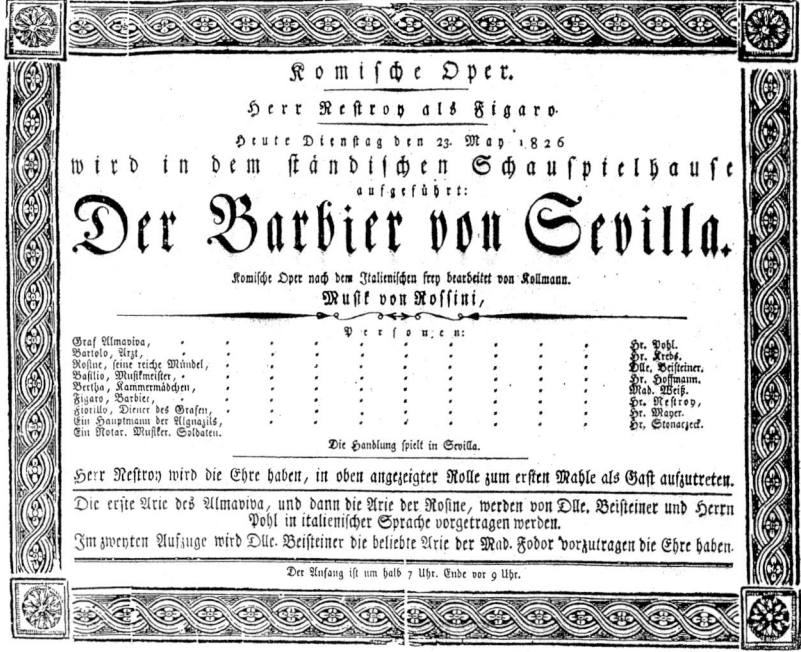

Nestroy debütierte, noch in seiner Haupteigenschaft als Bassist, als Figaro in
Rossinis „Barbier" in Graz. Erstveröffentlichung des Theaterzettels.

15. Mai: Nestroy unterzeichnet mit Stöger in Preßburg einen Vertrag für vorläufig ein Jahr, der vor allem für Graz gedacht ist und ihm 3000 Gulden bringt.

23. Mai: Nestroys Debüt in Graz als Rossinis „Barbier".
Erste Kritiken nennen ihn ein brauchbares, begabtes Mitglied, reagieren aber auf sein Engagement ohne besonderen Enthusiasmus.

28. Juni: Nestroy spielt erstmals in einem Stück von Ferdinand *Raimund, den Longimanus in „Der Diamant des Geisterkönigs".

19. Juli: Nestroy spielt den Geist von Hamlets Vater in Shakespeares „Hamlet".

23. September: In „Die Bürger von Wien" von Adolf *Bäuerle spielt Nestroy erstmals die berühmte Wiener Lokalrolle des „Staberl". Eine Kritik des Grazer Korrespondenten der Wiener „Theaterzeitung" fällt nicht positiv aus. Man gesteht Nestroy Talent und Fleiß zu, will aber auch die Tendenz bemerken, daß er sich lieber auf einzelne Effekte verlasse, statt Charaktere durchzuformen. Außerdem neige er in seiner äußeren Erscheinung zur Übertreibung.

30. September: Nestroys unverheiratete Schwester Amalia Maria Karolina Nestroy stirbt im Alter von 19 Jahren.

10. November: In Wien wird Ferdinand Raimunds drittes Stück, „Der Bauer als Millionär", uraufgeführt. Nestroy spielt später die Rolle des Fortunatus Wurzel.

Dezember: Karl Carl übernimmt das Theater an der Wien, später eineinhalb Jahrzehnte lang die Stätte von Nestroys Triumphen in dieser Stadt.

1827

In diesem Jahr verkörpert Nestroy in Graz 75 neue Rollen. Im ganzen spielt er 76 Opernrollen und 143 Sprechrollen.

15. Februar: Nestroy spielt erstmals den Fortunatus Wurzel in „Der Bauer als Millionär" von Ferdinand *Raimund.

Frühjahr: Wilhelmine (*Nespiesny) verläßt den Gatten, der mit dem gerade dreijährigen Sohn Gustav (*Nestroy) zurückbleibt. Wilhelmine muß später unterschreiben, daß sie „bei der im Jahre 1827 geschehenen Trennung nicht von Herrn Nestroy aus dem Haus gewiesen wurde, sondern eines mit einem damals in Grätz befindlichen Grafen Batthyany unterhaltenen Liebesverhältnisses wegen entwichen" sei.

26. März: *Tod Ludwig van Beethovens. Raimund und Grillparzer sind drei Tage später unter den Fackelträgern bei seinem Begräbnis.*

3. Mai: Nestroy spielt den Just in Lessings „Minna von Barnhelm".

25. September: *Raimunds „Moisasurs Zauberfluch" wird in Wien uraufgeführt. Nestroy spielt später darin die Rollen des Hans und des Gluthahn.*

13. Dezember: Die Grazer Zeitung „Der Aufmerksame" kündigt an, daß am 15. den beiden Stücken „Trau, schau, wem?" und „Zwölf Mädchen in Uniform" gleichsam als Vorspiel „eine Kleinigkeit" vorausgeht, „betitelt: ‚Der Zettelträger Papp', eingerichtet von Herrn Nestroy, dem Publikum von Seite seines Witzes, durch manchen guten Einfall vorteilhaft bekannt".

15. Dezember: Nestroy kreiert eine seiner berühmtesten Rollen, den „Sansquartier" in „Zwölf Mädchen in Uniform" von Louis *Angely.
Am gleichen Abend gibt es die Premiere eines „Nestroy-Stücks", *ZETTELTRÄGER PAPP.

1828

Die Nestroy-Forschung setzt für dieses Jahr die vermutliche Entstehung von Nestroys erstem Stück, dem abendfüllenden Historiendrama *FRIEDRICH, PRINZ VON KORSIKA, an, das erst 1841 (unter anderem Titel, als RUDOLF, PRINZ VON KORSIKA) zur Uraufführung gelangt.

Nestroy verkörpert 1828 in Graz 93 neue Rollen (und zahlreiche seiner alten). Die Opernpartien spielen dabei nur mehr eine kleine Rolle. Bei den Theaterrollen handelt es sich um größere Aufgaben in den Komödien der Zeit – Nestroy spielt *Bäuerle, Meisl, Gleich – und kleinere in den Werken der Klassiker (Schiller, Goethe), die damals noch beinahe Zeitgenossen sind.

Abonnement suspendu.

Heute Samstag den 15. December, 1827 wird in dem ständischen Schauspielhause

zum Vortheile des Schauspielers Ignaz Pusch

zum ersten Mahle aufgeführt:

Der Zettelträger Papp.

Neue komische Kleinigkeit, verbunden mit einem beliebten Quodlibet, als scherzhafte Einleitung zu dieser Vorstellung, nach Meisl bearbeitet von J. Nestroy.

Personen:

Nicodemus Papp, Zettelträger einer reisenden,   Der Haushofmeister einer reichen Dame, ... Hr. Frey.
Schauspieler - Gesellschaft, ... Hr. Nestroy.   Andreas, Bedienter, ... Hr. Walter.

Hierauf:

Trau! Schau! Wem? oder: Wie man sich täuscht.

Neues Lustspiel, in einem Act, von Carl Schall, Verfasser des Lustspiels: Die unterbrochene Whistparthie.

Personen:

Die Gräfin, ... Mad. Schmidt.	Der Graf, ... Ignaz Pusch.
Die Baronin , ... Dlle. Berdison.	Der Rittmeister, ... Hr. Kindler.
Dorchen, Kammermädchen, ... Dlle. Müller.	Bedienter, ... Hr. Mayer.

Den Beschluß macht zum ersten Mahle:

Zwölf Mädchen in Uniform.

Neue Farce mit Gesang, Chören und kriegerischen Evolutionen in 2 Aufzügen, von Anzely. Musik von verschiedenen Meistern. Die kriegerischen Waffenübungen sind durch Herrn Schmidt eingeübt. Die Garderobe ist von Hrn. F. Reinhofer und W. Haring neu verfertigt.

Personen:

Herr v. Osmonde, Maire einer kleinen Stadt, ... Hr. Frey.
Henri, sein Sohn, Sophiens Geliebter, ... Hr. Demmer S.
Victor, Neffe und Secretär des Herrn v. Osmonde, Ignaz Pusch.
Julie, dessen Schwester, als Unterofficier, ... Dlle. Müller.
Sophie, Henri's Geliebte, als Cadet, ... Dlle. Krasa L.
Elise, als Grenadier, ... Dlle. Berdison.
Claudine, als Tambour, ... Dlle. Weißleiner.
Victorine, ... Anverwandte und Dlle. Frey.
Leonore,   Nina, } als Schwestern der Dlle. Demmer.
Adele,   }   Gefangenen, ... Dlle. Krasa Th.
Antoinette,   Gemeine, ... Dlle. Kummer.
Caroline,   } .... Dlle. Giesberg.
Claire,   } .... Dlle. Zimmermann.
Jeanette, ... Dlle. Höfler.
Eine Estaffette. .

Briquet, Invalide, Commandant einer verfallenen
      Festung, ... Hr. Krebs.
Sansquartier, einäugig, } Invaliden der ...... Hr. Nestroy.
Bataille, lahm,   } Besatzung, ... Hr. Demmer V.
Robuste, Beschließer, ... Hr. Schmidt.
Charles, ... Hr. Adolf.
Louis, ... Hr. Diabelli.
Theodor, ... Hr. Kanti.
Philipp, ... Hr. Scribani.
Antoine, } Brüder und Verwandte obiger ...... Hr. Mayer.
Lubin,   } Damen in Uniform, ... Hr. Zeidler.
Morcel, ... Hr. Muffinger.
Thibaud, ... Hr. Faschinsky.
Gilbert, ... Mad. Faschinsky.
Gerach, ... Dlle. Schiller.
Türken.

Die Handlung spielt in einer verfallenen Festung einer kleinen Stadt in Frankreich in der Carnevalszeit.

Hohe! Verehrungswürdigste!

Die Wahl meiner Beneficevorstellungen lohnte mich bisher immer mit hoher ehrenvollen Theilnahme, die mich — befeuert von der lebhaftesten Verehrung gegen Sie — mächtig aneifert, stets das Entsprechendste zu erlesen, das die neue Dramatik bietet. — Obige drey Scherzspiele stehen in ihrer Wesenheit nach so weit von einander ab, als sie sich in ihrer drastischen Wirkung nahe berühren, und durch die ungleichartigsten komischen Elemente zum gleichen Zwecke, der fröhlichen Erheiterung einen. — Das erste ist drollige Karikatur aus dem niedern Leben; das andere feines Lustspiel höherer Sphäre, reich an Idee, Karakteren, Witz und Anmuth; das Letzte unter dem Titel: Sieben Mädchen in Uniform, bekannt, steigert das aus dem gefälligen Widerspiel des Ernstes hervorgehende Lächerliche dadurch zu höchst, daß ein wohldisciplinirtes kleines Heer moderner singender Heroinen dem Kriegs- und Liebesgott zugleich huldigend, eine Festung besetzt, und triegerische Waffen kunstgerecht meistert. — So lasse ich an dem Tage, der mir die Ehre einräumt, für Ihr Vergnügen zu wählen, dieser freudigen Pflicht ganz zu genügen, und zu beweisen, wie werth ich jede Gelegenheit achte, wodurch ich meine Dankbarkeit, und Hochverehrung für ihre unschätzbare Nachsicht und Huld andeuten darf, womit ich es wage, Sie in tiefster Ehrfurcht einzuladen.

                                          Ignaz Pusch.

Billete zu Sperrsitzen sind am Tage der Vorstellung in der Frauengarderobe im Hinterhofe des ständ. Theatergebäudes im ersten Stock Morgens von 9 bis 12 Uhr, und Abends an der Casse zu haben. Dutzend-, Garnisons- und Freybillete sind ungiltig.

Anfang punct halb 7, Ende nach 9 Uhr.

Der 15. Dezember 1827 ist eines der wichtigsten Daten in Nestroys Leben:
An einem Abend debütiert er mit „Zettelträger Papp" als Autor und findet als
Sansquartier eine seiner Lebensrollen. Erstveröffentlichung des Theaterzettels.

8. Jänner: *Raimunds „Die gefesselte Phantasie" wird in Wien urauf-*
geführt. Nestroy spielt darin später die Rolle des Nachtigall.

Jänner: Nestroy beginnt – erste Eintragung am 11. Jänner – ein eigen-
händiges Verzeichnis über „Rollen gespielt von Marie *Weiler". Das
läßt darauf schließen, daß die erst 19jährige in Graz engagierte Sängerin
zu diesem Zeitpunkt bereits die Lebensgefährtin des vereinsamten
Schauspielers mit Kind geworden ist. Das Rollenverzeichnis ist allerdings nur bis Ende 1829 erhalten.

28. Februar: *Uraufführung von „Ein treuer Diener seines Herrn"*
von Franz Grillparzer am Hofburgtheater.

30. April: Nestroy spielt erstmals den Tutu in Ferdinand *Raimunds
„Der Barometermacher auf der Zauberinsel".

27. Mai: Ein Bericht aus Graz in der „Theaterzeitung" nennt Nestroy
den „Proteus unserer Bühne" und berichtet, daß „Zwölf Mädchen in
Uniform" fortwährend mit Beifall gegeben wird. Der Sansquartier sei
eine Rolle, „welche ihm keiner nachspielen dürfte".

19. November: *Franz Schubert, den Nestroy nach Meinung einiger*
Forscher persönlich gekannt hat, stirbt in Wien.

20. Dezember: Uraufführung von
DES WÜSTLINGS RADIKALKUR oder
DIE DREISSIG JAHRE DER VERBANNUNG,
später bekannt als DIE *VERBANNUNG AUS DEM ZAUBERREICHE oder
DREISSIG JAHRE AUS DEM LEBEN EINES LUMPEN (der Titel wurde für die
Grazer Aufführung von der Zensur geändert) im Ständischen Theater
in Graz.

Nestroys „Einladung" an das Publikum besagt: „Es gehört zu den neue-
sten Wiener Moden, daß Benefizianten beiderlei Geschlechts selbst
Verfasser ihrer Einnahmestücke sind. Ich habe es gewagt, diese Mode
mitzumachen."

Die Kritik lobt einen „Reichtum frappanter Situationen, Scenen voll
drastischen Effekts, Dialoge voll treffender witziger Anspielungen, voll
Humor und Laune".

1829

In diesem Jahr kreiert Nestroy in Graz und in Preßburg 69 neue Rollen, schreibt ein Stück für Graz und eines für Wien.

16. Jänner: Nestroys

DER *EINSYLBIGE oder

EIN DUMMER DIENER SEINES HERRN

ein einaktiger Schwank, trotz des Titels keine *Grillparzer-Parodie, wird in Graz uraufgeführt. Der Text ist verloren, es existiert nur der Theaterzettel.

23. Jänner: Nestroy spielt in Graz erstmals den Rappelkopf in *Raimunds „Der Alpenkönig und der Menschenfeind".

10. März: Nestroy wird von Direktor Stöger auch in das von ihm geleitete Theater nach Preßburg geschickt. Spielt hier bis 11. April.

24. März: Preßburg. Nestroy verkörpert erstmals den Nachtigall in Ferdinand *Raimunds „Die gefesselte Phantasie".

Mitte April: Nestroy kehrt nach Graz zurück, wo er bis Mitte Juli bleibt und wiederum 20 neue Rollen spielt.

17. bis 20. Juli: Nestroys erstes „Gastspiel". Er gastiert in Klagenfurt, wo er u. a. am 19. Juli als Rappelkopf und am 20. als Longinus in *DREISSIG JAHRE AUS DEM LEBEN EINES LUMPEN auftritt.

4. bis 22. August: Nestroy gastiert im Theater in der Josefstadt in Wien.

18. August: Im Rahmen dieses Gastspiels wird

DER *TOD AM HOCHZEITSTAGE oder

MANN, FRAU, KIND

im Theater in der Josefstadt uraufgeführt. Nestroy spielt den Herrn von Dappschädl. Es erscheinen keine Rezensionen. Das Stück wird viermal gezeigt und dann zu Nestroys Lebzeiten nie wieder gespielt.

26. August bis 5. Oktober: Nestroy ist wieder in Graz im Engagement.

10. Oktober: Nestroy ist bis Juli 1830 wieder in Preßburg.

14. November: Nestroy spielt erstmals den Florian Waschblau in *Raimunds „Der Diamant des Geisterkönigs".

4. Dezember: Uraufführung von „Die unheilbringende Zauberkrone" von Ferdinand Raimund in Wien.

1830

Nestroy ist weiterhin in Preßburg und Graz engagiert. In diesem Jahr kreiert er 77 neue Rollen. Im ganzen ist er in 226 Sprechrollen, aber nur noch sieben Opernpartien zu hören.

28. Jänner: In Graz kommt
DER *UNZUSAMMENHÄNGENDE ZUSAMMENHANG
zur ersten Aufführung. Es ist das erste *Quodlibet, das Nestroy zusammenstellt. Der Text ist verschollen.

13. März: In Preßburg hat
*MAGISCHE EILWAGENREISE DURCH DIE KOMÖDIENWELT
ein weiteres Quodlibet, Premiere.

5. bis 11. April: Ferdinand Raimund gastiert in Graz. Nestroy ist zu dieser Zeit in Preßburg.

Juli: Revolution in Paris. König Karl X. dankt ab, der „Bürgerkönig" Louis Philippe von Orléans folgt ihm nach. Daraufhin kommt es in mehreren Teilen Europas zu Aufständen, Italien beginnt in der Folge um seine Unabhängigkeit zu kämpfen. Obwohl es in Österreich selbst zu keinen Unruhen kommt, wird das „revolutionäre" Bewußtsein durch dieses Ereignis geschärft. Die Nachwelt setzt 1830 das Ende des „Biedermeier" an und bezeichnet die Epoche bis 1848 in der Folge als „Vormärz". Johann Nestroy gehört in den kommenden Jahren führend zu den Künstlern, die nun „schärferen Wind" wehen lassen und das Ende der „Gemütlichkeit" ausrufen.

21. bis 30. Juli: Nestroy kehrt in das Haus seiner Anfänge zurück und gastiert im Kärntnertortheater in Wien. Er singt seine Partien in „Der Dorfbarbier" und „Der Sänger und der Schneider" von Drieberg. Kritiken berichten, er habe sich nicht durchzusetzen vermocht. Es ist Nestroys letztes Auftreten an einem Opernhaus.

August: Nestroy spielt in Preßburg.

September: Nestroy spielt abwechselnd in Graz und in Preßburg.

Ab Oktober 1830: Ferdinand Raimund gastiert in mehreren seiner Rollen bis Jänner 1832 bei Direktor Karl Carl im Theater an der Wien, nachdem er die Direktion des Theaters in der Leopoldstadt zurückgelegt hat.

21. Dezember: Nestroy spielt in Graz den Montefiascone in „Finette Aschenbrödel" von Auguste Schreiber. Es ist dies eine Parodie der „Aschenbrödel"-Opern, wie Nestroy später auch eine schreiben wird (*siehe* März 1832).

1831

Die letzten Monate seines Engagements bei August Stöger verbringt Nestroy in Preßburg.

5. Februar: Nestroy schreibt einen Brief an das Königliche Hoftheater in Stuttgart, wo er sich um ein Engagement als Sänger bewirbt. Er erhält keine Antwort. Damit ist seine Karriere als Opernsänger weitgehend zu Ende.

12. Februar: In Preßburg erlebt

ZWEI SCHÜSSELN VOLLER FASCHINGSKRAPFEN

ein *Quodlibet, nur eine einzige Aufführung. Der Text ist verloren.

11. bis 26. März: Nestroy gastiert in Wien, am Theater in der Josefstadt, das damals wieder kurzfristig unter der Direktion von Karl *Carl steht. Nestroy spielt u. a. den Sansquartier und den Dorfbarbier.

In den lebhaften Verhandlungen über ein Engagement spielen Marie *Weiler und der Theatersekretär Josef Franz, der sich später als ausschlaggebend für das Zustandekommen des Vertrags rühmt, eine große Rolle.

26. März: Nestroy kündigt bei Stöger seinen Vertrag für Graz und Preßburg.

5. April: Franz Grillparzers „Des Meeres und der Liebe Wellen" wird am Hofburgtheater uraufgeführt und erringt keinen Erfolg.

April: Nestroy reist mit Marie *Weiler und Sohn Gustav (*Nestroy) ins Engagement nach Lemberg. Dort ist seine Schwester Franziska (*Nestroy) als Sängerin engagiert. Als Kollegin trifft er dort Louise Raimund, *Raimunds Exgattin, an, der er dann auch in Wien wieder begegnen wird.

8. Mai: Nestroy debütiert als *Raimunds Rappelkopf in Lemberg. Er spielt bei weitem nicht so viele Rollen wie vorgesehen. Denn nach dem

Ausbruch der Cholera wird das Theater geschlossen, Nestroy bricht sein Engagement vorzeitig ab und kehrt nach Wien zurück.

28. August: Nestroy unterschreibt einen Vertrag mit Karl *Carl, dem Direktor des Theaters an der Wien, der ihn als Schauspieler und Autor verpflichtet. Die Jahresgage beträgt 1200 Gulden.

Das 1801, in Nestroys Geburtsjahr, neu erbaute Theater an der Wien – der Nachfolgebau des Freihaustheaters an der Wieden, wo die „Zauberflöte" uraufgeführt wurde – wird ab 1831 Nestroys künstlerische Heimat.

30. August: Nestroy tritt in der Rolle des Sansquartier noch als „Gast" im Theater an der Wien auf.

Die „Theaterzeitung" äußert sich lobend: „Herrn Nestroy muß ein treffliches Organ, viel konversationeller Anstand, eine sehr empfehlende Gestalt und noch ein anderes, für die Bühne sehr wichtiges Talent, nämlich jenes des Gesangs, zuerkannt werden, und es ist kein Zweifel, daß das Theater an der Wien eine vorzügliche Acquisition mit ihm macht." Hingegen berichtet Friedrich *Kaiser (und andere Stimmen äußern sich ähnlich), daß Nestroy am Anfang „eine mehr befremdliche als zufriedenstellende Wirkung auf das Publikum" ausübte. Seine Komik ist zu grotesk, zu sehr abweichend von der Weise aller bisherigen Komiker der Volkstheater, sein Witz zu scharf, zu ätzend, zu zynisch.

Ab September: Nestroy ist engagiertes Mitglied des Theaters.

16. September: Nestroy zeigt einmal seinen

*ZETTELTRÄGER PAPP

(an einem Abend mit den „Zwölf Mädchen in Uniform") auch am Theater an der Wien.

Anfangs springt er in das vorhandene Repertoire und verkörpert Rollen, die er schon in Graz und Preßburg gespielt hat. Doch Karl *Carl integriert ihn schnell in den Betrieb, und Nestroy ist auch in mehreren Premieren mit dabei. Von Anfang an steht er häufig mit Wenzel *Scholz auf der Bühne, der im Lauf der Jahre sein wichtigster Partner wird.

3. Oktober: Sohn Karl (*Nestroy), das erste Kind von Nestroy und Marie *Weiler, wird geboren.

1832

Nestroy spielt in diesem Jahr im Theater an der Wien 29 neue Rollen, davon sechs in eigenen Stücken. Es ist von der Quantität her sein fruchtbarstes Jahr als Dramatiker.

> *5. Jänner: Im K. K. Hof-Theater nächst dem Kärntnertore findet die Aufführung des „historisch-pantomimischen Balletts" „Adelheid von Frankreich" von Louis Henry statt, an dessen Parodie sich Nestroy unverzüglich macht.*

6. Februar: Marie *Weiler, die ihrer Schwangerschaft wegen noch nicht am Theater an der Wien aufgetreten war, debütiert an diesem Abend in *Carls Ensemble.

7. Februar: Im Theater an der Wien kommt Nestroys

DER *GEFÜHLVOLLE KERKERMEISTER oder

ADELHEID, DIE VERFOLGTE WITTIB

zur Uraufführung.

Nestroy parodiert das heroische Ballett von Louis Henry für eine Benefizvorstellung für seine Kollegin Thekla Kneisel, mit der er schon am Kärntnertortheater engagiert war und der er die Titelrolle der Adelheid

auf den Leib schreibt. Er selbst spielt den Dalkopatscho, Sohn des Kerkermeisters Seelengutino (verkörpert von Karl *Carl). Von der ersten
Arbeit an ist Adolf *Müller an Carls Bühnen für Nestroy als Komponist
tätig (bis 1847). Die Kritiken sind sehr gut, der Erfolg ist verhältnismäßig
groß: Das Stück wird auf Anhieb elfmal hintereinander, im ganzen (mit
vereinzelten Vorstellungen im August 1833) 20mal gespielt.
Sehr bald gibt es die nächste Nestroy-Premiere:

23. März: Im Theater an der Wien kommt

*NAGERL UND HANDSCHUH oder

DIE SCHICKSALE DER FAMILIE MAXENPFUTSCH

zur Uraufführung, diesmal als Benefiz für Nestroy selbst. Er parodiert
den „Aschenbrödel"-Stoff nach den gängigen Opern und anderen Be-
handlungen des Themas (wie „Finette Aschenbrödel", *siehe* 21. Dezember 1830).
Erstmals schreibt Nestroy auch eine große Rolle für Wenzel *Scholz.
Auch Karl *Carl wirkt mit – das Trio Nestroy / Scholz / Carl ist gebo-
ren, nach Eduard von *Bauernfeld „das theatralische Triumvirat, von
dem sich das in Genuß und Frivolität hintaumelnde Wien durch eine
Reihe von Jahren unumschränkt beherrschen ließ". Hier in NAGERL
UND HANDSCHUH ist vor allem die Tanz-Szene am Ende des zweiten
Aktes, wo die Herren „idealisch gekleidet" (auf dem Bild: in Frauen-
gewändern) herumhopsen, ein hemmungsloser Jux.
Die Rolle des Aschenbrödels (hier „Küchengretel") spielt wieder Thekla
Kneisel, als ihre Schwestern haben Nestroys Gefährtin Marie *Weiler
und Eleonore *Condorussi, vermutlich seine damalige Geliebte, große
Rollen.
Die Kritiken sind wiederum gut, die Aufführung wird nach der Premiere
15 Vorstellungen en suite gespielt. Dann bleibt der Abend mit vereinzelten Vorstellungen im Repertoire, wird auch noch im Theater in der
Leopoldstadt gespielt und erlebt 1854 im Carl-Theater eine Neuinszenierung. Zu Nestroys Lebzeiten wird das Stück bis 1858 im ganzen
71mal gespielt.

27. April: Das 1828 in Graz uraufgeführte Stück
*DREISSIG JAHRE AUS DEM LEBEN EINES LUMPEN

kommt nun mit geringen Änderungen im Theater an der Wien heraus. In der Besetzung findet sich auch Therese Grünthal, eine ehemalige Geliebte von Ferdinand *Raimund.

Über Nestroy in der Rolle des Longinus schreibt C. F. Weidmann, dessen „vollkommenste Wirksamkeit" sei „zwar zuweilen etwas drastischer Natur, aber daran hat man sich nun schon einmal gewöhnt".

4. Mai: Ferdinand *Raimund lehnt die Bitte des Schauspielers Karl Ludolph ab, „Gefesselte Phantasie" als Benefiz mit Nestroy als Nachtigall spielen zu dürfen, es wäre „nicht in seinem Sinn".

23. Mai: Im Theater an der Wien kommt Nestroys *Quodlibet HUMORISTISCHE EILWAGENREISE DURCH DIE THEATERWELT zur ersten Aufführung. Dieser Abend wird nur viermal gezeigt. In dem selbst verfaßten Vorspiel für vier Personen, DER THEATERDIENER, DIE BENEFIZVORSTELLUNG UND DAS QUODLIBET, spielt Nestroy den „Strobelkopf, ein Genie von einem Theaterdiener". In den Szenen des Quodlibets tritt er u. a. als Karl Moor, als Winziwinzi, ein winzig kleiner Genius, als „Madame Punkt" und als Sansquartier auf, Marie *Weiler spielt das Donauweibchen.

22. Juni: Uraufführung der Opernparodie
*ZAMPA DER TAGDIEB oder
DIE BRAUT VON GIPS
im Theater an der Wien. Trotz großer Besetzung mit Nestroy, Kneisel, *Carl, der *Condorussi und Marie *Weiler ist dieses Werk kein Erfolg, bei der Premiere teilt sich das Publikum in zwei Parteien. ZAMPA wird dreimal hintereinander und die Woche darauf noch einmal gespielt. Im Oktober 1839 erscheint es viermal im Spielplan des Theaters in der Leopoldstadt. Mit insgesamt acht Aufführungen zählt es zu den wenig erfolgreichen Nestroy-Werken.

14. Juli: Nestroy spielt in dem historischen Spektakelstück „Die Brigittenauer oder Die Türken vor Wien im Jahre 1683" von Benedikt Freiherr Pülcher die Rolle des Dieners Görgel. Das Stück wird ein riesiger Erfolg auf einer anderen „Schiene" des Theaters an der Wien, den Spektakelstücken, für deren Inszenierung Direktor Karl *Carl berühmt ist.

August: Nestroys ehemaliger Theaterdirektor in Graz und Preßburg, August Stöger, übernimmt das Theater in der Josefstadt und verleiht dieser Vorstadtbühne vor allem mit Opernaufführungen neuen Glanz. Damit stellt das Haus keine unmittelbare Konkurrenz für Karl Carls Theater an der Wien dar, das sich vor allem der Posse verschrieben hat.

23. August: Thekla Kneisel stirbt 30jährig an Nervenfieber. Damit verliert Nestroy eine wichtige Protagonistin. Er wird keine Stücke mehr schreiben, die eine Sängerin mit besonderem Können in der Hauptpartie erfordern.

26. September: Uraufführung von Nestroys

DER *KONFUSE ZAUBERER oder

TREUE UND FLATTERHAFTIGKEIT

im Theater an der Wien. Das sogenannte „Original-Zauberspiel", in dem sich auch zahlreiche Allegorien herumtreiben, zeigt Nestroy in der Rolle des Magiers Schmafu und Wenzel *Scholz als Seeräuber Konfusius Stockfisch. Die Musik wird mit Melodien von Johann Strauß und Josef Lanner angereichert.

Das Schicksal des Stücks ist turbulent, denn nach der zweiten Vorstellung am 27. September erkrankt Wenzel Scholz, aber Direktor *Carl möchte den Erfolg ausnützen. Also schreibt er sich die Scholz-Rolle des Stockfisch um – als „Staberl", den er oft gespielt und auch oft selbst in Stücken verewigt hat. Es dauert nur einen Tag, das Stück umzuarbeiten und umzubesetzen. Am 29. September steht es unter dem Titel TREUE UND FLATTERHAFTIGKEIT oder STABERL ALS KONFUSER ZAUBERER wieder auf dem Spielplan. Solcherart wird es bis Mitte Oktober und dann noch vereinzelt gespielt. 1839 wird es auch in das Theater in der Leopoldstadt übernommen und erreicht zu Nestroys Lebzeiten 24 Aufführungen.

Nach dem 11. Oktober (vorläufig letzte Vorstellung des „Konfusen Zauberers") hat Nestroy nur noch eine Premiere in einem fremden Stück:

12. Oktober: „Johanniskinder" von Karl Treuhold (mit Nestroy in der Rolle des Achatius) kommen auf sieben Vorstellungen en suite (acht im ganzen), dann ist schon wieder Nestroy mit einem neuen Stück an der Reihe.

Der rundliche
Komiker Wenzel
Scholz, Nestroys
Kollege und auf-
richtiger Freund,
wird von diesem
nahezu von
Anfang an in
jedem neuen
Stück mit einer
scharf umrissenen
komischen Rolle
bedacht.

20. Oktober: Uraufführung von Nestroys
DIE *ZAUBERREISE IN DIE RITTERZEIT oder
DIE ÜBERMÜTIGEN
im Theater an der Wien. Nun scheinen aber die „Zauber"-Stücke zu
schnell aufeinander gefolgt zu sein, denn die Kritiken berichten von
Langeweile im Publikum. In den Rezensionen ist Friedrich *Hopp in der
Rolle des Polycarpus Sapprawalt erfolgreicher als Nestroy selbst in der
Rolle von dessen Neffen Simplicius. Das Stück verschwindet nach fünf
Vorstellungen aus dem Spielplan und wird nur einmal, 1836, für zwei
Abende wieder aufgenommen.

9. November: Nestroy spielt den Tiburtius Haselnuß in „Der Zauber-
mund", einem Stück von Franz Xaver Told, einem seiner erfolgreichsten, von der Nachwelt jedoch vergessenen Zeitgenossen, dessen Aufführungszahlen es teilweise durchaus mit jenen Nestroys aufzunehmen
vermochten.

Auf dieses Jahr der sechs neuen Stücke könnte die Schilderung des Schauspielers Franz Wallner über Nestroys Arbeitsweise zutreffen: *Er arbeitete mit reißender Schnelligkeit, meist vormittags im Bette liegend, mit Bleistift auf eine halbe Seite großer, in Bittschriftenformat zusammengelegter Bogen schreibend. An der leeren halben Seite wurden später Änderungen, Couplets, Witzfunken usw. notiert, und das fertige Stück dann so der Direktion übergeben. Nie bekümmerte er sich dann mehr um dasselbe, ebensowenig wie um die nötige Ausstattung, Besetzung, Inszenierung usw., er wußte das alles bei Carl in den besten Händen.* Es ist eine Tatsache, daß Nestroy in seinem ganzen Leben nie eines seiner Stücke inszeniert hat, im Gegensatz zu *Raimund, der dabei mit der Akkuratesse seiner Forderungen die Schauspieler zur Verzweiflung trieb.

Fraglich ist, wieweit man Wallners Erklärung glauben kann, Nestroy sei nur mit Widerwillen auf die Bühne gegangen und wäre in der Garderobe noch fünf Minuten vor dem Auftritt „der mißmutige, faule Nestroy" gewesen, der sich allerdings, sobald er die Szene betrat, „mit Blitzesschnelle in den genialen, geistreichen Komiker verwandelt".

1833

In diesem Jahr spielt Nestroy im Theater an der Wien 21 neue Rollen, davon vier in eigenen Stücken.

12. Februar: Als Faschingsstück erlebt Nestroys
DER *ZAUBERER FEBRUAR oder
DIE ÜBERRASCHUNGEN
seine Uraufführung im Theater an der Wien. Der Text des Stücks ist nicht erhalten, die Kritik spricht von einem Machwerk, lobt nur Johann Strauß, der offenbar an der Musik beteiligt ist. Auch das Trio Nestroy / Scholz / Carl kann den Erfolg nicht sichern. Es gibt zehn Aufführungen.

10. April: Nestroy kündigt für den nächsten Tag seine „freye Einnahme" mit „Lumpazi" an. Eduard von *Bauernfeld berichtet, daß Ferdinand *Raimund vor diesem Theaterzettel gestanden sei und gesagt habe: „Sehen Sie doch: Lumpaci! Das liederliche Kleeblatt! So einen gemeinen Titel niederzuschreiben, hätt' ich nicht übers Herz bringen können."

Das liederliche Kleeblatt
Zauberposse von J. Nestroy
Knieriem. Ich trinck mir heut einen Rausch an, wie ich seit den letzten Cometen kein ghabt hab.
Leim. Zuerst aber gehn wir fechten. Zwirn. Und wer nix kriegt der griegt Schläg, dann ghts lei.
stig zu.

Eine der berühmtesten Szenen des Altwiener Volkstheaters überhaupt:
Knieriem (links: Nestroy), Leim (Mitte: Carl) und Zwirn (rechts: Scholz) treffen
in dem Stück „Lumpazivagabundus" auf der Landstraße zusammen.

11. April: Theater an der Wien: Uraufführung von Nestroys
DER BÖSE GEIST *LUMPAZIVAGABUNDUS oder
DAS LIEDERLICHE KLEEBLATT
Nestroy, *Scholz und *Carl machen in den Rollen von drei vazierenden
Handwerksgesellen Theatergeschichte, für Nestroy wird der immer
betrunkene Schuster Knieriem die Rolle seines Lebens. Er spielt sie am

öftesten von allen seinen Figuren (gefolgt vom Sansquartier), und als Knieriem wird er sich am 4. März 1862 für immer vom Wiener Publikum verabschieden. Bei der Premiere wird er nach dem „Kometenlied" fünfmal herausgerufen und hat als Dacapo jedes Mal neue Zusatzstrophen bereit.

Trotz des später legendären Ruhms des LUMPAZIVAGABUNDUS ist der Erfolg kein unmittelbarer, das Stück wird zuerst nicht en suite gespielt wie andere Nestroy-Werke. Erst bei der vierten Vorstellung am 15. April nennt sich Nestroy auch auf dem Theaterzettel als Autor, obwohl an seiner Urheberschaft nie Zweifel bestanden haben.

Das Quodlibet überläßt Nestroy diesmal Wenzel *Scholz gemeinsam mit Marie *Weiler und Elise Zöllner. Der Erfolg ist so groß, daß im Theater an der Wien – dem größten Theater Wiens überhaupt – in den ersten zwölf Vorstellungen alle Logen und Sperrsitze (die teuersten Plätze des Theaters, da sie im voraus bezogen werden können und einen Sitzplatz garantieren) ausverkauft sind, ein „unerhörter Fall", wie die „Theaterzeitung" meint.

8. Mai: Karl *Carl wird mit *LUMPAZIVAGABUNDUS reich (die Wiener nennen seine neu erworbene Villa in Hietzing „Lumpazi-Villa"), Nestroy nicht, obwohl am 8. Mai ein neuer Vertrag zwischen den beiden abgeschlossen wird.

10. Mai: In einer Benefizvorstellung von *Raimunds „Der Diamant des Geisterkönigs" für Wenzel *Scholz steht Nestroy als Longimanus erstmals – und gegen den Willen des Dichters – in Wien in einer Raimund-Rolle auf der Bühne.

21. Mai: Nestroy setzt die Anzeige in die „Theaterzeitung", daß die Rechte an *LUMPAZIVAGABUNDUS bei dem Theateragenten Adalbert *Prix bezogen werden können. Spätestens mit diesem Stück wird Nestroy im gesamten Raum der Monarchie und in deutschen Theatern in hohem Maße nachgespielt.

August: Als Beispiel, wie Johann Nestroy das Repertoire des Theaters an der Wien als Schauspieler und Autor nach so kurzer Zeit beherrscht, kann der August 1833 herangezogen werden. Nestroy steht an 20 Abenden in neun verschiedenen Rollen auf der Bühne, davon vier in eigenen

Stücken (*LUMPAZIVAGABUNDUS, DER *GEFÜHLVOLLE KERKERMEISTER, *DREISSIG JAHRE AUS DEM LEBEN EINES LUMPEN, *NAGERL UND HANDSCHUH). Im September wird auch sein *KONFUSER ZAUBERER noch einmal gespielt.

9. Oktober: Uraufführung von
*ROBERT DER TEUXEL
eine Opernparodie nach Meyerbeer, im Theater an der Wien.
Der Theaterzettel vermerkt „Arrangiert von Carl", und die Kritiken betonen die prunkvolle Ausstattung. Wieder ist das Trio Nestroy (Bertram), *Carl (Robert) und *Scholz (als Reimboderl am höchsten gelobt) am Werk, aber die Kritiken sprechen sogar von einem Mißerfolg. Damals übrigens kommt es schon zu einer Auseinandersetzung der Kritiker untereinander (was immer wieder vorkommt), wobei sich Franz *Wiest als besonderer Nestroy-Gegner gebärdet. Trotz der widersprüchlichen Kritiken wird ROBERT DER TEUXEL achtmal en suite gespielt, bleibt über Jahre hinweg im Repertoire und erlebt zu Nestroys Zeiten 70 Aufführungen.

5. November: Nestroy spielt erstmals in einem Stück seines Schauspieler-Kollegen Friedrich *Hopp, der viele Erfolge zu verzeichnen hat, allerdings mit seinen Lust- und Zauberspielen vergessen ist. „Goldkönig, Vogelhändler und Pudelscherer" mit Nestroy in der Rolle des Ulrich Bleyzucker erlebt zwölf, andere Hopp-Stücke bringen es auf noch weit mehr Aufführungen („Hutmacher und Strumpfwirker oder Die Ahnfrau im Gemeindestadl" auf 59). Hopp ist damit nicht nur Kollege, sondern auch Konkurrent Nestroys – dem er Rollen schreibt, so wie dieser ihm.

20. November: Theater an der Wien: Uraufführung des *Einakters
DER *TRITSCHTRATSCH
Darin schreibt sich Nestroy mit dem „Tratschmiedl" eine Rolle, deren Zungenfertigkeit legendär wird. Sie zählt zu seinen meistgespielten, er verkörpert sie noch in seinem Todesjahr. Der Einakter wird mit immer anderen Stücken kombiniert, und weil er so erfolgreich ist, bezieht Nestroy bei der fünften Aufführung auch noch Wenzel *Scholz in das Stück ein.

13. Dezember: Nestroy spielt den Kasimir Knappentuch in der höchst erfolgreichen Posse „Der falsche Improvisator" von Franz Xaver Told. (Aufführungen bis Ende des Jahres.)

1834

In diesem Jahr spielt Nestroy im Theater an der Wien 24 neue Rollen, davon fünf in eigenen neuen Stücken.

16. Jänner: Theater an der Wien: Uraufführung von Nestroys
DER *ZAUBERER SULPHURELEKTRIMAGNETICOPHOSPHORATUS UND DIE FEE WALPURGISBLOCKSBERGISEMPTEMTRIONALIS oder
DIE ABENTEUER IN DER SCLAVEREY oder
ASIATISCHE STRAFE FÜR EUROPÄISCHE VERGEHEN oder
DES UNGERATENEN HERRN SOHNES LEBEN, TATEN UND MEINUNGEN, WIE AUCH DESSEN BESTRAFUNG IN DER SCLAVEREI UND WAS SICH ALL-DORT FERNERES MIT IHM BEGAB
im Theater an der Wien. Diese Zauberposse, die wiederum ein Schauspiel von Raupach parodiert, wird bei der Premiere zu einem eklatanten *Mißerfolg. Nestroy erscheint als Orientale Ali Memek (manchmal auch: Alib Memeck) erst im zweiten Akt, *Carl spielt einen jugendlichen Wildfang, *Scholz einen komischen Portier, aber dieses „Kleeblatt" funktioniert auf der Bühne absolut nicht immer. Der Premierenwirbel ist so stark, daß Nestroy sogar „aus der Fassung" gerät, wie die Zeitungen berichten. Selbst mit Marie *Weiler, der Benefiziantin, ist die Kritik gnadenlos. Das „Stück mit dem Titel", wie Kritiker *Wiest es nennt, wird siebenmal gespielt, 1839 noch einmal aufgenommen. Im ganzen kommt es auf elf Aufführungen.

20. Februar: Im Theater in der Josefstadt findet mit sensationellem Erfolg die Uraufführung von Ferdinand Raimunds letztem Stück, „Der Verschwender", statt. Es ist außer der „Unheilbringenden Krone" das einzige Raimund-Stück, in dem Nestroy nie auftreten wird.

5. März: Nestroys Vater, der Advokat Johann *Nestroy, stirbt im Alter von knapp 71 Jahren gänzlich verarmt in Wien.

5. April: Uraufführung von Nestroys
*MÜLLER, KOHLENBRENNER UND SESSELTRAGER oder
DIE TRÄUME VON SCHALE UND KERN
im Theater an der Wien. Wieder erscheinen Nestroy, *Scholz und
*Carl als Vertreter einer Berufsgruppe (wie in *LUMPAZIVAGABUNDUS),
aber es gibt keine Erfolgsgarantie: Das Publikum ist während der Aufführung so unruhig, daß teilweise nur pantomimisch agiert werden
kann. Nach fünf Vorstellungen verschwindet das Stück für immer.
19. April: Nestroy spielt in Raimunds „Moisasurs Zauberfluch" die
Rolle des Steinbrechers Hans. Die ihm auf den Leib geschriebene Rolle
in diesem Stück, den Gluthahn, den einst Karl *Carl kreiert hat, verkörpert er erst später (1836).
In den folgenden Monaten spielt Nestroy Repertoire, darunter auch
seine eigenen Stücke, vor allem immer wieder *LUMPAZIVAGABUNDUS.

*September: In der Raimund-Literatur findet sich die Behauptung,
Nestroy und Wenzel Scholz seien zum Eröffnungsfest für Ferdinand
Raimunds Landhaus in Pernitz erschienen, doch angesichts der „Be-
rührungsängste" sowohl Raimunds wie Nestroys ist diese Begegnung
nicht wahrscheinlich, zumal sie von keinem Zeitgenossen bestätigt wird.
4. Oktober: Franz Grillparzers „Der Traum ein Leben" wird mit
großem Erfolg am Hofburgtheater uraufgeführt.*

8. Oktober: Theater an der Wien: Uraufführung von Nestroys
DIE *GLEICHHEIT DER JAHRE
*Carl und Nestroy sind nach den vorangegangenen Mißerfolgen vor-
sichtig geworden und lassen das Stück ohne Angabe des Autors in
Szene gehen (es werden sogar Gerüchte über einen bislang unbekannten Verfasser in die Welt gesetzt). So muß Nestroy lesen, daß er als
Schauspieler das „saftlose Produkt" eines Unbekannten erträglich gemacht hätte ... Doch da man sich nicht an Nestroy als Autor reibt,
erlebt das Stück um die ältere Frau (Franziska Fehringer), die einen jungen Burschen heiraten will (Nestroy), problemlos 14 Vorstellungen im
Oktober, wobei sich Nestroy in der letzten als Autor nennt. 1839 wird
das Werk noch einmal neu inszeniert und kommt zu Nestroys Lebzeiten auf 21 Aufführungen.

K. K. priv. Theater an der Wien.

Mittwoch den 5. November 1834
Zum Vortheile der Schauspielerinn Marie Weiler.

Zum Erstenmale:

Der 2te Theil
des Lumpacivagabundus betitelt:

Die Familien Knieriem, Zwirn und Leim,
oder:
Der Welt-Untergangs-Tag.

Zauberspiel in 2 Aufzügen, von J. Nestroy
Musik von Herrn Kapellmeister Adolph Müller.

Personen:

Stellaris, Feenkönig — Hr. Stampfer.
Fortuna, Beherrscherin d Glückes Dlle Gutenhofer
brillantine, ihre Tochter, Be-
mahlinn des — Dlle. Swoboda.
Hilaris — Hr. Mailset.
Mystifax, Vater des Hilaris Hr. Berger.
Fee Lunstange, Herrscherinn
im Reiche der Beständigkeit Mad. Fehringer.
Lumpacivagabundus, ein böser
Geist — — — Hr. Raffel.
Zwirn, ein reisender Schneidergesell
der 58 Jahre alt — Hr. Scholz.
Leim, ein reicher Weinhandlmann
in Kieselfeld, 45 Jahre alt Hr. Werle.
Madame Leim, seine Frau Dlle. Condorussi.
Sophie) ihre Kinder Marie Weiler.
Friederich) Hr. Hensel.
Herr von Hobelmann — Hr. Sahl.
Schlendrian, der Wirth zur un-
bestimmten Ordnung — Hr. Binda.
Gottlieb) tägliche Hr. Weichart.
Steinkopf) Gäste Hr. Eckibaul.
Kumpf) daselbst Hr. Ignaz.
Ein Kellner — — Hr. Zehrl.

Knieriem, Schuster in Kieselfeld Hr. Nestroy.
Frau Knierl, seine Frau — Dlle. Grünthal.
Gottfried, sein Sohn, ein Tischler-
gesell — — — Hr. Sämmerler.
Nagel, Lehrbub — — B Rahl.
Paracelsus, ein reisender Quack-
salber — — — Hr. Hopp.
Madame Bölchert) Madame Dlle. Thpaw.
Madame Schwert) Leims Mad. Berger.
Madame Richtaus) Freundinnen Dlle. Rudolph.
Herr von Stoppelbach — Hr. Spielberger.
Frau von Stoppelbach — Mad. Hozapfel.
Mathilde) ihre Kinder Dlle. Mazzarelli.
Carl) Hr. Reilbinger.
Betty, Stubenmädchen in Leims
Hause — — Dlle. Dielen.
Therese, in Leims Hause erzogen Dlle. Theil
Stiefel, Chirurgus v. Kieselfeld Hr. Schmidt
Notarius Tintenfaß — — Hr. 3 ch
Stephan, Bedienter des Herrn
von Stoppelbach — — Hr. Schsn
Zinser) Hr. Weser.
Vorschuß) Gläubige Hr. Eggmayer.
Ein Corporal — — Hr. Magir.

Zauberer, Feen, Genien, Handwerker, Gäste, Kinder, Bediente.

Die Handlung geht Anfangs im Feenreiche, dann im Städtchen Kieselfeld vor, und spielt 20
Jahre nach ersten Theil „Lumpacivagabundus „

Verehrungswürdige! Ihrer bekannten Huld und Wohlgewogenheit empfiehlt sich
ganz ergebenst Marie Weiler, Mitglied dieses Theaters.

Der freie Eintritt für Jedermann ohne Ausnahme aufgehoben.

Billets gegen und Sperrsitze sind in der Wohnung der Benefiziantinn Leimgrube an
der Wien, nächst dem Topagenothore, Jägergasse Nr. 22 im 2. Stock zu bekommen.

Auch zu Nestroys Zeiten arbeitet man mit „Fortsetzungen": Der zweite Teil des „Lumpazivagabundus" stellt allerdings den vergeblichen Versuch dar, an den vorangegangenen außerordentlichen Erfolg anzuknüpfen. Entgegen dem Theaterzettel lautet die spätere Fassung des Titels: ZWIRN, KNIERIEM UND LEIM.

5. November: Nestroy und *Carl versuchen nun, den Erfolg zu erzwingen, indem sie *LUMPAZIVAGABUNDUS die Fortsetzung nachsenden.

DIE *FAMILIEN ZWIRN, KNIERIEM UND LEIM oder

DER WELTUNTERGANGSTAG

zeigt die Protagonisten um 20 Jahre gealtert. Vielleicht hat Karl Carl die Rolle des Leim deshalb an Kollegen Alois Werle abgegeben. Nestroy und *Scholz sind wieder Knieriem und Zwirn, diesmal als Ehemänner, und Marie *Weiler genießt es möglicherweise, die Tochter von Eleonore *Condorussi zu spielen. Die Kritiken erwähnen ein übervolles Haus und eine günstige Aufnahme des Stücks: Nestroy wird nach jedem Aufzug gerufen. Die Fortsetzung von *LUMPAZI wird zu Nestroys Lebzeiten 64mal bis ins Jahr 1854 gespielt.

6. November: Carl Ludwig *Costenoble notiert in seinem Tagebuch: *Die Fortsetzung der Volksposse „Lumpacivagabundus" wurde teils gelobt, teils getadelt. Einige sagten: man will bei diesem Theater lachen, und der Zweck sei erreicht; andere meinten: dergleichen Trivialitäten sollten auf keiner Bühne geduldet werden.*

22. November: *Im Theater in der Josefstadt zeigt der Schauspieler und Autor Karl von Holtei erfolgreich sein Stück „Lorbeerbaum und Bettelstab oder Drei Winter eines deutschen Dichters". Das Publikum liebt das rührselige Werk, Nestroy macht sich unmittelbar an die Parodie, die im Februar des folgenden Jahres Premiere hat.*

5. Dezember: Nestroy schreibt für das Benefiz von Wenzel *Scholz, der berüchtigt dafür ist, mit eigenen Stücken seine Benefizabende immer knapp an Mißerfolgen vorbeizuführen, die einaktige Posse

DIE *FAHRT MIT DEM DAMPFWAGEN

als Vorspiel zu dem gleichnamigen *Quodlibet. Nestroy bezieht sich mit dem „Dampfwagen" auf ein aktuelles Ereignis: Diese aus England kommende Novität, ein Vorläufer der Eisenbahn, wird am Premierentag den Wienern im Prater vorgestellt. In Nestroys Stück findet der Dampfwagen zwar nur Erwähnung, aber man weiß, wieviel Wert Direktor *Carl darauf legt, daß es in seinem Theater stets das Neueste gibt.

Der Einakter, in dem Scholz einen Theaterdiener spielt, macht sich im Stil des *ZETTELTRÄGER PAPP oder auch des Sansquartier über das Theater lustig und wird in den verschiedensten Zusammenstellungen immer wieder, zu Nestroys Zeiten 66mal, gespielt.

1835

In diesem Jahr spielt Nestroy im Theater an der Wien 27 neue Rollen, davon drei in eigenen neuen Stücken.

*LUMPAZIVAGABUNDUS erscheint als Buchausgabe im Verlag J. B. Wallishausser.

8. Jänner: Nestroy spielt den Haxerl in „Die Entführung vom Maskenball", einem sehr erfolgreichen Stück von Kilian Josef Schickh, der schon mit ihm das Akademische Gymnasium besucht hat und als Autor durchaus eine Konkurrenz für ihn darstellt. Dieses Schickh-Stück erlebt 42 Aufführungen im Theater an der Wien.

13. Februar: Carl Ludwig *Costenoble notiert in seinem Tagebuch: *Der Volksdichter Nestroy hat eine Parodie auf Holtei's Lorbeerbaum und Bettelstab geschrieben, worin, wie man sagt, er auch das sogenannte Spiel Holteis parodieren wird. Nestroy's Burleske heißt: Weder Lorbeerbaum noch Bettelstab. Das kann was Gutes werden, wenn Nestroy sich ein wenig zusammen genommen und nicht frisch drauf los geschmiert hat.*

13. Februar: Im Theater an der Wien findet die Uraufführung von Nestroys

*WEDER LORBEERBAUM NOCH BETTELSTAB

statt. Die boshafte Parodie des *Holtei-Stücks, die den Parodierten sehr erregt, zeigt Nestroy und die *Condorussi schauspielerisch nicht immer geschmackvoll auf den Spuren des Ehepaars Holtei. Die Kritiken dieses für die Nachwelt so interessanten Stücks sind mäßig, und solcherart ist auch der Besuch: sechs Vorstellungen en suite, dann noch drei weitere, davon eine vereinzelt im Mai, dann verschwindet das Stück (neun Aufführungen zu Nestroys Lebzeiten) vom Spielplan. Dennoch gibt es – was sonst eher bei Erfolgsproduktionen der Fall ist – ein Bild, das Nestroy in der Rolle des Dichters Leicht zeigt.

2. März: Kaiser Franz I. stirbt. Alle Theater in Wien werden für drei Wochen geschlossen. Der älteste Sohn des Kaisers, Ferdinand, wird sein Nachfolger, doch da er als Epileptiker nicht regierungsfähig ist, übernimmt ein paar Monate später eine „Geheime Staatskonferenz" für ihn die Staatsgeschäfte.

15. März: In diesem Jahr hasardiert Karl Carl: Er hat für das Theater an der Wien einen äußerst günstigen Pachtvertrag geschlossen, der seine Partner, die Erben eines gewissen Cajetan Hruschowsky, keinesfalls reich macht. Diese müssen den Konkurs anmelden, das Theater soll versteigert werden. Wäre Carl klug gewesen, hätte er das Haus gekauft und es sich auf diese Weise für immer gesichert – aber er kalkuliert in diesem Fall richtig, daß sich kein anderer Käufer finden wird. Und tatsächlich – weder am 15. März noch am 15. April, noch am 15. Mai, den drei Versteigerungs-Terminen, schlägt jemand zu. So bleibt für ihn alles unverändert, die Pacht billig, die Gewinne groß. Es klingt wie literarische Gerechtigkeit, daß Carl sich später in der analogen Situation völlig verspekuliert – aber bis dahin vergehen noch zehn Jahre.

31. März: Schickhs Stück „Hans-Jörgel in Wien" (mit Nestroy in der Rolle des Eustachius Purzel) bringt es trotz der populären Hauptfigur (Hans-Jörgel gilt als der legitime Erbe des „Eipeltauer", der seine berühmten Briefe über die Wienerstadt geschrieben hat) nur auf acht Aufführungen.

22. April: Theater an der Wien, Uraufführung von Nestroys
*EULENSPIEGEL oder
SCHABERNACK ÜBER SCHABERNACK
Mit Wenzel *Scholz in der zentralen Rolle des Vagabunden Eulenspiegel und Nestroy als Natzi, in einer Rolle, wie er sie am liebsten spielt, nämlich als dalkerter Bub, ist das Stück endlich wieder der erhoffte Erfolg. Es wird 13mal en suite, darauf nochmals siebenmal hintereinander aufgeführt und zählt zu jenen Nestroy-Stücken, die er jedes einzelne Jahr seines Lebens bis 1860 hindurch spielt, wobei er später (ab 1840) gelegentlich auch die Rolle des Eulenspiegel übernimmt (140 Vorstellungen zu seinen Lebzeiten).

24. April: Kritisch äußert sich Carl Ludwig *Costenoble in seinem Tagebuch: *Nestroy selbst gibt eine Art von Dümmling, der an Hasenhuts Thaddädel erinnert, aber der Liebenswürdigkeit des letztgenannten Komikers ermangelt. Freilich bringt der Contrast zwischen Nestroys langer Gestalt und fistulöser Sprache eine komische Wirkung hervor, der man aber das Forcierte anmerkt. (...) „Eulenspiegel" im Ganzen ist eine Zusammenreihung von längst bekannten Possen und alten Lustspielen.*

1. Mai: Die Familie Nestroy bezieht eine Wohnung im Gebäude des Theaters an der Wien, die ihr vertraglich von diesem Datum an zusteht. Die Adresse lautet: Theatergebäude 15. A. d. Wien, die Wohnung hat drei Zimmer auf die Gasse, eine Küche, einen Boden. Dafür behält *Carl als Zins 10 Gulden 50 Kreuzer Conventionalsmünze pro Monat ein.

Zwischen dem *EULENSPIEGEL und seiner nächsten eigenen Premiere spielt Nestroy in neun von den 15 Premieren, die Carl herausbringt, die meistgespielten darunter – je ein Stück von Schickh und Meisl – stehen viermal (!) auf dem Programm, die anderen zwischen ein- und dreimal. Allein das zeigt, was Nestroy für Carl wert ist, mehr und mehr auch als Autor, denn andere Stücke bieten ihm höchst selten Möglichkeiten, in wirklich lohnenden Rollen zu brillieren.

23. August: Karl *Carl muß mit Nestroy, der für ihn Gold wert ist, einen erweiterten Vertrag abschließen, der bis 22. August 1838 währt und mehr Geld vorsieht, 1300 Gulden jährlich für 1835 und 1836, 1400 für 1837 und 1838. Von jetzt an kann Nestroy auch die Möglichkeit von sommerlichen Reiseurlauben von ein bis zwei Monaten wahrnehmen, wobei Carl aber natürlich gewieft genug ist, für diese Zeit nichts zu bezahlen.

24. September: Theater an der Wien: Uraufführung von Nestroys *ZU EBENER ERDE UND ERSTER STOCK oder
DIE LAUNEN DES GLÜCKS
Dieses Stück wird Nestroys größter *Erfolg seit *LUMPAZIVAGABUNDUS
Das Publikum ist gleicherweise von der äußeren Form und dem Inhalt des Stücks verblüfft, das auf einer zweigeteilten Bühne spielt – oben leben die Reichen, unten die Armen. Um diese Konstruktion auf das

Theater an der Wien stellen zu können, hat Direktor Karl *Carl sogar einen Schließtag halten müssen, was auf seiner Bühne gänzlich unüblich ist. Nestroy spielt diesmal einen schurkischen Bedienten, *Scholz dagegen einen anständigen armen Mann. Erstmals vergleicht die Kritik angesichts der sozialen Komponente des Stücks Nestroy mit *Raimund. Mit 30 En-suite-Vorstellungen auf Anhieb und 13 weiteren in den November hinein haben Nestroy und Carl hier einen bisher beispiellosen Erfolg zu verzeichnen. Anschließend kommt das Stück vereinzelt, aber oft mehrere Tage hintereinander (des Bühnenaufbaus wegen) zur Aufführung. Nestroy spielt es bis 1852, es erreicht zu seinen Lebzeiten 134 Vorstellungen.

Es ist vielleicht kein Zufall, daß Joseph Danhauser im Jahr darauf sein berühmtes Gemälde „Die Prasser" malt, das die Völlereien von Leuten wie jenen im „ersten Stock" darstellt, während ein Bettler vergebens Kopf und ausgestreckte Hand mit Hut ins Zimmer streckt …

3. Oktober: Eine bösartige Kritik von Nestroys erklärtem Feind, dem Kritiker Franz *Wiest, erscheint im „Sammler". Nestroy extemporiert entweder an diesem oder einem der folgenden Abende gegen Wiest, denn *Costenoble notiert am 7. Oktober in seinem Tagebuch, Wiest habe Nestroy wegen folgender Bemerkung geklagt: *Ich begreif' gar nit, wie man so vüll Vergnügen an dem Whistspiel haben kann – Wiest! So a Spüll, das seinen Namen von dem dummsten Menschen in Wien hat, der obendrein zur Schande der Menschheit Kritiken schreibt!* Und wie es weiterging, berichtet Costenoble (auch nur vom Hörensagen) so: *Ein Teil des Publikums war aufs höchste indigniert über die Frechheit Nestroys; aber seine zahlreichen Verehrer klatschten dem Unverschämten zu. Der anwesende Polizei-Kommissär rannte sofort auf die Bühne und machte Nestroy Vorwürfe über seine Verwegenheit, ihn zugleich warnend, sich für immer jeder persönlichen Anspielung zu enthalten.*

19. Oktober: Nestroys ältester Bruder Karl Korbinian *Nestroy stirbt im Alter von 35 Jahren kinderlos. Er hatte erst im Jahr davor geheiratet.

16. Dezember: Nestroy erhebt eine Gegenklage gegen die Klage von Franz *Wiest.

1836

Das Buch „Bilder und Träume aus Wien" von Adolf Glaßbrenner erscheint, in dem Nestroy auf das übelste beschimpft wird.

Jänner: Nestroy muß wegen der verletzenden Extempores gegen Franz *Wiest ins Gefängnis. Das genaue Datum des Aufenthalts ist nicht bekannt, aber da er am 12. Jänner *ZU EBENER ERDE spielt und am 25. Jänner in *LUMPAZIVAGABUNDUS wieder auftritt, muß der fünftägige Gefängnisaufenthalt wahrscheinlich dazwischen liegen.

Diese Szene zeigt Nestroy in Friedrich Kaisers „Wer wird Amtmann?" (1840) – aber man kann sich gut vorstellen, daß der unbotmäßige Schauspieler solcherart ins Gefängnis gebracht wurde …

17. Jänner: Nestroy schreibt seinen berühmten Brief aus dem Gefängnis an den Hofschauspieler Carl Wilhelm Lucas, der ihm offenbar ein Buch mit dem sprechenden Titel „Kettenglieder" ins Gefängnis geschickt hat. Resümee: „Ich schreibe Dir diese Miserabilitäten nur, damit Du Dir ein Bild machen kannst, wie man in Wien Kunst und Künstler achtet." Der Schriftsteller Spindler liest den Brief, der zum Wiener Stadtgespräch wird, im Kaffeehaus vor, und *Wiest muß sich sagen lassen, sein Gestänkere mache ihn noch lange zu keinem *Saphir …

25. Jänner: Nestroys Auftritt in *LUMPAZIVAGABUNDUS wird mit Spannung erwartet. Tatsächlich extemporiert er, nach dem Bericht von Friedrich *Kaiser, als Knieriem auf die Bemerkung „Er hat mich eing'sperrt" mit: „Das hat er nicht nötig – ich war schon eing'sperrt."
Aber Nestroys Empörung äußert sich in einem Brief an die Zensurhofstelle mit der Bitte, „dem obbenannten Wiest alle auf mich bezughabende Skriberei für immer zu untersagen".

7. Februar: Weil Karl *Carl sein obligates „Faschingsstück" braucht, aber nichts Neues bei der Hand ist, schreibt Nestroy zu dem alten Stück „Die Ballnacht oder der Faschingsdienstag" von Johann Waldon, in dem er schon in Graz und Preßburg gespielt hat, neue Liedertexte. Dennoch gilt er irgendwie als Autor der schwachen Angelegenheit, für die ihm die Kritik einräumt, er könne sich vieles leisten, denn er habe schließlich *ZU EBENER ERDE UND ERSTER STOCK geschrieben.

18. Februar: Für diesen Termin war Nestroys nächstes Stück angekündigt, und die „Theaterzeitung" hat voraus die Neugierde mit der Ankündigung geschärft, daß der Verfasser „für sich eine ernsthafte Partie geschrieben hat und sich in einer ganz neuen Sphäre als Schauspieler bewegt". Aber die Premiere muß verschoben werden, vielleicht durch eine Krankheit, denn Nestroy steht zwischen 20. Februar und 4. März nicht auf der Bühne, eine für ihn gänzlich ungewöhnliche Pause.

5. März: Carl Ludwig *Costenoble notiert in seinem Tagebuch: *Der Komiker und Lokaldichter Nestroy hat jetzt ein Schauspiel ernster und moralischer Handlung geschrieben, um zu zeigen, daß er auch im edleren Genre dichten könne. Das Stück wird heute aufgeführt. Man ist begierig – selbst Jeitteles.*

5. März: Theater an der Wien: Uraufführung von
DER *TREULOSE oder
SAAT UND ERNTE
Um dieses erste „ernste" Stück Nestroys entbrennen große Diskussionen. Nestroy hat als Benefizstück für Marie *Weiler, die darin als betrogene Frau erscheint, ein moralisches Charaktergemälde geschaffen, in dem er als regelrechter „Bösewicht" erscheint. Die Kritik will eine Nähe zu *Raimunds „Verschwender" erkennen, aber man will Nestroy – obwohl sonst so oft die Unmoral seiner Stücke reklamiert wird – eigentlich nicht jenseits der gewohnten Bahn sehen. DER *TREULOSE gilt als „unleugbarer Mißgriff" (Wiener Zeitschrift), und so wird das Stück nur siebenmal gespielt. Zwei weitere Versuche damit (1840, 1854) bleiben gleichfalls erfolglos.

Ende März / Anfang April: Nestroy scheint zehn Tage lang nicht im Spielplan des Theaters an der Wien auf. Vermutlich ist das der Zeitpunkt seiner rätselhaften „Flucht", deren Ursache und Details nicht bekannt sind. Jedenfalls schaltet Karl *Carl die Polizei ein, und der als „flüchtig" gemeldete Nestroy wird von der Polizei in Preßburg gefunden.

April: Louis *Grois, ein beliebter Komiker aus Graz, gastiert im Theater an der Wien. Karl *Carl, der immer wieder Probleme mit Nestroy hat, erwägt das Engagement von Grois, zu dem es im September dieses Jahres auch kommt, ohne daß Nestroy daraus die geringste Konkurrenz erwüchse. Er und Grois werden lebenslange Freunde.

April: Nestroy erhält von Carl Friedrich Cerf, dem Direktor des Königstädtischen Theaters in Berlin, einen schmeichelhaften Brief und ein besonderes Ehrengeschenk für *ZU EBENER ERDE UND ERSTER STOCK, weil das Stück dort so erfolgreich ist.

6. Mai: Theater an der Wien: Uraufführung von Nestroys
DIE *BEIDEN NACHTWANDLER oder
DAS NOTWENDIGE UND DAS ÜBERFLÜSSIGE
Die märchenhafte Posse, in der Nestroy und *Scholz als zwei arme Seiler plötzlich reich werden, ist voll komischer Szenen und wird vom Publikum „durchgelacht". Das Werk entwickelt sich schnell zum Zugstück, wird in Wien den ganzen Mai hindurch und dann auch noch

immer wieder (bis zum Tod von Wenzel Scholz 1857) gespielt. Zu Nestroys Lebzeiten erreicht es in Wien 110 Aufführungen, und viele deutschsprachige Bühnen greifen schnell danach.

13. Mai: Der Affendarsteller Eduard Klischnigg beginnt sein Gastspiel am Theater an der Wien. Carl fordert seine Autoren auf, Stücke zu schreiben, in denen der Affe „mitspielt". Nestroy und Told kommen dieser Aufforderung nach.

7. Juni: Nestroy spielt erstmals in einem Stück von Friedrich *Kaiser. Karl *Carl hat den 22jährigen als Autor engagiert. Er wird Nestroy in den Aufführungszahlen Konkurrenz machen, nicht aber was Reputation und Nachruhm betrifft.

11. Juni: Nestroys erstes, vermutlich 1828 entstandenes Stück, *FRIEDRICH, PRINZ VON KORSIKA, wird bei der Zensur eingereicht, was manche Nestroy-Forscher zur Annahme verleitet hat, er wollte sich nun dem ernsten Drama zuwenden.

23. Juni: Johann Strauß führt beim Dommayer, dem beliebten Vergnügungsetablissement in Hietzing, wo er mit seiner Kapelle auftritt, einen Walzer mit dem Titel „Die Nachtwandler" auf, was sich eindeutig auf Nestroys erfolgreiches Stück bezieht.

23. Juli: Theater an der Wien: Der Uraufführung von Nestroys DER *AFFE UND DER BRÄUTIGAM für *Klischnigg geschrieben, wohnen sogar der König Ferdinand von Sizilien mit Gattin, Erzherzog Franz Karl und Erzherzogin Sophie (die Eltern des damals sechsjährigen späteren Kaisers Franz Joseph) bei. Die Aufführung wird ein Riesenerfolg: Klischnigg als Affe Mamok fasziniert durch „Biegsamkeit und Gelenkigkeit" und übertrifft alles bis dahin in Wien Gesehene. Dagegen spielt Nestroy als Diener Tiburtius Hecht vergleichsweise eine Nebenrolle. In neun Tagen bringt das Stück Direktor *Carl 8000 Gulden ein. Sieben Wochen lang steht DER AFFE UND DER BRÄUTIGAM nahezu en suite auf dem Spielplan und würde wohl weitergespielt, wenn Nestroy nicht zu seinem Gastspiel nach Graz aufbrechen müßte.

Die Briefe des prominenten „Hans Jörgel" geben einen Eindruck, wie überfüllt die Vorstellungen sind: *An ein gsperrten Sitz haben wir nit den-*

ken können – wir haben stehen müssen, und seyn so zusammenpreßt worden, wie einmal auf dem Land bay dem (...) Kasdrängen gebräuchlich ist.

5. September: *Ferdinand Raimund stirbt nach fünftägigem Todeskampf in Pottenstein. Er hat sich aus Angst, der Hund, der ihn gebis-
sen hatte, könnte tollwütig gewesen sein, in den Mund geschossen.*

16. September bis 1. Oktober: Nestroy gastiert in Graz. Er kommt
in die Stadt, in der er als Sansquartier sich selbst gefunden und als Dramatiker begonnen hat. Nun kehrt er als Wiener Star zurück, der sich in
nicht weniger als neun Rollen in eigenen Stücken präsentieren kann.
Und er findet die Aufführungen seiner Werke, in die er hineinspringt,
vor. Nestroy spielt außer dem Longinus, den noch die Grazer als erste
gesehen haben, und dem eben kreierten Hecht noch Knieriem, Johann,
Tratschmiedl, Natzi, Strick und auch den Falsch, an dem ihm einiges zu
liegen scheint. Dabei gefällt DER *TREULOSE in Graz offenbar besser als
in Wien.

9. Oktober: Nestroy ist wieder in Wien. Mittlerweile hat Louis *Grois
sein Engagement angetreten. Daraufhin scheint Nestroy einen Ent-
schluß gefaßt zu haben.

22. Oktober: Nestroy schließt mit Josef Reischel, dem Eigentümer
des Theaters in der Josefstadt, einen Vertrag ab, ab 1838 das Haus zu
pachten und somit selbst Direktor zu werden. Aber dieser „Emanzi-
pationsversuch" aus den Fängen von Karl *Carl mißlingt: Der Vertrag
wird später in beiderseitigem Einvernehmen aufgelöst.

25. Oktober: Nestroy spielt den Rochus Besenstil in „Die Bekanntschaft im Paradeisgartl" von Friedrich *Hopp. Das Stück ist sehr erfolgreich (35 Aufführungen).

17. Dezember: Bei einem *Scholz-Benefiz verkörpert Nestroy den
Rappelkopf in *Raimunds „Der Alpenkönig und der Menschenfeind".
Scholz ist Habakuk.

29. Dezember: Nach *Raimunds Tod gibt es keinerlei Hemmungen
mehr, Nestroy in seinen Stücken in Wien auftreten zu lassen. Er spielt
nun „seine" Rolle, den bitterbösen Gluthahn in „Moisasurs Zauberfluch".

1837

In diesem Jahr spielt Johann Nestroy im Theater an der Wien 15 neue
Rollen, davon vier in eigenen Stücken.

17. Jänner: Die Uraufführung von

EINE *WOHNUNG IST ZU VERMIETEN IN DER STADT. EINE WOHNUNG IST
ZU VERLASSEN IN DER VORSTADT. EINE WOHNUNG MIT GARTEN IST ZU
HABEN IN HIETZING

wird zu einem der schwärzesten Tage in Nestroys Karriere. Das Stück
ist einer der vom Publikum am wütendsten aufgenommenen *Mißerfolge. Das übervolle Haus hat sich von einem Stück, in dem Wien so dezidiert mit dem Namen „Hietzing" vorkommt, eine besonders behagliche
Wiener Posse erwartet und bekommt in der Gestalt des von Nestroy
gespielten Gundlhuber (auch: Gundelhuber) sein schlimmstes Ebenbild

Die Theater-Liebhaber.
Scene aus dem Leben.

Das immer zum Randalieren bereite Wiener Vorstadtpublikum war eine unbe-
rechenbare Größe – das bekam Nestroy oft zu spüren. Seine Premieren konnten
Triumphe sein oder geradezu schmähliche Mißerfolge.

zu sehen. Es kommt zu randalierenden Ausbrüchen. Als Nestroy am Ende in einem Couplet singt „Es muß im Theater, wie in jedem Haus, Parteien geben", wird er mit einer „Erbitterung ausgezischt, wie sie seit langer Zeit nicht wahrgenommen worden". Die Presse weist ihn an, er solle die Niederlage hinnehmen, „ohne trotzig und unartig zu schmollen wie ein verzogenes Kind". Es gibt zwei Wiederholungen, dann verschwindet das Stück zu Nestroys Lebzeiten.

7. März: Nestroy spielt den Baldrian Zwickel in Friedrich *Hopps „Hutmacher und Strumpfwirker oder Die Ahnfrau im Gemeindestadl". Es ist einer von Hopps größten Erfolgen, in dem Nestroy bis 1858 (!) auftritt.

31. März: Nestroy spielt zum ersten und einzigen Mal in Wien den Bartholomäus Quecksilber, die *Raimund-Rolle, in dessen „Der Barometermacher auf der Zauberinsel".

1. bis 13. Mai: Nestroy gastiert in Ofen (u. a. als Knieriem, Longinus und Strick). Solcherart ist es möglich, daß ein neues Stück von ihm in Wien ohne seine persönliche Mitwirkung uraufgeführt wird.

5. Mai: Im Theater an der Wien hat

*MOPPELS ABENTEUER IM VIERTEL UNTER WIENER WALD,

IN NEU-SEELAND UND MAROKKO

zuerst ohne Nestroy Premiere. Wenzel *Scholz spielt den Moppel, Nestroy übernimmt die Rolle erst nach seiner Rückkehr aus Ungarn. Das Stück ist für die „Gymnastiker" W. Lawrence und P. Rdisha geschrieben, die in der Nachfolge von *Klischniggs Affen bei *Carl gastieren. Als ihre künstlerische Herkunft wird einmal Covent Garden, einmal Drury Lane in London angegeben. Damit die beiden als schweigende „Neuseeländer" ihre Nummern als „schlangenartig" verschlungene Körper abziehen können, versetzt Nestroy sein Stück in exotische Gefilde. Die Kritiker ergehen sich nur in Bewunderung über die „Gymnastiker". Das Stück wird bis Ende des Jahres gespielt und erscheint dann noch vereinzelt am Spielplan.

Ab 14. Mai bis Monatsende: Nestroys Erfolg in Ofen ist so groß, daß er anschließend noch acht Abende in Pest geben muß. Die Kritiker bewundern seine Wandlungsfähigkeit, in jeder Rolle ein anderer zu sein.

5. Juni: Nestroy spielt nun in Wien den Moppel in seinem Stück, alterniert aber in der Rolle mit *Scholz. Die Kritik läßt merken, daß man Scholz in der Rolle, in der Nestroy das immanente Phlegma der Figur gegen seine Natur erspielen muß, drolliger findet.

26. Juni: Da sich Wenzel *Scholz auf Gastspielreise befindet, übernimmt Nestroy in seinem *LUMPAZIVAGABUNDUS die Rolle des Zwirn (*Grois verkörpert den Knieriem). Er wiederholt dieses Experiment allerdings nur wenige Male.

21. Juni: Bei der Wiederaufnahme von DER *AFFE UND DER BRÄUTIGAM übernimmt nun W. Lawrence die Rolle des Affen. Nestroy betätigt sich im Quodlibet des dritten Aktes als Parodist italienischer Sängerstars.

27. Juni: Nestroy spielt in dem Stück „Maurer und Ziegeldecker" seines Freundes Ernst *Stainhauser, das allerdings nur vier Vorstellungen erlebt.

2. September: Auch Erfolgsautor Friedrich *Hopp kann, wie Nestroy, gänzlich scheitern: „Tausend Gulden" (mit Nestroy als Bedienter Julius) erlebt nur eine einzige Vorstellung. Das passiert immer wieder und zeigt, wieviel vergeblicher Aufwand von Rollenlernen und Proben im Theateralltag bei *Carl geleistet werden muß.

11. Oktober: Nestroy spielt erstmals in Wien die *Raimund-Rolle des Nachtigall in dessen Stück „Die gefesselte Phantasie".

16. November: Uraufführung von Nestroys
DAS *HAUS DER TEMPERAMENTE
im Theater an der Wien. Nestroy kehrt zur „geteilten" Bühne (wie bei *ZU EBENER ERDE) zurück, die diesmal sogar viergeteilt wird: In jedem der vier Zimmer wohnt die Familie, die samt und sonders einem Temperament zugehört. Zu Ignaz Stahl (Braus, Choleriker), Louis *Grois (Fad, Phlegmatiker), Würth (Trüb, Melancholiker) und *Hopp (Froh, Sanguiniker) als Familienväter gehören jeweils Sohn und Tochter. Das Stück ist wieder höchst personenaufwendig, was bei *Carls Riesenensemble nicht stört. *Scholz spielt den Kleidermacher Hutzibutz, Nestroy den Bedienten Schlankl. Besonders gelobt wird die Inszenierung des wirklich komplizierten Stücks durch Karl Carl, „alles griff so rasch und sicher ineinander wie die Töne bei einem gut gespielten Klavier".

Das Stück wird einer der ganz großen *Erfolge Nestroys, 21mal auf Anhieb en suite gespielt, mit 85 Aufführungen zu seinen Lebzeiten, wobei es 1852 im Carl-Theater neu inszeniert und 1854 dann sogar in einen Einakter umgeschrieben wird.

> **November:** *Karl Carl engagiert Carl Haffner als Schauspieler und Theaterdichter, der für Nestroy keine Konkurrenz, aber für die Nachwelt als dessen Zeitzeuge wichtig wird.*
>
> *19. **November:** Erste offizielle Fahrt der Kaiser-Ferdinands-Nord-Bahn. Nestroy wird die Eisenbahn 1844 zum „Motor" seines Stücks* EISENBAHNHEIRATEN *machen.*

1838

In diesem Jahr kreiert Nestroy 15 neue Rollen, davon drei in eigenen neuen Stücken.

Die Buchausgabe von *ZU EBENER ERDE UND ERSTER STOCK erscheint bei Wallishausser.

27. Jänner: Nestroy spielt in Grabbes „Don Juan und Faust" den Diener Leporello (vier Aufführungen). Obwohl das Stück des mit Nestroy gleichaltrigen, allerdings schon 1836 verstorbenen Autors in einer *Carl-Bearbeitung gezeigt wird, stellt es einen der ganz wenigen Versuche an Carls Bühnen dar, von zeitgenössischer Dichtung nicht nur das Trivialste zu spielen.

> *6. **März:** Grillparzers „Weh dem, der lügt" wird bei der Uraufführung am Hofburgtheater ein solcher Mißerfolg, daß der Dichter sich daraufhin von der Bühne zurückzieht und künftig Dramatisches nur noch für die Schreibtischlade verfaßt.*

10. März: Theater an der Wien: Uraufführung von
*GLÜCK, MISSBRAUCH UND RÜCKKEHR oder
DAS GEHEIMNIS DES GRAUEN HAUSES
Die Geschichte von Aufstieg und Fall des Schreibers Blasius Rohr, den Nestroy verkörpert, wird zu Nestroys Lebzeiten (mit 109 Aufführungen) eines seiner erfolgreichsten Stücke (*siehe* *Erfolge). Bei der Premiere wird er 15mal gerufen, das ist auch für ihn als Erfolgsgewohnten viel.

Gleich danach gibt es die üblichen zwei Wochen En-suite-Vorstellungen, und Nestroy spielt in diesem Stück bis zu seinem Lebensende mit Ausnahme von 1852 in jedem Jahr. Angesichts des Erfolges gibt es zu diesem Stück auch mehrere bildliche Darstellungen.

Die Premierenkritiken werden von dem „aufregenden" Ereignis überschattet, daß Direktor Karl *Carl für den an Grippe erkrankten Darsteller Würth einspringt und so nach längerer Pause wieder auf der Bühne steht. Das läßt die Kritiker im bewährten Sinn aufjubeln: Carl, Nestroy und Scholz – „Ohne das Trionfium gibt's kein wahres Gaudium!"

Man feiert Carl heftig, und dieser ist von der Anhänglichkeit des Publikums offenbar so gerührt, daß er sich am Ende der Vorstellung in einer kleinen Rede ans Auditorium wendet und verspricht, wieder öfter auf der Bühne zu stehen. Damit bestellt er – was noch niemand weiß, er selbst wohl auch nicht – Nestroys nächstes Stück: Er wird sich vom Hausautor eine Staberl-Komödie schreiben lassen. Diese hat nur fünf Wochen (!) danach Premiere.

19. April: Theater an der Wien: Uraufführung von
DER *KOBOLD ODER STABERL IM FEENDIENST
Nestroy hat hier, um Karl *Carl noch einmal als Staberl auftreten zu lassen, auf das längst überholte Genre der Zauberposse zurückgegriffen und ein im Kärntnertortheater erfolgreich gespieltes Feenballett parodiert. Das Stück ist auf Carl und seine Vorliebe für Verkleidungskunststücke zugeschnitten, wird aber kein besonderer Erfolg und verschwindet nach acht Vorstellungen (die letzte am 4. Mai) aus dem Spielplan.

Mai / Juni: Nestroy spielt Repertoire, neben den eigenen Stücken jene von *Hopp, Meisl, Hensler, Strampfer, Birch-Pfeiffer.

16. Mai: Friedrich *Hopp hat mit der Posse „Das Gut Waldegg" einen Riesenerfolg. Nestroy spielt die Rolle des Amtsschreibers Nigowitz bis 1850, Wenzel *Scholz ist der Jonas Froschmaul. Beide sind in ihren Rollen mehrfach im Bild verewigt worden.

Juli / August: Karl *Carl läßt das Theater an der Wien renovieren. Es ist nicht bekannt, daß Nestroy in dieser Zeit irgendwo gastiert hätte.

Ende September: Nestroy tritt wieder im Theater an der Wien, dessen Zuschauerraum nun prächtig in Hellgrün und Gold neu erstrahlt, auf.

3. Oktober: Friedrich *Hopp erntet mit „Elias Regenwurm oder Die Verlobung auf der Parforcejagd" den nächsten großen Erfolg. Nestroy ist bis in sein Todesjahr in der Titelrolle zu sehen.

3. November: Theater an der Wien: Uraufführung von
*GEGEN TORHEIT GIBT ES KEIN MITTEL
Nestroy läßt diese Premiere als Benefiz für den Schauspieler Franz Gämmerler in Szene gehen. Die Erwartungen des Publikums auf das sogenannte „lustige Trauerspiel" sind hoch gespannt, werden aber schnell enttäuscht. Man lobt zwar vage Nestroys Darstellung als Simplicius Berg, stärker noch jene von Wenzel *Scholz als komischer Bedienter Anselm, auch Marie *Weiler erhält Lob für ihren Gesang im Quodlibet. Doch am Ende gibt es Mißfallensäußerungen, und nach sieben Vorstellungen en suite ist die Aufführungsserie zu Ende. Im Oktober 1840 wird das Stück noch zweimal gespielt, dann nicht wieder.

Karl Carls Bemühungen, das finanziell marode Theater in der Leopoldstadt – das traditionsreichste Vorstadttheater Wiens – zu erwerben, sind am 1. Dezember erfolgreich, als er einen „Gesellschaftsvertrag" schließt, der ihm die alleinige Leitung des Hauses überträgt.

26. Dezember: *Karl Carl eröffnet das Haus unter seiner Direktion und leitet damit zwei Theater gleichzeitig, wobei er anfangs das Theater an der Wien getrennt führt und in allen Belangen vorzieht.*

1839

Nestroy spielt in diesem Jahr 15 neue Rollen, davon zwei in eigenen Stücken.

Jänner: Obwohl Direktor *Carl die Ensembles von Theater an der Wien und Theater in der Leopoldstadt ursprünglich getrennt führen wollte, kann er das keinen Monat lang durchhalten. Schon im Jänner gastiert Nestroy auch im Theater in der Leopoldstadt. Seine Auftritte dort werden häufiger, so daß für ihn bis 1845, als Carl das Theater an der Wien verliert, das anstrengende „Pendeln" zwischen den beiden Häusern andauert.

Das Theater in der Leopoldstadt, auf der „Insel" zwischen Donau und Donaukanal gelegen, ist das älteste Vorstadttheater Wiens, in dem das Wiener Lokalstück durch Ferdinand Raimund seinen bisherigen Höhepunkt erlebt hat.

Februar: Nestroys Stücke werden, wenn sie am Theater an der Wien „abgespielt" sind, ans Theater in der Leopoldstadt übernommen, wo man sie einem anderen Publikum als „neu" zeigen kann. So wandern nacheinander DER *AFFE UND DER BRÄUTIGAM, *ZU EBENER ERDE UND ERSTER STOCK, DIE *BEIDEN NACHTWANDLER, DER *BÖSE GEIST LUMPA-ZIVAGABUNDUS ins Theater in der Leopoldstadt.
März / April: *NAGERL UND HANDSCHUH und DIE *FAMILIEN ZWIRN ... werden im Theater in der Leopoldstadt gezeigt.
Nur die Nestroy-Premieren sind vorläufig (Ausnahme: *UMSONST, Ende 1843) dem Theater an der Wien vorbehalten.
13. April: Theater an der Wien: Uraufführung von
DIE *VERHÄNGNISVOLLE FASCHINGSNACHT
Der Abend ist eine Benefizvorstellung für Marie *Weiler, und wieder ist ein großer Erfolg zu verzeichnen, wobei diesmal nicht nur Nestroy als Holzhacker Lorenz und Wenzel *Scholz als dümmlicher Pächter Tatel-

huber das Publikum und die Kritik begeistern, sondern vor allem Eleonore *Condorussi in der Rolle der tatkräftigen Magd Sepherl wahre Triumphe feiert. Karl *Carl spielt die kleine Rolle des Herrn von Geck, ein Schoeller-Stich für die „Theaterzeitung" zeigt das Herrentrio, Nestroy holzhackend, Carl und Scholz in der Verkleidung als Holzweiber links und rechts. Das Stück wird 23mal ohne Unterbrechung gespielt.

Ab 21. Juni: Nestroy gastiert in Brünn, u. a. als Lorenz, Knieriem, Johann und Strick.

Juli: Nestroy reist weiter nach Lemberg, wo er bis Ende Juli gastiert und zwölf Rollen spielt. Damit kehrt er in jene Stadt zurück, die er einst der Cholera wegen so abrupt verlassen hat, ohne daß er damals viel hätte von seinem Können zeigen dürfen. Nun ist er als Autor und Schauspieler gleicherweise ein Star.

August: Im Theater in der Leopoldstadt wird *DREISSIG JAHRE AUS DEM LEBEN EINES LUMPEN gezeigt. Im übrigen kommt es zu nur aus Repertoirenöten zu erklärenden Wiederaufführungen alter und seinerzeit gar nicht übertrieben erfolgreicher Nestroy-Stücke. Immerhin ist er der Name in *Carls Ensemble, der das Publikum am unfehlbarsten ins Theater zieht.

17. August: Im Theater an der Wien erlebt DER ZAUBERER SULPHUR (Uraufführung 1834) eine Wiederaufnahme als Benefiz für Wenzel Scholz. In der Rolle der Lisette, einst von der *Condorussi kreiert, ist nun Nestroys Nichte Johanna Nepomucena Nestroy (*Hoffmann) zu sehen, die allerdings nur zwei Jahre im Ensemble bleibt.

27. August: *ZAMPA DER TAGDIEB (Uraufführung 1832) wird in das Theater in der Leopoldstadt übernommen.

5. September: Wiederaufnahme von DER *KONFUSE ZAUBERER (Uraufführung 1832). Das Stück kommt im Theater an der Wien erneut heraus und wird am 30. November auch ins Theater in der Leopoldstadt überstellt (allerdings nur für zwei Aufführungen).

11. September: In einem erhaltenen Brief, den Nestroy in Belangen seines Sohnes Gustav (*Nestroy) schreibt, werden die Bemühungen des Vaters sichtbar, für den Ältesten eine bürgerliche Karriere mit Hilfe der in Österreich üblichen Protektion anzubahnen.

14. September: Als *EULENSPIEGEL im Theater in der Leopoldstadt gezeigt wird, übernimmt Nestroy – auch wenn er bei anderen Gelegenheiten wieder den Natzi spielt – die *Scholz-Rolle des Eulenspiegel.

18. September: DAS *HAUS DER TEMPERAMENTE wird im Theater an der Wien mit großem Erfolg neu inszeniert.

22. Oktober: *ROBERT DER TEUXEL (Uraufführung 1833) wird erstmals im Theater in der Leopoldstadt gezeigt, verbleibt aber auch im Repertoire des Theaters an der Wien.

November / Dezember: Während Nestroy ununterbrochen eigene alte Stücke revitalisiert, stammen die neuen Stücke, in denen er mitspielt, jetzt öfter von Carl *Haffner.

28. Dezember: DIE *GLEICHHEIT DER JAHRE (Uraufführung 1834) wird im Theaer in der Leopoldstadt gezeigt. Obwohl der „Wanderer" von einem glänzenden Erfolg der Wiederaufnahme spricht, in der Nestroys Nichte die Rolle von Elise Zöllner übernommen hat, kommt das Stück doch nur auf vier Vorstellungen.

1840

In diesem Jahr spielt Nestroy 16 neue Rollen, davon drei in eigenen Stücken.

Die Buchausgabe von *EULENSPIEGEL erscheint bei Wallishausser.

13. Jänner: Als Nestroy Adolf *Bäuerle eine Loge für die Premiere seines nächsten Stücks reserviert, ersucht er ihn auch, zur Rezension nicht den mißgünstigen Kritiker Josef Turova zu senden. Es ist nicht der einzige Fall, daß Nestroy bösartige Kritiken nicht einfach über sich ergehen läßt, sondern sich dagegen wehrt.

15. Jänner: Theater an der Wien: Uraufführung von

DER *FÄRBER UND SEIN ZWILLINGSBRUDER

Zum ersten Mal schreibt Nestroy sich eine Zwillingsrolle als der couragierte Soldat Hermann Blau und der schüchterne Färber Kilian Blau. In einem „geheizten" Zuschauerraum, wie der Theaterzettel extra verspricht, sorgen allerdings nur das gedrückt volle Haus und die flotte militärische Tschindarassa-Musik von Adolf *Müller für Hitze. Das

Publikum ist begeistert, auch über Wenzel *Scholz als alberner Bedienter Peter und Eleonore *Condorussi als reizende Roserl. Marie *Weiler
ist schwanger und wird den Part der Marketenderin erst später übernehmen.

Das Stück wird ein großer *Erfolg, nach der Premiere den ganzen
Monat hindurch gespielt, noch einmal fünfmal hintereinander im Fe-
bruar, dann vereinzelt bis zu Nestroys Gastspielen im Juni. Zu seinen
Lebzeiten spielt er es bis 1858 63mal.

14. Februar: Louis *Grois schreibt als Faschingsstück, an denen Karl
*Carl alljährlich neuen Bedarf hat, die Posse „Unterbrochenes Ballfest
zu Schellenburg oder Die Mädchen in Uniform", dessen Clou darin
besteht, daß Nestroy auch hier einen „Sansquartier" spielt.

27. Februar: In der Londoner „Times" erscheint ein „Theaterbrief aus
Wien", in dem Nestroy und *Scholz über alle Maßen gelobt werden
und der Autor *ROBERT DER TEUXEL den Gipfel einer Parodie nennt.

26. März: Friedrich *Kaiser hat mit der Posse „Dienstbotenwirt-
schaft" einen großen Erfolg. Nestroy spielt die Rolle des Fleischer-
knechts Hackauf bis 1857 und gastiert sogar darin.

4. April: Geburt der Tochter Maria Cäcilia (*Nestroy), Nestroys drittes und letztes Kind, das zweite mit Marie *Weiler, seine erste und einzige Tochter.

25. April: Für eine Benefizvorstellung von Franz Gämmerler wird für
eine einzige Vorstellung DER *TREULOSE (von 1836) wieder hervorgeholt. Dabei gibt Nestroy allerdings die Rolle des Falsch ab und begnügt
sich mit der Nebenrolle des Commissionsrats Firmer, in der er allerdings, laut Zeitungsbericht, drastisch auf die Lachmuskeln wirkt.

21. Mai: Theater an der Wien: Uraufführung von
DER *ERBSCHLEICHER
Das Stück wird einer von Nestroys bescheidenen Erfolgen, wobei
nicht er als simpler Bauernbursche Simon Dachl im Mittelpunkt des
Geschehens steht, sondern das Bauernmädchen Agnes, eine Rolle, in
der Eleonore *Condorussi allerdings keinen großen Erfolg hat. Im Mai
gibt es nur sieben Aufführungen, weil Nestroy zu seinen Gastspielen
abreist, aber auch die Wiederaufnahme 1848/1849 wird kein nachhal-

tiger Erfolg. Im Ganzen erlebt das Stück 21 Aufführungen zu Nestroys Lebzeiten.

Anfang Juni: Gastspiel in Brünn mit Blasius Rohr, Kilian Blau, Tratschmiedl und Sansquartier an einem Abend sowie Lustig in *Bäuerles „Die falsche Primadonna", eine seiner Glanzrollen, in der er sich auch als Sänger zeigen kann.

„Selten ist in unserem Theater gelacht worden als an dem Abende, wo Herr Nestroy den Sansquartier gab."

Ab Mitte Juni: Nestroy gastiert zum ersten Mal in Prag, wo er das Publikum verblüfft und auch begeistert: An eine so wirksame, einfache Komik und an einen solchen Vortrag der Couplets durch eine so klangvolle, geschulte Stimme ist man dort nicht gewöhnt. Dennoch ist seine karikaturistische Darstellung für jene, die ihn zum ersten Mal sehen, auch gewöhnungsbedürftig.

Mitte Juli: Nestroy ist wieder in Wien und spielt seine alten Stücke.

8. August: Theater an der Wien: Das *Quodlibet
DIE *ZUSAMMENGESTOPPELTE KOMÖDIE
schreibt Nestroy als Benefizvorstellung für seinen Kollegen Heinrich Strampfer. Das titellose Vorspiel ist eine Variation seiner *FAHRT MIT DEM DAMPFWAGEN (1834). Es geht darum, eine bunte Folge von Szenen – wobei Wenzel *Scholz etwa als Fanny-Elßler-Parodie die „Cachucha" tanzt – zusammenzubinden.

21. September: „Wer wird Amtmann?" wird mit 30 Aufführungen ein großer Erfolg für Friedrich *Kaiser. Nestroy hat die Rolle des Amtsschreibers Florian Baumlang bis 1852 in seinem Repertoire.

27. Oktober: *GEGEN TORHEIT GIBT ES KEIN MITTEL (der Mißerfolg von 1838) wird zweimal (und dabei letztmals) im Theater in der Leopoldstadt gezeigt.

31. Oktober: DAS *HAUS DER TEMPERAMENTE übersiedelt ins Theater in der Leopoldstadt.

12. Dezember: DER *FÄRBER UND SEIN ZWILLINGSBRUDER übersiedelt ins Theater in der Leopoldstadt. Es ist eine Benefizvorstellung für die neu engagierte Elise *Rohrbeck, die in der Folge wichtige Nestroy-Rollen kreieren wird.

Von der vereinten Gesellschaft der k. k.

Heute Mittwoch den
Unter der Leitung
K. K. priv. Theater an der Wien.

Zum Vortheile der Schauspielerin Marie Weiler

Zum ersten Male:

Der Talisman.

Posse mit Gesang in 3 Aufzügen, von Johann Nestroy.

(Die Handlung ist theilweise einem französischen Sujet nachgebildet.)

Musik vom Kapellmeister Herrn Adolf Müller.

Personen:

Titus Feuerfuchs, ein reisender Barbiergeselle	— Hr. Nestroy.	Monsieur Marquis, Friseur	Hr. Werle.
Frau von Cypressenburg, Witwe	Mad. Fehringer.	Spund, ein Bierversilberer	Carl.
Emma, ihre Tochter	— Mad. Werle.	Salome Pockerl, Gänsehüterin	Mad. Rohrbek.
Constantia, ihre Kammerfrau, ebenfalls Witwe	— Dlle. Immesberger.	Herr von Plütt	— Hr. Reihenstein.
Flora Baumscheer, Jm Dienste Gärtnerin, ebene)der Frau falß Witwe)von Cypres.	Marie Weiler	Georg,) Bediente der Frau Conrad,) von Cypressenburg	Hr. Raffel. Hr. Schmitt.
Plutzerkern, Gärtner-) sen- knecht) burg.	Hr. Grois.	Notarius Falk	— Hr. Weichart.
Peter, ein Gärtnerknecht	Hr. Benda.	Hannerl,) — —	Dlle. Demmer.
Christoph,) — Hans,) Bauernbursche Seppel,) —	Hr Matisek. Hr. Kugler. Hr. Scribani.	Resi,) Bauernmädchen Katherl,) — —	Dlle. Glossi. Mad. Schwarz.

Herren. Damen. Bauern. Bäuerinnen. Bediente. Gärtner.

Die Handlung spielt auf dem Gute der Frau von Cypressenburg nahe bei einer großen Stadt.

Ihre ergebenste Einladung hiezu macht

Marie Weiler,
Mitglied dieser Bühne.

Billets zu Logen und Sperrsitze sind in der Wohnung der Beneficiantin, Wien, Straße Nr. 794, 1. Stock, zum Luftschützen, dem Theatergebäude gegenüber, zu bekommen.

Heute ist der freie Eintritt für Jedermann ohne Ausnahme aufgehoben.

Das Theater wird geheizt.

Gedruckt bei U. Klopf, Stadt, Wollzeile Nr. 782.

„Der Talisman" ist für die Nachwelt eines der wichtigsten Stücke Nestroys geblieben, da er im Rahmen einer Lustspielhandlung gültig das Schicksal eines Außenseiters schildert, der sich gegen die Gesellschaft wehren muß.

15. Dezember: Theater an der Wien: Uraufführung von
DER *TALISMAN
Mit diesem Stück, das erstmals seit Nestroys Arbeit für *Carl keine
Rolle für Wenzel *Scholz enthält, erreicht Nestroy den ersten Höhepunkt seines Schaffens, gleicherweise mit dem Stück selbst wie mit seiner Rolle des rothaarigen Außenseiters Titus Feuerfuchs. Elise *Rohrbeck ist die Salome Pockerl, Karl Carl der dümmliche Bierversilberer
Spund, *Grois der obstinate Knecht Plutzerkern (Scholz übernimmt
die Rolle später), und Marie *Weiler hat als Gärtnerin Flora Baumscheer ihre vielleicht beste Rolle bekommen. Die zeitgenössische Kritik erkennt die Qualitäten des Stücks ebenso wie das Publikum, und
Nestroy spielt den Titus Feuerfuchs bis 1860 112mal in Wien und zahllose Male auf seinen Gastspielreisen.
Aufgrund einer TALISMAN-Aufführung attestiert Friedrich Fürst Schwarzenberg Nestroy „Shakespeare'schen Geist".

1841

In diesem Jahr spielt Nestroy 16 neue Rollen, davon eine selbst geschriebene.
Jänner: Nestroy spielt 19 Abende ausschließlich in eigenen Stücken,
neben Titus den Knieriem in beiden *LUMPAZI-Teilen und den Natzi in
*EULENSPIEGEL.
19. März: Nach 34 Vorstellungen im Theater an der Wien übersiedelt
der *TALISMAN in das Theater in der Leopoldstadt, ist aber nach wie
vor auch im Theater an der Wien zu sehen.
Nestroys „alte" Stücke beherrschen das Repertoire von *Carls Bühnen, die neuen kommen von *Haffner, *Kaiser, Schickh, die alle
Nestroy große Rollen auf den Leib schreiben.
1. Juni: Nestroy beginnt sein zweites Gastspiel in Prag, wo brütende
Sommerhitze herrscht. Der *TALISMAN zum Einstand ist ein Erfolg,
*ROBERT DER TEUXEL weniger. DIE *VERHÄNGNISVOLLE FASCHINGS-
NACHT gefällt wieder sehr.

Ab 10. Juli: Nestroys erstes Gastspiel in Hamburg, wo er am Stadttheater spielt. Man hat ihn aus Anlaß des Norddeutschen Musikfestes
eingeladen und zahlt hohe Gagen. Allerdings empfängt ihn in der
Hansestadt wohlvorbereiteter Widerstand, wobei vermutet wird, daß
Moritz Gottlieb *Saphir seinen Kollegen Karl *Gutzkow gegen Nestroy
aufgehetzt hat. Tatsächlich setzt sich dieser an die Spitze der Gegner,
vernichtet ihn als Blasius Rohr, kann allerdings den Erfolg des *TALIS-
MAN nicht schmälern. Dennoch kann kein Zweifel bestehen, daß die
Norddeutschen mit Nestroys „wienerischer" Sprache ihre Probleme
haben. Während dieses Gastspiels geht Nestroy ein kurzfristiges Verhältnis mit der Sängerin und Schauspielerin Ida *Brüning ein, der er später in Wien wieder begegnen wird.

September: In Wien taucht Nestroys getrennte Gattin Wilhelmine
*Nespiesny auf, die auf seinen Namen Schulden gemacht hat und
Nestroy um zusätzliche Zahlungen bittet.

7. September: Wilhelmine muß, um Unterstützung zu erhalten, eine
lange Erklärung unterzeichnen, daß die Schuld an der Trennung allein
bei ihr und ihrer Untreue gelegen ist.

Nestroy wird in der Folge, wie es in den Zeitungen heißt, „ernstlich
krank".

7. Oktober: Wiederauftreten nach der Krankheit. Dann steht Nestroy
wie üblich fast täglich auf der Bühne.

23. Oktober: Friedrich *Kaisers „Die Zigeuner in der Steinmetzwerk-
statt" wird ein großer Erfolg. Nestroy spielt die Rolle des Haushofmei-
sters Pankratz Rechenstein bis 1855.

24. November: Theater an der Wien: Als einziges neues Nestroy-
Stück dieses Jahres kommt
DAS *MÄDL AUS DER VORSTADT oder
EHRLICH WÄHRT AM LÄNGSTEN
zur Uraufführung. Dieses Stück wird für Nestroy zum Triumph, man
nennt ihn einen „genialen Dichter", das Publikum belohnt schon bei der
Premiere jede seiner „brillanten Formulierungen" mit Applausstürmen,
jubelt ihn bei jeder Gelegenheit hervor, gleich sechsmal nach dem
besonders gelungenen Quodlibet, in dem auch Marie *Weiler brillieren

darf. Es ist wieder ein Stück ohne *Scholz-Rolle, aber noch nie hat
Nestroy Karl *Carl dermaßen eine Figur auf den Leib geschrieben wie
den Schurken Kauz. Die Qualitäten der Elise *Rohrbeck sind an der
Rolle der Frau von Erbsenstein zu erraten. Nestroys Nichte verkörpert
die an Schnitzler gemahnende Titelheldin Thekla. Das Stück wird
16mal en suite gespielt, Nestroy verkörpert seine Paraderolle als Schnoferl bis in sein Todesjahr.

18. Dezember: Im Theater an der Wien wird Nestroys „Jugendsünde",
RUDOLF PRINZ VON CORSICA
(geschrieben unter dem Titel *FRIEDRICH PRINZ VON KORSIKA) als Benefiz für Louis *Grois uraufgeführt. Nestroy spielt am 18. und 19. im
Theater in der Leopoldstadt (Titus Feuerfuchs und Strick), kann also
keine der beiden Aufführungen sehen, die von der Kritik sanft und rück-
sichtsvoll verrissen werden.

1842

22 neue Rollen, davon drei in eigenen Stücken.
Nestroys Stücke werden an zahlreichen Bühnen der Monarchie und
Deutschlands gespielt, und obwohl er die Rechte meist von Agenten
vertreiben läßt, kümmert er sich, wie seine Briefe zeigen, auch persönlich darum.

Februar: Aus dieser Zeit sind Nestroys persönliche Aufzeichnungen
über seine Einnahmen erhalten, die zeigen, daß er mit buchhalterischer
Genauigkeit sein Geld aufzeichnet – um es andererseits, wie seine Zeitgenossen wissen, mit lockerer Hand auszugeben.

10. März: Theater an der Wien: Uraufführung von
EINEN *JUX WILL ER SICH MACHEN
Nach diesem Abend jubelt die „Theaterzeitung": „Bravo Nestroy!
Nestroy über Alles!" und gibt damit die allgemeinen Gefühle wieder. Der
Reiz des Stücks geht von den Figuren aus, wobei Nestroy wieder eine
Glanzrolle für Wenzel *Scholz schreiben durfte, den Hausknecht Mel-
chior. Allerdings steht das Trio Nestroy / Scholz / Carl in diesem Fall
nicht zur Verfügung, und so steht an der Seite von Nestroys Weinberl

der junge Wilhelm Brabbée als Christopherl, der sich schon als Gigl in
DAS *MÄDL AUS DER VORSTADT bewährt hat. Einen Monat lang wird,
nur von der Osterwoche unterbrochen, in welcher die Theater traditionsgemäß geschlossen bleiben, nur der JUX gespielt. Am 30. April ist
schon die 30. Vorstellung, und im Herbst zeigt sich, daß der Erfolg auch
nach der 50. noch nicht abflaut. Nestroy spielt den JUX bis 1861, 161mal
in Wien, viele Male bei seinen Gastspielen.

15. April: Während der *JUX im Theater an der Wien läuft und läuft,
bringt Nestroy nun das *MÄDL AUS DER VORSTADT in das Theater in der
Leopoldstadt. Anstelle seiner Nichte spielt nun Demoiselle Rionde die
Thekla.

3. Mai: Nestroy stellt für einen Wohltätigkeitsabend, dessen Erlös den
Barmherzigen Schwestern in Gumpendorf zugedacht ist, eine komische Szenenreihe zusammen, in deren Rahmen auch sein *Einakter
DIE *EREIGNISSE IM GASTHOFE
gezeigt wird. In den anderen Einaktern sind auch Burgschauspieler wie
Carl LaRoche und Ludwig Löwe beteiligt, und in „Die weiblichen Dril-
linge" wirkt auch Karl von *Holtei mit. Dieser hat seinen Abscheu
gegen Nestroy, der zwei seiner Stücke parodiert hat, nie verborgen,
steht aber nun dennoch beinahe gemeinsam mit ihm auf der Bühne.

12. Mai: Wohltätigkeitskonzert in der Gesellschaft der Musikfreunde,
wobei Nestroy ein Gedicht von Ignaz Franz Castelli vorträgt.

*Sommer: Karl Carl engagiert Nestroys Ex-Geliebte aus Hamburg, die
Sängerin Ida Brüning, um mit ihr die neue Kunstform des Vaudeville,
leichte, oberflächliche französische Komödien mit hohem Musikanteil
(und solcherart Vorläufer der Operette), im Theater an der Wien zu
institutionalisieren.*

8. Juli: Es kommt zu einer totalen Sonnenfinsternis in Wien – ein
Ereignis, das auch Adalbert Stifter aufzeichnet. Dabei erinnert man
sich an das „Kometen"-Lied des Knieriem und würdigt das Ereignis mit
Knieriem-Karikaturen.

Ab 11. Juli: Während Nestroy sein drittes Gastspiel in Prag absolviert,
übernimmt der Berliner Star Friedrich *Beckmann als Gast die Nestroy-
Rollen (u. a. Knieriem und Titus) in Wien. Nestroy ist zum dritten Mal

Versinnlichung
der totalen Sonnenfinsterniß
für Wien am 8 Juli 1842,
welche ?
um 5 Uhr 46 Min. Morg. beginnt,
u. um 7 Uhr 49 M.   ihr Ende erreicht.

Floder sen. et jun. in Wien, Erdberg N° 22.   Preis 10.

„Die Welt steht auf kein Fall mehr lang", hat Knieriem im „Lumpazivagabundus"
prophezeit, und jeder erinnert sich an Nestroys Couplet, als es in Wien zu einer
totalen Sonnenfinsternis kommt.

in unmittelbarer Reihenfolge in Prag und vermerkt zum Publikum:
„Zum dritten Male in so kurzer Zeit wiederzukehren, wäre im Ernst zu
viel; drum denken Sie, ich sei zum Scherz gekommen." Als neue Rollen
bringt er Schnoferl und Weinberl mit, spielt aber auch in Stücken von
*Kaiser, *Haffner und *Hopp, wohl, weil diese in Prag im Repertoire
stehen.

2. August: Nestroy schreibt aus Prag einen skurrilen Brief an seinen
Kollegen und Vertrauten Ignaz Stahl, worin es um sein Verhältnis mit
der Schauspielerin Louise *Rusa geht. Da dieser eine Operation bevor-
steht, gibt Nestroy prophylaktische Anweisungen für ihr Begräbnis –
ein Brief, der immer auch in Zusammenhang mit seiner Todesfurcht
herangezogen wird.

14. bis 16. August: Nestroy gastiert noch als Schnoferl, Titus und
Sansquartier in Brünn. Hierher reist ihm Marie *Weiler mit den jüngeren Kindern entgegen.

20. August: Mit einer Aufführung von DIE *BEIDEN NACHTWANDLER
im Theater an der Wien meldet sich Nestroy nach eineinhalbmonati-
ger Abwesenheit in Wien zurück und wird vom Publikum triumphal
empfangen: Er kann minutenlang nicht das Wort ergreifen, solche Bei-
fallssalven fliegen ihm entgegen. In den Logen sieht man Mitglieder des
Kaiserhauses, die überhaupt zu fleißigen Besuchern von Nestroy-Vor-
stellungen zählen.

14. Oktober: An diesem Abend begibt sich im Theater an der Wien
eine Kuriosität ohnegleichen: Als das Stück „Die falschen Engländer"
mit Pauken und Trompeten durchfällt, aber in nur zwei Akten, statt den
auf dem Theaterzettel fälschlicherweise angekündigten dreien, läßt
Direktor *Carl fix, um das Publikum zu versöhnen, noch den ersten Akt
des *JUX spielen ...

17. November: Theater an der Wien: Uraufführung von
DIE *PAPIERE DES TEUFELS
Nestroy hat im Auftrag von Karl *Carl im Wettlauf mit dem Autor
Josef Kupelwieser an einer Parodie eines Pariser Volksstücks gearbeitet,
Kupelwieser war mit seinen „Memoiren des Teufels" am 5. November
im Theater in der Josefstadt schneller. Als Nestroy nun sein Stück her-
ausbringt, ziehen manche Kritiker das des Konkurrenten vor, was für
Nestroy eine nicht oft erlebte Blamage darstellt. Auch das Publikum
kann sich für das Werk nicht erwärmen, das nach sieben Vorstellungen
en suite vom Spielplan verschwindet.

25. November: Mit dem Vaudeville „Cochon" stellt sich Ida *Brüning
dem Publikum des Theaters an der Wien vor, und damit beginnt tatsächlich eine Ära, in der das von Karl *Carl sehr forcierte Vaudeville der
Nestroyschen Posse absichtsvoll Konkurrenz macht, in der von Carl
erklärten Absicht, den Tod der Posse zu proklamieren. Nestroy sieht
sich mehr und mehr in das Theater in der Leopoldstadt abgedrängt.

3. Dezember: Kurioserweise wählt Nestroy zu seinem eigenen Benefiz kein eigenes Stück (da er offenbar kein neues zur Verfügung hat),
sondern spielt im Theater in der Leopoldstadt den Lockerl, Turmwäch-
ter in Rodaun, in Karl Meisls „Der Kirchtag in Petersdorf" aus dem Jahr
1819 (!).

Daß Nestroy Feinde hat, die an seinem schlechten Ruf arbeiten, zeigen die Bemerkungen in dem „Österreichischen Parnaß, bestiegen von einem heruntergekommenen Antiquar". Darin heißt es 1842: *Nestroy, Johann, sehr lang, etwas ungeschlacht, Embonpoint, blatternarbig, rundes Gesicht, lockiges, etwas graues Haar, greller Schauspieler, desto glücklicherer Coupletsänger, fruchtbarer und beliebter Possenspieler, trefflicher Zeichner gemeiner Charaktere in Callot's Manier; schreit entsetzlich, treibt sich in Kneipen herum, und zwar nicht immer der Studien wegen; auf ihm lastet der Vorwurf, den Direktor Carl reich gemacht zu haben; in der Ehe sehr veränderlich, aber jedesmal Pantoffelheld, seine jetzige Geliebte, Dem. Weiler, ist in dem schändlichsten Renommée. – Werke: Viele Possen und Parodien, worunter einige von bleibendem Werte.*

1843

17 neue Rollen, davon drei in eigenen Stücken (darunter ein Quodlibet).

5. Jänner: Wiederaufnahme von *ROBERT DER TEUXEL im Theater an der Wien. Nestroy und *Scholz spielen ihre alten Rollen, *Carl wird von Gämmerler ersetzt, die *Weiler von Dem. Rionde. Carl investiert viel in die Ausstattung, und die Kritik ist freundlicher als vor zehn Jahren. Es gibt sechs Vorstellungen im Jänner.

23. März: Theater an der Wien: Uraufführung von
*LIEBESGESCHICHTEN UND HEIRATSSACHEN
Trotz starker Konkurrenz in den anderen Wiener Theatern ist die Premiere überlaufen. Dieses Stück ist „böser" als die vorangegangenen, Nestroy schreibt sich mit dem Nebel einen wahren Schurken auf den Leib, aber darüber hinaus besonders herausragende Rollen für *Scholz (Florian Fett), *Grois (Marchese Vincelli) und Elise *Rohrbeck (Lucia Distel).
Die Musik übernimmt, wegen Vaudeville-Überlastung von Adolf *Müller, erstmals Michael Hebenstreit und erntet sofort schlechte Kritiken. Die Kritiker monieren auch die satirische Behandlung des Adels (nicht hingegen der Neureichen), aber das Publikum will das Stück sehen.

Nach zwölf Vorstellungen en suite bleibt es am Spielplan, Nestroy
spielt es bis 1855 (42 Vorstellungen im ganzen).

12. Mai: Theater an der Wien: erstmals
DAS *QUODLIBET VERSCHIEDENER JAHRHUNDERTE
Nestroy stellt sich hier zu seinem Benefiz ein Quodlibet zusammen, für
das er ein neues Vorspiel, DIE *DRAMATISCHEN ZIMMERHERRN, schreibt.
In der Folge erscheint er als Jeanne d'Arc und Käsperle, als Schillers
Ferdinand und Bajazzo, und die Kritik nimmt ihm seine Schiller-Veräp-
pelung sehr übel. Der Abend wird nur viermal gespielt.

4. bis 17. Juni: Erstes und einziges Gastspiel in Linz mit Schnoferl,
Titus, Nebel, Natzi, Tratschmiedl, Sansquartier.

Ab 22. Juni: Gastspiel in der schlesischen Hauptstadt Breslau mit
zwölf Vorstellungen, außer den in Linz gezeigten Rollen noch Knieriem
und Lustig in *Bäuerles „Die falsche Primadonna".

Mitte Juli: Zurück in Wien. Nun spielt Nestroy mit wenigen Ausnahmen die meiste Zeit im Theater in der Leopoldstadt. Oft steht er
wochenlang täglich auf der Bühne.

17. November: Erstmals findet eine Nestroy-Uraufführung im Theater in der Leopoldstadt statt.
*NUR RUHE!
fällt nach allen Regeln der Kunst durch (*siehe* *Mißerfolge). Wieder einmal scheint es, als wolle das Publikum allzu deutlich gezeichnete Wiener Typen wie *Scholz als Herr von Schafgeist und vor allem Nestroy
als proletarischen Kasimir Dachl nicht sehen. Nach vier Vorstellungen
ist das Stück zu Nestroys Lebzeiten verschwunden.

12. Dezember: Nestroy spielt im Theater in der Leopoldstadt den Tutu
in Ferdinand *Raimunds „Der Barometermacher auf der Zauberinsel".

1844

16 neue Rollen, davon drei in eigenen Stücken.
Nestroy läßt die gerichtliche Scheidung von Wilhelmine einleiten.
Nur eineinhalb Monate nach dem Mißerfolg von *NUR RUHE! bringt
Nestroy sein nächstes Stück heraus.

3. Jänner: Theater an der Wien: Uraufführung von
*EISENBAHNHEIRATEN oder
WIEN, NEUSTADT, BRÜNN
Daß die Eisenbahn, die auch nach sieben Jahren noch immer eine Novität im Alltagsleben darstellt, ein Theaterstück in „Bewegung" hält, gefällt den Wienern, außerdem gibt es – bei gewohnt verwirrender Handlung – gelungene Figuren für *Scholz und *Grois. Neu im Ensemble ist Louise Raimund, *Raimunds geschiedene Frau, die berüchtigte Louise Gleich, die Nestroy von Lemberg her kennt. Mit 15 Vorstellungen en suite und Haltbarkeit im Repertoire bis 1858 schließen die EISENBAHN-HEIRATEN an Nestroys größere (nicht ganz große) Erfolge an (58 Vorstellungen zu seinen Lebzeiten).

16. März: Im Theater in der Leopoldstadt gibt es als Uraufführung einen Nestroy-*Einakter:
*HINÜBER – HERÜBER
Am gleichen Abend spielt Nestroy in der französischen Burleske „Der Bär und der Bassa", und er kehrt auch zu einer Kurzform des „Dorfbarbiers" zurück, der ihn einst in Brünn seine Stellung gekostet hat. Damit gewinnen die Einakter an Boden, die später den Spielplan des Carl-Theaters beherrschen werden. Nestroy spielt HINÜBER – HERÜBER bis 1862 in Kombination mit den verschiedensten Stücken.

9. April: Theater an der Wien: Uraufführung von
DER *ZERRISSENE
Der Abend erweist sich als Glücksfall eines Nestroy-Stücks, für ein perfektes Ensemble geschrieben – Nestroy als Herr von Lips, *Scholz als Schlosser Gluthammer, *Grois als Pächter Krautkopf, Elise *Rohrbeck als Madame Schleyer, Demoiselle Rionde als Kathi. Die Kritik nimmt das Stück mit unumstrittenem Jubel auf, und diesmal hat Nestroy Josef Kupelwieser, der in der Bearbeitung der Vaudeville-Vorlage wieder mit ihm um die Wette gearbeitet hat, mühelos besiegt. Das Stück läuft fünf Wochen nahezu ohne Unterbrechung, Nestroy spielt den Lips bis 1859 (107 Aufführungen zu seinen Lebzeiten in Wien, zahlreiche bei seinen Gastspielen).

9. Mai: Ein Brief, in dem er sich um eine Finanzierung bemüht, zeigt, daß Nestroy eine Villa in der Brühl kaufen will oder gekauft hat.

11. bis 29. Juli: Nestroys viertes Gastspiel in Prag, bei dem er 13 verschiedene Rollen zeigt. Damals erscheinen die Kritiken von Bernhard *Gutt, die zu den präzisesten und ausführlichsten Schilderungen des Schauspielers Nestroy zählen.

1. bis 27. August: Nestroys erstes Gastspiel in Berlin: Er gastiert am Königstädtischen Theater, obwohl Kollege Friedrich *Beckmann in seiner Angst vor Nestroy so weit geht, sogar anonyme Briefe an den preußischen König zu schreiben, um vor dem Wiener Gast zu „warnen". Immerhin erscheinen nach Nestroys erstem Auftreten als Schnoferl auch ungünstige Kritiken. Aber letztendlich wird das Gastspiel mit seinen besten Rollen – Weinberl, Titus Feuerfuchs, Lips – ein Erfolg, es fliegen im wahrsten Sinn des Wortes Kränze. Ausführlich informiert ist man darüber nicht zuletzt, weil Nestroy alles am 24. August in einem Brief an Marie *Weiler (es ist der einzige, der an sie erhalten ist) schildert.

28. August: Heimreise über Frankfurt an der Oder, wo er gleichsam im Vorübergehen eine *TALISMAN-Gastvorstellung einschiebt, nach Breslau, Oppeln, Olmütz.

31. August: Ankunft in Wien.

1. September: Nestroy steht im Theater an der Wien im *TALISMAN wieder auf der Bühne. Bis zum Ende des Jahres spielt er in 14 seiner eigenen Stücke, dazu noch vier Premieren (darunter solchen von Friedrich *Kaiser und von Kollegen *Grois).

1845
Elf neue Rollen, davon drei in eigenen Stücken.

Franz Grillparzer unterschreibt mit 98 anderen Schriftstellern und Gelehrten (Johann Nestroy ist nicht darunter) eine Eingabe an den Staats- und Konferenzminister Graf Kolowrat: „Denkschrift über die gegenwärtigen Zustände der Zensur in Österreich."

Katastrophenjahr: *Die Lebensmittelpreise steigen um das Doppelte, viele werden arbeitslos, Gewerbetreibende gehen zugrunde.*

8. Jänner: *In der Leopoldstadt eröffnet das „Odeon", das größte und modernste Tanzetablissement der Stadt. Karl Carl wird, während der*

Erbauung des Carl-Theaters, einen der Säle als „Interims-Theater"
benützen

16. Jänner: Theater an der Wien: Uraufführung von

DIE *BEIDEN HERREN SÖHNE

Nach den vorangegangenen großen Erfolgen ist dieses Stück wieder ein
fataler Einbruch (*siehe* *Mißerfolge). Das Publikum lehnt es immer wieder ab, wenn Nestroy allzu böse Menschen auf die Bühne stellt, wie hier
den Vincenz. In solchen Fällen nützt auch das Trio Nestroy / Scholz /
Grois, das jetzt meist die Lacher holt, nichts. Nach vier Vorstellungen im
Theater an der Wien will *Carl es eineinhalb Wochen später im Theater
in der Leopoldstadt noch einmal versuchen, aber dort scheitert das Stück
gar nach zwei Vorstellungen. Mit sechs Aufführungen zu seinen Lebzeiten sind DIE *BEIDEN HERREN SÖHNE einer der großen Mißerfolge.

15. Februar: Die gerichtliche Scheidung von Wilhelmine (*Nespiesny)
wird durchgeführt. Dennoch garantiert ihr Nestroy bis zu ihrem Lebensende 45 Gulden monatlich als Unterstützung. Am 21. März wird sie
wegen fortwährenden Schuldenmachens unter Kuratel gestellt.

26. Februar: Fünf Wochen nach dem Mißerfolg des vorangegangenen
Stücks stellt Nestroy im Theater an der Wien sein nächstes vor.

DAS *GEWÜRZKRÄMER-KLEEBLATT oder

DIE UNSCHULDIGEN SCHULDIGEN

erleidet dasselbe Schicksal wie das vorangegangene Stück, nur daß es
schon nach vier Aufführungen im Theater an der Wien verschwindet
und gar nicht erst ins Theater in der Leopoldstadt transportiert wird.
Die Geschichte von den drei Gewürzkrämern (Nestroy, Scutta, *Grois,
mit *Scholz wieder in einer Dienerrolle), die immer nur die Gattinnen
der anderen der Untreue verdächtigen, interessiert niemanden. Elise
*Rohrbeck erregt den Unwillen von Publikum und Kritik, als sie ein
geradezu emanzipatorisches Lied singt. Für Marie *Weiler ist dieses
Stück, in dem sie ihre letzte Nestroy-Rolle spielt, ein trauriger Abschied. Wenig später zieht sie sich von der Bühne zurück.

Für Karl Carl wird das Problem des Theaters an der Wien wieder
virulent: Die Eigentümer wollen das Haus verkaufen, weil sie von der
geringen Miete, die Carl ausgehandelt hat, zu wenig profitieren. Er

lehnt das Angebot ab, das Haus um 145.000 Gulden zu kaufen, weil er annimmt, daß sich bei der öffentlichen Liquidation wieder kein Käufer finden wird und er mit dem Mietpreis besser dran ist.

23. April: Letzte Nestroy-Premiere am Theater an der Wien: *UNVERHOFFT

Die Posse um den Herrn von Ledig, der unverhofft zum Baby-Vater wird, gefällt dem Publikum wieder. Sie wird, mit 106 Wiener Aufführungen zu Nestroys Lebzeiten, sogar einer der großen Nestroy-*Erfolge. Doch im Theater an der Wien kann er nicht ausgenützt werden. Denn am Premierentag verliert Karl *Carl das Haus. Während der Generalprobe am Vormittag muß er erfahren, daß Franz Pokorny, damals Direktor des Theaters in der Josefstadt, das Theater an der Wien um 199.000 Gulden erstanden hat. Alle Versuche, das Haus nun zu einem erhöhten Preis von diesem zurückzukaufen, scheitern.

30. April: Letzte Vorstellung in dem von Karl *Carl geleiteten Theater an der Wien. In einer Szenenfolge tritt auch Frau *Brüning auf. Nestroy spielt den Knieriem und den Sansquartier, womit er seine Arbeit am Theater an der Wien mit jener Rolle beendet, mit der er einst hier angetreten ist.

Ein Teil des Ensembles, darunter natürlich Nestroy und *Scholz, übersiedelt in das Theater in der Leopoldstadt. Für Nestroy ist das in der Folge auch mit einer räumlichen Übersiedlung in die Praterstraße verbunden.

3. Mai: Das Theater in der Leopoldstadt, nun Karl *Carls einziges Theater, wird nach kleiner Renovierung eröffnet. Hier wird nun einen Monat lang fast ausschließlich *UNVERHOFFT gespielt, um den Erfolg zu nützen.

Mitte Juli: Nestroy bricht zu einer Gastspielreise auf, die ihn zweieinhalb Monate von Wien fern hält. Es wird ein Unglückssommer, der lange nicht so erfolgreich ausfällt, wie er es erwarten kann.

Mitte Juli: Gastspiel in Brünn mit *UNVERHOFFT.

17. Juli bis 4. August: Nestroys zweites Gastspiel in Berlin. Man hat Schwierigkeiten, seinen Dialekt zu verstehen, die Vorstellungen sind nicht voll, Nestroy reist frühzeitig ab.

10. bis 28. August: Nestroys fünftes Gastspiel in Prag mit vier Rollen, darunter der Ledig. Kritiker Bernhard *Gutt registriert für den Schauspieler Nestroy die „Zeit der Vollreife".

1. bis 10. September: Erstes und einziges Gastspiel in München, am K. Hof- und National-Theater, mit folgenden Stücken:

2. September: *TALISMAN läßt eher kalt, die Münchner ziehen die Darstellung des Titus durch ihren Lokalmatador Ferdinand Lang vor.

4. September: *EULENSPIEGEL. Als Natzi erpreßt Nestroy den Münchnern Lachtränen.

5. September: DAS *MÄDL AUS DER VORSTADT (das auf dem Münchner Theaterzettel ein MÄDEL wird). Hier gefällt das Quodlibet mit Nestroys Parodien auf italienische Gesangsmanieren am besten.

8. September: *UNVERHOFFT.

10. September: „Die falsche Primadonna" / „Sieben Mädchen in Uniform".
Nestroy kehrt nach Wien zurück.

26. September: Das während des Sommers renovierte Theater in der Leopoldstadt wird mit dem *ZERRISSENEN wieder eröffnet. Nestroys Stücke dominieren den Spielplan des Hauses.

12. Dezember: DER *ERBSCHLEICHER erstmals in der Leopoldstadt. Elise *Rohrbeck spielt jetzt die Rolle, mit der Eleonore *Condorussi 1840 überfordert schien. Nestroy muß Vorwürfe entkräften, man habe versucht, das Stück dem Publikum quasi als Premiere zu verkaufen, ohne darauf hinzuweisen, daß es schon vor fünf Jahren im Theater an der Wien gelaufen sei.

1846

Zehn neue Rollen, davon drei in eigenen Stücken.

Die Johann-Nepomuk-Kirche auf der Jägerzeile, in der Nestroy zu seinem Begräbnis eingesegnet werden wird, wird fertiggestellt.

Jänner: In Wien kursieren Gerüchte, Nestroy sei müde und werde kein neues Stück mehr schreiben.

13. Februar: DAS *HAUS DER TEMPERAMENTE, zuletzt 1840 gespielt, erscheint wieder im Repertoire und erlebt eine Aufführungsserie wie eine Premiere.

28. März: Louis *Grois schreibt ein Stück, das er „Kein Jux" nennt und in dem Nestroy einen „Weinberl" spielt – er wirkt also in einer Parodie seiner selbst mit.

13. April: Nestroy spielt in „Allessandro Stradellerl", einer Opern-Parodie nach Flotow. 1848 wird er dessen Oper „Martha" parodieren.

2. Mai: Nach einer Pause von mehr als einem Jahr gibt es wieder eine Nestroy-Premiere. Im Theater in der Leopoldstadt kommt sein neues Stück heraus.

DER *UNBEDEUTENDE

wird mit Enthusiasmus aufgenommen. Denn Nestroy hat hier ein Stück geschrieben, das die steten Forderungen der Kritiker nach einer „sittlichen" Handlung erfüllt. Diesmal hat sich Nestroy als Peter Span die Rolle des „Guten" zugeteilt und für *Scholz die ungewohnte Rolle eines bitterbösen Charakters geschrieben. Nestroy steht mit diesem Stück während des ganzen Mai täglich und noch den halben Juni auf der Bühne. Er spielt den Peter Span bis 1857 (92 Aufführungen zu seinen Lebzeiten). Das Theaterbüro Franz Holding kauft ihm die Rechte um die „beispiellos hohe" Summe von 1500 Gulden ab.

6. Juni: Nestroy gastiert mit dem *UNBEDEUTENDEN für einen Abend in Brünn.

Zweite Juli-Hälfte: Nestroys sechstes Gastspiel in Prag mit *UNVERHOFFT (nicht sehr erfolgreich) und DER *UNBEDEUTENDE.

4. August: Der einzige Fall einer „doppelten Uraufführung" eines Nestroy-Stücks.

*ZWEI EWIGE JUDEN UND KEINER

kommt gleichzeitig mit Nestroy in Budapest und mit *Carl in Wien (hier unter dem Titel DER FLIEGENDE HOLLÄNDER ZU FUSS) zur Uraufführung. Jeder von ihnen spielt die Rolle des Malers Kranz.

Sonderlichen Erfolg hat das Stück weder hier noch dort. In Wien erlebt es sechs Aufführungen, Nestroy kommt gar nicht dazu, darin zu spielen.

Gastspiele sind in Nestroys Leben wichtig, weniger in künstlerischer als in finanzieller Hinsicht. Immer wieder zeigt er sich auch in Graz, wo man ihn seit seinen Anfängen kennt. Erstveröffentlichung des Theaterzettels.

Mitte August / Anfang September: Gastspiel in Graz. Im *MÄDL
AUS DER VORSTADT gibt Nestroys Freund, der Schauspieler Karl *Rem-
mark, der für ihn später, wenn er sich in Graz niederläßt, eine so große
Rolle spielen wird, die *Carl-Rolle des Kauz.

Herbst: In Wien steht Nestroy mit wenigen Ausnahmen vor allem in
seinen eigenen Stücken auf der Bühne – oft über 20mal im Monat.

28. November: In den nunmehrigen Aufführungen von *NAGERL UND
HANDSCHUH übernimmt Nestroy die Rolle des Knappenstiefel, die
früher Karl *Carl gespielt hat.

1847

Acht neue Rollen, davon zwei in eigenen Stücken.

Aus diesem Jahr sind zahlreiche Briefe von Nestroy an seinen Freund
und „Vermögensverwalter" Ernst *Stainhauser erhalten, in denen er
ihn um „heimliches Geld" (für Liebschaften und Spielschulden) bittet.

*Für Karl Carl hat sich herausgestellt, daß das alte Theater in der Leo-
poldstadt für seine Bedürfnisse und Ambitionen, auch für seine Groß-
mannssucht, zu klein ist. So engagiert er die Architekten Siccardsburg
und Van der Nüll, es abreißen und durch einen großen Prachtbau
ersetzen zu lassen. Schon am 23. März legt er den Grundstein für das
neue Gebäude.*

Februar / März: Giacomo Meyerbeer ist in Wien und sieht Nestroy
zweimal auf der Bühne, einmal in der Parodie *ROBERT DER TEUXEL, die
auf seiner Oper beruht.

März: Karl *Carl muß mit seinem „Zugpferd" Nestroy – andere Autoren wie *Kaiser oder *Haffner sind mittlerweile zur Konkurrenz gegangen – einen neuen Vertrag abschließen, wenn er ihn weiterhin sicher
ausbeuten will. Sensationelles wird darüber kolportiert – zu einer Zeit,
wo ein Beamter auf ein Jahresgehalt von 400 Gulden kommt, verdient
Nestroy in derselben Zeit 10.000 (die Zeitungen übertreiben und nennen 16.000), dazu kommen noch die Verdienste bei Gastspielen, die
Nestroy in seinen – nun voll bezahlten – sechs Urlaubswochen bekommt. Dafür legt Carl den Vertrag auf zehn Jahre ohne Kündigungs-

möglichkeit auf beiden Seiten fest. Daß der Tod den Vertrag auflösen wird, damit rechnet er nicht.

9. April: Die letzte Nestroy-Premiere im alten Theater in der Leopoldstadt.

DER *SCHÜTZLING

zeigt ihn weiter auf dem Weg zu halbwegs ernster Problematik und „volkstümlichen" Figuren. Die Presse ist mittelmäßig, aber das Stück wird bis zur Schließung des Theaters in der Leopoldstadt zwecks Umbaus so gut wie täglich gespielt. Mit 49 Vorstellungen zu Nestroys Lebzeiten ist es ein mittlerer Erfolg.

7. Mai: Letzte Vorstellung im Theater in der Leopoldstadt. Gespielt wird eine Szenenfolge, in der Nestroy mit dem Knieriem, dem Ledig und dem Sansquartier vertreten ist (vom *ZERRISSENEN wird nur eine Scholz-Szene gespielt). Tags darauf beginnen die Abbrucharbeiten.

Mai: Nestroy bricht zu seinem längsten Gastspiel-Marathon auf: Er ist von Mai bis September von Wien abwesend. Die Angaben über seine Aufenthaltsorte schwanken.

Mai / Juni: Sechstes Gastspiel in Brünn.

1. Juni: Franz *Wiest, der Nestroy so viel Ärger bereitet hat, stirbt im Alter von 33 Jahren. Er ist ein paar Jahre von Wien weg gewesen, 1842 zurückgekehrt, hat aber keine Rolle mehr im journalistischen Leben der Stadt gespielt.

18. bis 30. Juni: Gastspiel im Ständischen Theater in Graz. In Graz sieht der deutsche Dramatiker Friedrich *Hebbel, der sich in Wien niederläßt, Nestroy im *SCHÜTZLING. Damals ahnt noch niemand, daß Hebbel mit seinen Stücken, die ab 1848 im Burgtheater aufgeführt werden, in das Schußfeld des Satirikers und Parodisten Nestroy geraten wird.

Juli: Siebentes Gastspiel in Prag. Nestroy spielt an elf Abenden zwölf Rollen, davon gastiert er einmal – in deutscher Sprache – auf der tschechischen Bühne.

Zweite Juli-Hälfte: Drittes Gastspiel in Berlin. Nestroy spielt eine Woche am Königstädtischen Theater, darunter den *SCHÜTZLING und den *UNBEDEUTENDEN, die den Berlinern nicht sehr gefallen, weil sie die Stücke zu Recht für nicht sehr Nestroy-typisch erachten.

Nestroy ist bis 3. August in Berlin, von wo aus er brieflich ein Gastspiel in Hamburg verabredet.

7. bis 27. August: Zweites Gastspiel in Hamburg, diesmal am Thalia-Theater (mit *EULENSPIEGEL, *TALISMAN, *SCHÜTZLING).

Das Carl-Theater, das an der Stelle des ehemaligen Theaters in der Leopoldstadt errichtet worden ist, nahm in seiner Bauweise den Ringstraßen-Stil um Jahrzehnte vorweg – wie Karl Carl eben immer die Nase vorn hatte.

30. August bis 13. September: Nestroy gastiert im Stadttheater Frankfurt mit fünf Rollen (Titus, Lips, Herb, Sansquartier, Lustig); vor allem der *ZERRISSENE erregt Sensation. Nestroy berichtet an *Stainhauser, daß er hier „bedeutende Geschäfte" macht. Von hier aus unternimmt Nestroy Abstecher nach Wiesbaden und Mainz.

9. September: *TALISMAN in Wiesbaden, die Hervorrufe wollen kein Ende nehmen.

10. September: Der Theaterzettel des *TALISMAN in Mainz zeigt, daß das Stück mit dem Untertitel „Rot, Schwarz, Blond, Grau" und mit der Genre-Bezeichnung „Vaudeville-Posse" aufgeführt wird.

23. September: Zurück in Wien, tritt Nestroy im sogenannten „Interims-Theater" der Carl-Truppe im Odeonsaal auf. Hier spielt er mit wenigen Unterbrechungen nahezu jeden Tag.

25. September: Uraufführung der Oper „Martha" von Friedrich von Flotow im Theater an der Wien. Nestroy schreibt im Jahr darauf eine Parodie darauf.

10. Oktober: In Wien kommt es wegen Lebensmittelknappheit, Preiserhöhungen und Entlassung von Fabriksarbeitern zu Unruhen.

10. Dezember: Das neue Carl-Theater wird mit einem Einakterabend eröffnet. Das Hauptinteresse richtet sich dabei auf Nestroys Einakter DIE *SCHLIMMEN BUBEN IN DER SCHULE
Man ist zwar richtigerweise der Ansicht, das dies für die Eröffnung eines neuen Hauses ein eher dürftiges Programm sei, und das Stück setzt sich nicht sofort durch. Doch Nestroy spielt den schlimmen Buben Willibald zum Entzücken des Publikums bis in sein Todesjahr (102 Vorstellungen).
Das Carl-Theater ist zwar ein Prunkbau, doch er hat Fehler, die Eintrittspreise sind hoch, und so wird Carls Unternehmung vom Publikum nicht auf Anhieb angenommen. Man muß zum *UNBEDEUTENDEN, *SCHÜTZLING und *UNVERHOFFT zurückkehren, um das Publikum einigermaßen ins Haus zu holen, wobei eine Krankheit von *Scholz den Spielplan ins Wanken bringt (*Grois springt für ihn als Puffmann ein).

Grillparzers „Der arme Spielmann" erscheint.

1848

Im Revolutionsjahr gibt es für Nestroy nur sieben neue Rollen, davon drei in eigenen Stücken, weil er völlig damit ausgelastet ist, die riesige „Backlist" der eigenen Stücke immer wieder zu spielen.

*UNVERHOFFT erscheint als Buchausgabe bei Wallishausser.

25. Jänner: Nestroy läßt im Carl-Theater die Parodie auf Flotows Oper anonym erscheinen:

*MARTHA oder

DIE MISCHMONDER-MARKT-MÄGDE-MIETUNG

Trotz der Besetzung der Titelrolle mit der begabten Katharina Herzog, dazu Nestroy, *Scholz, *Grois, *Rohrbeck interessiert das Stück, in dem man Nestroy als Autor nicht erkennt, wenig. Nach drei Vorstellungen ist es für alle Zeiten verschwunden.

März: Ein charakteristischer Monat für den Schauspieler Nestroy. Er spielt an 20 Abenden 16 Rollen, davon zwölf eigene: Dappel, Weinberl, Knieriem (in beiden Teilen), Stick, Ledig, Herb, Span, Rohr, Natzi, Longinus, Blau, dazu noch Sansquartier, Stradellerl, Thaddädl und Zwickerl (letztere in Stücken von *Hopp). Es gibt in der Theatergeschichte nichts Vergleichbares, wobei die Zahl der eigenen Stücke, die er jederzeit abrufbereit hat, noch viel größer ist.

13. März: Die revolutionäre Bewegung in Wien gewinnt Gestalt, Bürger und Studenten besetzen das Landhaus. Bei Zusammenstößen gibt es erste Tote, Metternich verläßt Österreich.

14. März: Die Zensur wird aufgehoben.

6. April: Der Orden der Ligorianer wird aus Wien vertrieben, was Nestroy zweifellos mit tiefer Befriedigung erfüllt, da er aus seiner Abneigung gegen diese Ideologen im geistlichen Gewand nie einen Hehl gemacht hat. Er bringt die Ligorianer – ebenso wie Metternich – wenig später in seiner FREIHEIT IN KRÄHWINKEL auf die Bühne.

30. April: Im Zug der revolutionären Ereignisse läßt *Carl, der zum Hauptmann der Nationalgarde der Leopoldstadt geworden ist, Nestroy und *Scholz in Uniformen der Nationalgarde auf der Ferdinandsbrücke Wache stehen, was Kollege Franz Gämmerler in seinen Memoiren ausführlich schildert und was auch mehrfach im Bild festgehalten wird.

Die Wiener haben ihr Spektakel – für Carl ist es Werbung für sein Theater ...

12. Mai: Die Einwohner der Leopoldstadt bringen Karl Carl eine der populär gewordenen, mißtönenden „Katzenmusiken", um ihrem Ärger über seine enge Beziehung zu ungeliebten Kapitalisten Luft zu machen. Carl tritt als Hauptmann der Leopoldstädter Nationalgarde zurück.

15. Mai: Straßenkämpfe in Wien. Zwei Tage später verlassen der Kaiser und der Hof die Stadt in Richtung Innsbruck.

21. Mai: Nestroys erstes Stück nach der Aufhebung der Zensur wird im Carl-Theater uraufgeführt.

DIE ANVERWANDTEN

(später DIE *LIEBEN ANVERWANDTEN) ist aber kein Jubelwerk über die neu errungene Freiheit, sondern von Skepsis durchtränkt, was das Publikum sehr verärgert. Nestroys Anspielungen auf das „Frankfurter Parlament" (diskutiert von Leuten, die von Frankfurt außer den Würsteln nichts kennen, wie er im Couplet singt) erregen einen Skandal, das Publikum fordert Entschuldigung. Nestroy denkt nicht daran und schickt Kollegen Johann Baptist Lang vor den Vorhang, der sich für ihn entschuldigt. Der Abend endet turbulent, das Stück verschwindet nach zwei Wiederholungen.

26. Mai: Neuerlicher Aufstand in Wien, Barrikadenkämpfe.

1. Juli: Nestroy liefert „sein" Revolutionsstück im Carl-Theater, das zweite und letzte Stück seines Lebens, das er ohne Eingriffe der Zensur vorlegen kann:

*FREIHEIT IN KRÄHWINKEL

wird sein Triumph. Karl *Carl, der sich nach den letzten Nestroy-Erfahrungen vor der Premiere so fürchtet, daß er ihr nicht beiwohnt, sondern sich in seiner Villa verkriecht, kann das Stück den ganzen Juli hindurch spielen. Nestroys Kunstgriff, das Geschehen in die deutsche Stadt „Krähwinkel" zu verlegen, entschärft seine Kritik an den Wienern, seine Genialität, die „Reaktion" vorauszuahnen und in das Stück einzubeziehen, erkennt damals – im Revolutionsrausch – noch niemand.

Zu den Besuchern der FREIHEIT IN KRÄHWINKEL zählt auch Richard Wagner, der nicht ahnen kann, daß dieser Nestroy seinen „Tannhäuser" und „Lohengrin" parodieren wird, vor allem ersteren mit überragendem Erfolg.

11. Juli: Der Schriftsteller Karl Böhm behauptet in einem offenen Brief in der Zeitung „Der Demokrat" unter dem Titel „Ein literarischer Diebstahl", Nestroys Stück sei ein Plagiat seines eigenen Werks „Petition der Bürger einer kleinen Provinzstadt".

12. und 14. Juli: Nestroy antwortet in zwei wütenden „offenen Briefen". Ein zu dieser Zeit kursierendes Flugblatt gegen Nestroy und sein Stück geht auf Moritz Gottlieb *Saphir zurück.

23. Juli: Franz Pokorny eröffnet ein Freilichttheater in Hernals, „National-Arena" genannt, das mit dem Ensemble des Theaters in der Josefstadt bespielt wird. Nestroy wird die „Unart" des Freilichttheaters später in seinen THEATERG'SCHICHTEN parodieren.

*Carl würde die Laufserie der *FREIHEIT IN KRÄHWINKEL gerne verlängern, aber Nestroy hat zu viele Engagements abgeschlossen. Folglich schließt Carl kurzerhand das Theater vom 31. Juli bis 15. September, bis Nestroy wieder zurück ist. Deutlicher könnte er seine Abhängigkeit von seinem Star nicht demonstrieren.

Sommer: Nestroy verreist für sechs Wochen zwischen Anfang August und Mitte September. Er „versäumt" den Aufenthalt von Karl Marx in Wien, die Rückkehr des Kaisers am 12. August, die blutige „Praterschlacht" zwischen Arbeitern und Bürgern am 13. August. Er reist, und das fast ausschließlich in Sachen *FREIHEIT IN KRÄHWINKEL. Die Resonanz ist unterschiedlich. Es ist ein Sommer, in dem er von einem Ort zum nächsten hetzt.

3. bis 7. August: Graz, fünfmal *FREIHEIT IN KRÄHWINKEL.

10. bis 15. August: Ofen / Pest, täglich *FREIHEIT IN KRÄHWINKEL.

23. bis 28. August: Prag, fünfmal *FREIHEIT IN KRÄHWINKEL, einmal Blasius Rohr / Sansquartier.

29. August: Das Theater in Leipzig affichiert, da Herr Nestroy nicht eingetroffen sei, könne die angekündigte Vorstellung der *FREIHEIT IN KRÄHWINKEL nicht stattfinden.

31. August bis 4. September: Leipzig, zweimal *FREIHEIT IN KRÄH-WINKEL, einmal *LUMPAZIVAGABUNDUS, einmal *UNVERHOFFT.

7. bis 9. September: Hamburg, dreimal *FREIHEIT IN KRÄHWINKEL. Hier versteht man nicht, wie man sich über die Revolution lustig machen kann.

14. und 15. September: Linz, zweimal *FREIHEIT IN KRÄHWINKEL.

16. September: Nestroy ist wieder in Wien. Das Carl-Theater wird mit *FREIHEIT IN KRÄHWINKEL wiedereröffnet.

4. Oktober: *FREIHEIT IN KRÄHWINKEL wird zum 36. und letzten Male gegeben – und dann von der wieder eingeführten Zensur verboten.

> **6. Oktober:** *Kriegsminister Graf Latour wird von einer aufgebrachten Menge erschlagen und seine Leiche auf einem Laternenpfahl aufgehängt. Tags darauf verläßt der Kaiser wiederum Wien, diesmal in Richtung Olmütz. Fürst Windischgraetz reitet an der Spitze der kaiserlichen Truppen gegen Wien.*

> **26. Oktober:** *Die Belagerung von Wien beginnt.*

> **28. Oktober:** *Die kaiserlichen Truppen stürmen die Barrikaden vor der Jägerzeile – dort wohnt Nestroy.*

> **31. Oktober:** *Die Stadt wird von den kaiserlichen Truppen eingenommen. Nun folgen die Sanktionen. Man kann froh sein, wenn man – wie Nestroy – bei nichts unmittelbar „dabeigewesen" ist.*

> **2. Dezember:** *Kaiser Ferdinand dankt ab, der neue Kaiser heißt Franz Joseph und ist 18 Jahre alt.*

Nestroy schreibt in diesem Jahr DER *ALTE MANN MIT DER JUNGEN FRAU, ein Stück, das über die politischen Ereignisse reflektiert und zu seinen Lebzeiten nicht aufgeführt wird.

1849

Neun neue Rollen, davon drei in eigenen Stücken. *FREIHEIT IN KRÄH-WINKEL erscheint bei Wallishausser.

> **1. Februar:** *Am Hofburgtheater hat „Judith", ein fünfaktiges Trauerspiel von Friedrich Hebbel, Premiere. Nestroy ist bereits sechs Wochen später mit der Parodie auf der Bühne.*

Nestroys Umgang mit Journalisten war grundsätzlich höflich, aber wo er auf Bösartigkeit und Gehässigkeit stieß, wie bei Wiest oder vor allem Saphir, reagierte er mit aggressiver Kampfbereitschaft. Hier sein Brief an Saphir.

6. Februar: Carl-Theater: Uraufführung von Nestroys
*LADY UND SCHNEIDER
Wieder macht sich Nestroy über die „heroischen" Zeiten der Revolution ganz unverhohlen lustig und erzürnt damit das Publikum. Nach
sechs Vorstellungen verschwindet das Stück. Besonders abfällig hat sich
Moritz Gottlieb *Saphir darüber geäußert, von „geist- und witzlosen
Gemeinheiten" geschrieben, die „jeder Moral Hohn sprechen". Darauf-
hin reißt Nestroy die Geduld.
18. Februar: Nestroy versichert *Saphir in einem offenen Brief in der
ihm bzw. *Carl immer zur Verfügung stehenden „Theaterzeitung" von
*Bäuerle seiner grenzenlosen Verachtung.
23. Februar: Nestroy spielt den Sansquartier und improvisiert, als er
Edelsteine betrachtet, auf die Frage: „Was ist Saphir?" – „Saphir ist Mist."
13. März: Carl-Theater: Uraufführung von
*JUDITH UND HOLOFERNES
Das Stück wird allerdings ohne Namensnennung des Autors gespielt.
Nestroys einaktige Travestie ist die unmittelbare Antwort auf *Hebbels
heroische „Judith" und macht den Heroismus lächerlich. Vor allem aber
ist es ein Stück, das die Juden verulkt, und so ergehen gegen den unbekannten Autor die Antisemitismus-Vorwürfe. Obwohl das hemmungs-
lose Geblödel mit *Scholz als Holofernes und Nestroy in Frauenkleidern – der als Judith verkleidete Joab – Kassenqualitäten hätte, nimmt
*Carl es schnell wieder vom Spielplan. Erst als Nestroy den Einakter
1856 für Karl *Treumann wieder aufnimmt und dann selbst den Holofernes spielt, bleibt der Einakter kontinuierlich im Repertoire (67 Vorstellungen zu seinen Lebzeiten).
Ab 19. Juli: Neuntes Gastspiel in Prag.
Zurück in Wien, hat Nestroy längere Zeit frei, weil Karl *Carl, immer
zu devoten patriotischen Gesten bereit, drei Wochen lang eine „Ra-
detzky"-Feier in Szene gehen läßt, um dem gegen Italien siegreichen
General zu huldigen.
6. Oktober: Nestroy spielt in „Mönch und Soldat" von Friedrich *Kaiser, der seine Stücke nun auch wieder *Carl gibt und hier einen lang
anhaltenden Erfolg verzeichnet: Er liefert die Art von „braven", „staats-

tragenden" Stücken, zu denen sich Nestroy nie verstehen würde. Dieser spielt in „Mönch und Soldat" einen Intriganten (und behält die Rolle zehn Jahre lang), Carl verkörpert einen Kaisertreuen.

Nestroys nächstes Stück muß wegen Erkrankung von Wenzel *Scholz verschoben werden.

17. November: Carl-Theater: Premiere von

*HÖLLENANGST

Nestroys witzig-respektlose Auseinandersetzung mit dem Aberglauben, worin *Scholz und er als Vater und Sohn erscheinen, ist nur unter der lockeren Zensur, die nach 1848 praktiziert wird, möglich. Aber Publikum und Kritik steigen auf das Stück nicht ein, ganze fünf Vorstellungen, dann hat es zu Nestroys Lebzeiten ausgespielt und ist solcherart ein *Mißerfolg, den die Nachwelt nicht mehr zu begreifen vermag.

7. Dezember: Friedrich *Kaiser zeigt wiederum, wie Erfolge in diesen Tagen beschaffen sein müssen. „Eine Posse als Medizin" (mit Nestroy in der Rolle des Kaufmanns „Herr von Dunst") läuft und läuft, auch bei der Neuinszenierung 1857 (wieder mit Nestroy).

26. Dezember: Karl *Carl ist in Nöten, so viel Geld zu verdienen, wie er es sich vorstellt, also muß DER *AFFE UND DER BRÄUTIGAM wieder auf den Spielplan, wozu er sogar *Klischnigg wieder herbeischafft.

Nun geraten sich Nestroy und *Saphir wieder in die Haare, der die Gelegenheit benützt, gegen die Afferei zu ätzen.

1850

15 neue Rollen, davon vier in neuen Stücken, die allesamt Mißerfolge werden. Künstlerisch markiert dieses Jahr Nestroys Tiefpunkt.

1. Jänner: Diesmal war Nestroy nicht bereit, ein neues „Affen"-Stück zu schreiben. Er komplettiert nur „Der Orang-Utan" für *Klischnigg mit seinen „Zwölf Mädchen in Uniform". Am ersten Tag des Jahres extemporiert er in seiner Leib- und Magenrolle, die er immer zügelloser spielt, auf ein Zischen im Zuschauerraum: „Warum zischt man? Ist Herr Saphir zugegen?" Damit macht er sich allerdings keine Freunde, auch andere Zeitungen wenden sich gegen ihn. Saphir beschwert sich bei der Stadthauptmannschaft, aber der Fall verläuft im Sand.

12. Jänner: Carl-Theater: Uraufführung von

*SIE SOLLEN IHN NICHT HABEN oder

DER HOLLÄNDISCHE BAUER

Diese Faschings-Posse ist ein geradezu klassischer *Mißerfolg: drei Vorstellungen, verschwunden, vergessen. Nun hat nicht nur *Saphir die Möglichkeit zu triumphieren, auch der Rest der Presse geht mit dem – einstigen – Star des Wiener Volkstheaters (den man vor zwei Jahren noch auf Händen getragen hat) nicht eben glimpflich um: „Wenn nichts Besseres kommt, wollen wir nichts mehr haben."

Damit ist Nestroy, als Schauspieler bereits angefochten, als Dramatiker für tot erklärt. Seine Funktion in *Carls Ensemble besteht im Moment darin, auch Rollen des erkrankten Wenzel *Scholz zu übernehmen ...

Als Scholz Anfang Februar gesundet, wird Nestroy „bedeutend krank" und tritt erst Anfang März wieder auf.

1. März: Wiener Erstaufführung von Giacomo Meyerbeers Oper „Der Prophet". Man erwartet – nach ROBERT DER TEUXEL – von Nestroy auch diesmal eine Parodie, aber er löst das Problem im Mai anders.

1. April: Carl-Theater: erste und einzige Vorstellung von Nestroys *KARIKATUREN-CHARIVARI MIT HEIRATSZWECK

Diesmal nennt Nestroy sich nicht als Autor auf dem Theaterzettel, aber jeder weiß, daß es sein Werk ist. Seine Rolle, in der er in vielfacher Verkleidung erscheint, akkumuliert Typen aus den „Fliegenden Blättern", und *Saphir kann sich freuen, Nestroy so verunsichert zu haben, daß dieser nun versucht, *Treumann zu kopieren. Karl Treumann ist seit etwa zwei Jahren der „Star" des Theaters an der Wien, und in Kombination mit dem Komiker Carl Rott ergeben die beiden ein Duo, das im Gegensatz zu den „Oldies" Nestroy / Scholz frisch wirkt und zu dem ein Teil des Publikums übergelaufen ist. Und vor allem Saphir versäumt keine Gelegenheit, in seinen Kritiken den neuen Treumann dem alten Nestroy gegenüber immer wieder auszuspielen und Letztgenannten für tot zu erklären ...

4. Mai: Carl-Theater. Nestroy bietet Meyerbeer diesmal anders:
*ALLES WILL DEN PROPHETEN SEHEN
ist, wie auf dem Theaterzettel extra festgestellt, „keine Parodie der
Oper: Der Prophet", sondern vielmehr eine Kleinstadt- und Theater-
satire um den Wirbel, der rund um eine Aufführung dieser Oper veran-
staltet wird. Wieder nennt sich Nestroy nicht auf dem Theaterzettel,
wieder weiß man um seine Autorenschaft, wieder ist der *Mißerfolg
ein totaler: vier Vorstellungen hintereinander, und das Stück ist verschwunden.

26. Mai: Wie sehr Nestroys Nerven bloßliegen, wie sehr er – als Dramatiker so gedemütigt – sich auch als Schauspieler gemobbt fühlt, zeigt
der Brief, den er an Karl *Carl schreibt, empört über die Rollen, die man
ihm zu spielen gibt, in der Überzeugung, es sei Carls Plan, „meinen arti-
stischen Credit beim Publikum zu schmälern und dadurch meinem
Nachfolger leichteres Spiel zu machen".
Hier steht wieder *Treumann als Schatten an der Wand, und die Ver-
mutung, daß Carl diesen – wie er auch die mittlerweile verehelichte
und aus seinem Bannkreis geflohene Ida *Brüning abengagiert hat – vom
Theater an der Wien wegholen will, bewahrheitet sich wenig später.

Mai / Juni: Nestroy spielt hintereinander in vier (!) neuen Stücken von
Friedrich *Kaiser, die den Spielplan fast ausschließlich beherrschen,
während seine eigenen alten Erfolge nur noch vereinzelt auf dem Programm stehen.

22. Juni: Carl-Theater: Uraufführung von Nestroys
*VERWICKELTE GESCHICHTE
Der kurze Zweiakter (mit dem erfolgreichen Einakter „Zum ersten
Male im Theater" von Friedrich *Kaiser kombiniert) hat auf dem Thea-
terzettel wieder keinen Autor. Die Kritiken sind miserabel, so gibt es
überhaupt nur eine Wiederholung (*siehe* *Mißerfolge). 1858 wird
Nestroy das Stück noch einmal, in einaktiger Form, spielen, auch dann
kommt es nur auf zwei Aufführungen.

Juli: Gastspiel in Ofen und Pest.

1. bis 24. August: Zweites Gastspiel in Lemberg, u. a. mit DER
*SCHÜTZLING.

Anfang September: Zweites Gastspiel in Linz.

Den Rest des Jahres spielt Nestroy vergleichsweise wenig, u. a. wieder in zwei neuen Stücken von Friedrich *Kaiser.

Nestroy bekommt zu fühlen, daß er älter geworden und aus der Mode gekommen ist, daß man ihn an den Rand schiebt. Rund um seinen 49. Geburtstag könnte so mancher den Eindruck haben, mit Johann Nestroy sei es zu Ende – ganz, wie *Saphir es gerne hätte. Nestroy beginnt für den Raubbau, den er lebenslang mit seinen sowohl körperlichen wie geistigen Kräften getrieben hat, zu bezahlen.

1851

In diesem Jahr tritt Marie *Weiler von der Bühne ab.

Nestroy spielt zehn neue Rollen, davon drei in eigenen Stücken.

Jänner / Februar: Nestroy spielt im Jänner gar nicht, im Februar nur zweimal, weil Karl *Carl das Theater mit „indischer Magie" füllt.

13. März: Nestroy spielt in dem Stück „Frauenstärke und Männerschwäche" von Friedrich *Kaiser und wird vom Bezirkskommissariat wegen Extemporierens „in die gesetzlichen Schranken gewiesen".

22. März: Als Nestroy sein Stück *MEIN FREUND mit vielen Änderungen von der Zensur zurückerhält, erhebt er in einem ausführlichen, detaillierten Brief Einspruch, was eine längere Auseinandersetzung nach sich zieht.

5. April: Carl-Theater: Uraufführung von

*MEIN FREUND

Nestroy hat der steten Forderung der Kritik nach einem Volksstück mit sittlichem Ernst zumindest teilweise nachgegeben und gewinnt damit nahezu seinen Rang wieder. Das Stück wird, mit Unterbrechung durch die Karwoche, bei stärkstem Andrang bis Ende April fast en suite gespielt. Mit 33 Aufführungen zu Nestroys Lebzeiten rangiert es unter seinen mittleren Erfolgen.

Mai: Nestroy gastiert in Triest.

Juni: Nestroy steht im Carl-Theater fast den ganzen Monat in Friedrich *Kaisers neuem Stück „Verrechnet" auf der Bühne.

Juli: Gastspiel in Ofen und Pest, wobei Nestroy 21 Rollen spielt. Dabei übernimmt er in *MEIN FREUND, wo er in Wien den Schlicht gespielt hat, nun die *Scholz-Rolle des aufsässigen Ladendieners Schippl. In Wien gehen die Gerüchte, Nestroy habe in Ofen Ärger mit der Zensur gehabt und sei sogar im Gefängnis gewesen, was Nestroy in einer Erwiderung bestreitet.

Juli: Zweitägiges Gastspiel in Brünn.

August bis November: Nestroy spielt im Carl-Theater Repertoire, spürbar weniger in eigenen Stücken als früher. Novitäten kommen in dieser Zeit von Friedrich *Kaiser (drei Stücke) und von Juin / Flerx.

20. Dezember: Carl-Theater: Nestroy schreibt als Benefizvorstellung für Freund Wenzel *Scholz

DER *GEMÜTLICHE TEUFEL

nennt sich aber auf dem Theaterzettel nicht als Autor. Da es sich um ein Zauberspiel handelt, vermutet man eher Louis *Grois als Autor. Das Stück wird vorläufig nur dreimal gespielt, kehrt aber später, während Nestroys Direktionszeit am Carl-Theater, öfter wieder, als der Bedarf an Einaktern ins Grenzenlose geht.

1852

Nestroy spielt neun neue Rollen, davon eine in einem eigenen Stück.

Jänner: *ZU EBENER ERDE UND ERSTER STOCK wird siebenmal en suite gespielt.

6. Februar: DAS *HAUS DER TEMPERAMENTE (1837 uraufgeführt) erfährt eine Neuinszenierung vor übervollem Haus. Man stellt fest, daß die Reprisen alter Nestroy-Erfolge vielen immer noch lieber sind als die neuen Stücke. Noch einmal heißt es, daß Nestroy und *Scholz die Räder seien, die die Theaterwelt bewegen.

29. März: Carl-Theater: Uraufführung von Nestroys

*KAMPL oder

DAS MÄDCHEN MIT MILLIONEN UND DIE NÄHTERIN

Dieses Stück mit der liebenswerten Titelrolle des „Chirurgus vor der Linie" wird Nestroys größter Erfolg seiner späten Jahre. *KAMPL wird

K. k. privileg. Carl-Theater.

Heute:

Kampl.

Posse mit Gesang in 4 Aufzügen, von Johann Nestroy.
Die Handlung ist theilweise Eugene Sue nachgebildet.
Musik vom Kapellmeister Carl Binder.

Personen:

Gabriel Brünner, vormals Kanzleidiener,	Hr. Scholz.
Bernhard Brunner, Schlosser,	Hr. Grois.
Wilhelm, Gabriels Sohn	Hr. Braunmüller.
Netti, Bernhards Tochter	Frl. Zöllner.
Hypolit Schwamm v. Waschhausen	Hr. Wolff.
Sidonia, seine Gemalin, vorher verwitwete Baronin von Auenheim	Fr. Blumauer.
Ludwig Baron v. Auenheim, Sidonias Sohn erster Ehe	Hr. Mittell.
Cäcilia, Waschhausens Schwester unvermählt	Fr. Scutta.
Pauline, Baronesse v. Kellberg	Frl. Rönnenkamp.
Madame Müller, ihre Kammerfrau	Fr. Schmitt.
Baron Felsbach	Hr. Maier.
Herr von Gerbrand	Hr. Prechtl.
Herr von Zackenburg	Hr. Gämmerler.
Baronin v. Hochberg, Wittwe	Fr. Wagner.
Herr von Blankenforst	Hr. Reinhard.
Herr von Halbing	Hr. F. Treumann.
Herr von Brachfeld	Hr. Nicolini.
Frau von Siebling	Frl. Oringer.
Ida, ihre Tochter	Frl. Moritz.
Friedrich, Bed. b. Baronin Hochberg	Hr. Kaiser.
Jean, Bedienter bei Waschhausen	Hr. Fischer.
Kampl, Chirurgus vor der Linie	Hr. Nestroy.
Damian, sein Gehilfe	Hr. Flerr.
Doktor Muschl	Hr. Moritz.
Frau Schultzmann, Wittwe	Fr. Walter.
Henriette,)	Fr. Steindl.
Amalie,) ihre Töchter	Frl. Fischer.
Euphrosine,)	Frl. Petrowits.
Pichl, Praktikant	Hr. Haag.
Zwinger, Hausherr	Hr. Lang.
Strunk, Fleischhauerssohn	Hr. Gottdank.
Malzer, ein Bräumeisterssohn	Hr. Buchner.
Herr Zeppler	Hr. Gutperl.
Herr, ein alter Wirth	Hr. Schaffer.
Therese, eine Nähterin	Frl. Walitzky.
Fackler, Kommis	Hr. Pohl.
Frau Wilcker, eine Handwerks-Wittwe	Frl. Swoboda.
Eine alte Bürgersfrau	Fr. Holzapfel.
Eine Greißlerin	Frl. T. Preschl.
Erster) Bauer	Hr. Scribant.
Zweiter)	Hr. Soller.
Eine Bäuerin	Frl. M. Preschl
Hannerl, Magd bei Frau Schulzmann	Frl. Giesberg.
Eine Küchenmagd	Frl. Bladl.

Herrn und Damen. Kleine Lehrmädchen. Landleute. Dienerschaft.
Die Handlung spielt in den ersten Scenen in einem nahe an der Linie einer großen Stadt,
gelegenen Landorte, dann in der Stadt selbst.

Anfang um 7 Uhr.

Druck von Carl Gerold und Sohn.

Nach einer Reihe deprimierender Mißerfolge wurde „Kampl" für Nestroy einer
seiner letzten großen Erfolge – mit einer Rolle für sich selbst, in der er als zumindest einigermaßen „guter Mensch" erscheint.

knapp eineinhalb Monate en suite gespielt: Nestroy verkörpert die Rolle bis 1860. (82 Vorstellungen zu seinen Lebzeiten.)

Mai / Juni: Neben Nestroys Stücken beherrschen die „Lebensbilder" von *Kaiser und die billigen Possen von Juin / Flerx den Spielplan.

Juli: Gastspiel in Prag bei August Stöger, der hier wiederum Intendant ist. *KAMPL gefällt den Pragern nicht sehr.

Juli / August: Gastspiel in Ofen und Pest.

Nestroy sagt ein Gastspiel in Berlin ab, vielleicht, weil er Angst davor hat, Karl *Treumann hier zu begegnen.

3. September: Was Nestroy seit langem befürchtet hat, bewahrheitet sich: Karl *Treumann tritt in *Carls Ensemble ein. Carl zahlt dem Neuankömmling auf Anhieb um 1000 Gulden mehr als seinem bewährten Star Nestroy. Dieser weigert sich längere Zeit, gemeinsam mit Treumann aufzutreten.

24. September: DAS *MÄDL AUS DER VORSTADT wird neu inszeniert und oftmals gespielt. Nestroy tritt wieder spürbar öfter auf, vielleicht, um *Treumann nicht zu viel Platz einzuräumen. Es stehen auch wieder mehr der anderen Nestroy-Stücke auf dem Programm, bis Jahresende 16 verschiedene Werke.

1853

Vier neue Rollen, davon eine in einem eigenen Stück.

Es gibt Feststellungen, daß Nestroy altert, als Schauspieler nicht mehr so gewandt und wirkungsvoll ist. So heißt es in den „Rezensionen": *Mit der Zeit nimmt seine Stimme, so wie die Geläufigkeit im Reden und die Gewandtheit in den Bewegungen bedeutend ab, dazu gesellt sich noch bei jeder ersten Aufführung eine sichtliche Befangenheit, welche selbst auf das Memorieren Einfluß zu üben scheint.* Diese Verunsicherung hat natürlich mit der Konkurrenz durch Karl *Treumann zu tun, dann wird man Nestroys Aufschwung registrieren, als sich die beiden befreunden und dieser Druck von ihm genommen ist.

16. März: Carl-Theater: Uraufführung von *HEIMLICHES GELD, HEIMLICHE LIEBE

Diese Rückkehr zum früheren Nestroy, wo er „gemeine" Personen des niedrigen Standes auf die Bühne gebracht hat, wird vom Publikum übel genommen und mit Zischen bedacht. Nach drei Aufführungen verschwindet das Stück zu Nestroys Lebzeiten von den Spielplänen (*siehe* *Mißerfolge*).

2. April: *Scholz und *Grois treten zusammen mit *Treumann in Friedrich *Kaisers „Eine Feindin und ein Freund" auf. Das Stück hat großen Erfolg – und Nestroy fühlt sich von seinen alten Freunden und Kollegen verraten.

April bis Juli: In diesen Monaten tritt Nestroy vergleichsweise wenig auf. Laut Friedrich *Kaiser verweigert er Auftritte unter den nichtigsten Vorwänden. Daraufhin besetzt Karl *Carl Nestroy-Rollen mit Karl *Treumann. Aber dieser kann von der darstellerischen Qualität her mit Nestroy keinesfalls mithalten. Der Schauspieler-Krieg im Carl-Theater geht weiter.

20. Juli bis 6. August: Nestroys viertes Gastspiel in Berlin. Hier ist *KAMPL sehr erfolgreich.

Bis Mitte September: Letztes Gastspiel in Pest und Ofen.

Anschließend spielt Nestroy am Carl-Theater wieder häufiger. Mit Hilfe von Marie *Weiler, die sich vom Charme von Karl *Treumann einwickeln läßt, kommt es zur „Versöhnung" von Nestroy und Treumann.

12. November: Nestroy und Karl *Treumann stehen in Holbeins „Ein Schatten" erstmals gemeinsam auf der Bühne. Von da an sind sie Freunde (obzwar, wie aus einem Brief Nestroys hervorgeht, immer per „Sie"), und Nestroy wird von da an beim Schreiben seiner Stücke auf Treumann ebenso Bedacht nehmen wie auf *Scholz, der spürbar durch die Bevorzugung des neuen Mannes verletzt ist.

21. Dezember: Nestroy streicht *ROBERT DER TEUXEL auf Einakterlänge zusammen, weil *Treumann am liebsten in Einaktern spielt. Es ist die letzte Aufführung dieser Parodie zu Nestroys Lebzeiten.

1854

Nestroy spielt 16 neue Rollen, davon drei in eigenen Stücken.

1. Februar: Carl-Theater: Uraufführung von Nestroys
*THEATERG'SCHICHTEN DURCH LIEBE, INTRIGE, GELD UND DUMMHEIT
Nestroy hat in dieser Theaterparodie erstmals eine große Rolle für
*Treumann geschrieben. Daß er den von Wenzel *Scholz gespielten
Theaterdirektor in dem Stück „Schofel" nennt, zeigt, was er von Karl
*Carl hält. Das Stück ist anfänglich ein Riesenerfolg und wird bis
22. Februar en suite gespielt. Im ganzen kommt es in Wien doch nur
auf 39 Vorstellungen zu Nestroys Lebzeiten.

15. Februar: Der 66jährige Karl *Carl erleidet nach einer wild durch-
tanzten Ballnacht einen Schlaganfall.

1. April: Nestroy überläßt in den *EISENBAHNHEIRATEN seine Rolle des
Patzmann Karl *Treumann und übernimmt selbst die Rolle des „berli-
nernden" Bäckergesellen Brandenburger.

***24. April:** Kaiser Franz Joseph heiratet seine Cousine, Prinzessin
Elisabeth in Bayern.*

27. Mai: In der Neuinszenierung von *NAGERL UND HANDSCHUH übernimmt Karl *Treumann die Nestroy-Rolle des Rampsamperl. Dieser
spielt wieder den von *Carl kreierten Knappenstiefel. Das Programm-
heft vermerkt das „Pas de trois", getanzt von Nestroy, Treumann und
*Grois ...

Juni / Juli: Nestroy gastiert in Graz und Linz.

10. Juli bis 18. Juli: Fünftes und letztes Gastspiel in Berlin. Nestroy ist
auf der Sommerbühne des Friedrich-Wilhelmstädtischen Theaters u. a.
in *KAMPL, den *THEATERG'SCHICHTEN (die in Berlin auf dem Pro-
grammzettel THEATERGESCHICHTEN heißen) und *TALISMAN zu sehen.
Die Berliner Kritik vermerkt, daß er für jugendliche Rollen eigentlich
schon zu alt sei. Gänzlich hat er Berlin nie zu erobern vermocht.

23. Juli: Nestroy ist von Berlin über Prag zu einem Gastspiel nach
Brünn gereist, wo er nachmittags ankommt, Probe hält und abends
Vorstellung hat. Auch als 53jähriger ist sein Elan, auf die Bühne zu
springen, ungebrochen.

Anfang August: Karl *Carl verabschiedet sich von seinem Ensemble in Wien und reist zur erhofften Genesung nach Ischl. Louis *Grois und Johann Baptist Lang, beide seit langem hier nicht nur als Schauspieler, sondern auch als „Regisseure" tätig, übernehmen die Leitung des Carl-Theaters.

14. August: Karl *Carl stirbt in Ischl. Im Carl-Theater gibt es keinen einzigen Schließtag anläßlich des Ablebens des Direktors ...
In seinem Testament erwähnt *Carl Nestroy, der ihn zum Millionär gemacht hat, mit keinem Wort.
Es gäbe einen einstimmigen Ruf der Öffentlichkeit, schreiben die Zeitungen, Nestroy möge die Leitung des Carl-Theaters übernehmen. Dieser bewirbt sich daraufhin um die behördliche Bewilligung.

3. Oktober: In „Palais und Irrenhaus" von Friedrich *Kaiser spielt Nestroy eine ernste Rolle, worin er im ersten Akt das Publikum mit einer Wahnsinnsszene beeindruckt.

9. Oktober: Nestroy pachtet von *Carls Erben das Carl-Theater für zehn Jahre, vorbehaltlich, daß er die Konzession erhält.

10. Oktober: Nestroy schickt seinem Freund Wenzel *Scholz bereits einen neuen Kontrakt, in dem er dessen Gage beträchtlich erhöht.

16. Oktober: Nestroy fixiert seinen Vertrag mit seinem verläßlichen Freund Ernst *Stainhauser, dessen organisatorische Qualitäten er für die Führung des Theaters dringend benötigt.

21. Oktober: Positive polizeiliche Leumundsnote. Darin wird auch die Rolle festgehalten, die Marie *Weiler in der Konsolidierung von Nestroys Leben spielt. Sie ist auch verantwortlich dafür, daß der notorische Spieler und Verschwender Nestroy ein Privatvermögen anhäufen konnte, das es ihm nun ermöglicht, als Direktor des Carl-Theaters privater Unternehmer zu werden, wie *Carl selbst einer war.

28. Oktober: Nestroy erhält die Konzession.

1. November: Nestroy eröffnet seine Direktion des Carl-Theaters mit einem Prolog von *Saphir (!). Gespielt wird das *MÄDL AUS DER VORSTADT, *Treumann übernimmt die Rolle des Gigl.
An den Geschicken des Nestroyschen Carl-Theaters ist hinter den Kulissen Marie *Weiler entscheidend beteiligt.

> ## *Prolog von M. G. Saphir.*
>
> ### Gesprochen von
>
> ## Herrn Direktor Johann Nestroy,
>
> im k. k. priv. Carl=Theater am 1. November 1854.
>
> ---
>
> Ein Prolog, was ist ein Prolog, meine Hochverehrten,
> Wißen Sie's, da Sie schon so viele hörten?
> Zu einem Prolog nach unsern festen Schablonen
> Gehören in der Regel stets drei Personen.
> Ein Autor, der in schreibt, ein Sprecher der ihn spricht,
> Und dann ein Publikum, das sißt zu Gericht'
> Der Autor weiß, was er schreiben soll nicht,
> Der Sprecher weiß selber oft kaum was er spricht,
> Und das Publikum bringt auch keinen Sinn daraus zu Wege,
> Das ist gewöhnlich so das Schicksal der Prologe.
> Ich selbst erschein auch heute mit Sorge und mit Harm
> Vor Ihnen hier, mit einem Prologe Arm in Arm.
> Indem ich als Direktor betrete eine neue Eisenbahn
> Schick ich den Prolog als Lokomotiv voran!

Ein ungelöstes Rätsel der Nestroy-Biographie: Warum läßt Nestroy, der nicht zu Opportunismus neigt, den Prolog zur Eröffnung seiner Direktion im Carl-Theater von Erzfeind Saphir schreiben?

Nestroy bezahlt sich selbst als Schauspieler 416 Gulden und 40 Kreuzer monatlich, *Scholz 250 Gulden monatlich, *Grois 175 Gulden, *Treumann hingegen 433 Gulden und 20 Kreuzer. Treumanns für diesen unentbehrlicher Bruder Franz wird für seine Tätigkeit als Theatersekretär mit 100 Gulden monatlich entlohnt.

4. November: Wiederaufnahme von DER *TREULOSE. Karl *Treumann übernimmt die Nestroy-Rolle des Falsch, Nestroy die *Scholz-Rolle des Dieners Treuhold, weshalb Scholz nur in der Nebenrolle als Herr von Tafelberg erscheinen kann. Treumann, der ein großer Kopist ist, spielt den treulosen Frauenhelden Falsch unverkennbar als Porträt des verstorbenen Karl *Carl, was allgemein als geschmacklos empfunden wird.

11. November: *Treumann übernimmt in EINEN *JUX WILL ER SICH MACHEN die Rolle des Christopherl neben Nestroys Weinberl.

Zahlreiche Briefe des Theaterdirektors Nestroy sind erhalten und zeigen, wie gewissenhaft er sich um alle Belange des Hauses kümmert, wie viele Verbesserungen er ins Auge faßt und wie höflich er mit Schauspielern, Autoren und Kritikern umgeht.

1855

Nestroy spielt in diesem Jahr 13 neue Rollen, davon eine in einem eigenen Stück.

In diesem Jahr schafft Josef Kriehuber den berühmten Stich, der Nestroy, *Treumann und *Scholz zusammen zeigt.

13. Jänner: In *LIEBESGESCHICHTEN UND HEIRATSSACHEN übernimmt *Treumann die Rolle des Liebhabers Buchner.

Februar: Nestroy agiert genauso wie Karl *Carl, dem man dafür rechtens Vorwürfe gemacht hat, indem er Varieté-Künstler im Carl-Theater auftreten läßt. Er selbst zeigt sich etwa an einem Abend mit der Kunstreiterin Miß Ella, wozu er die *THEATERG'SCHICHTEN auf Einakter-Länge verkürzt. Die Presse nennt dergleichen eine „Entwürdigung".

24. Februar: „Der Zauberteppich" von Karl Josef Schmidt, der nach Bedarf als Carl Bruno oder auch als C. Juin eine Menge Stücke schreibt, ist eine parodistische Bearbeitung von Nestroys *MOPPELS ABENTEUER, wobei auch Miß Ella in das Stück eingebaut wird. Nestroy, *Scholz, *Treumann und *Grois wirken mit …

12. März: Nestroy beginnt brieflich (der berühmte „Köfer-Brief") ein Verhältnis mit Karoline *Köfer, das in der Folge seine Beziehung zu Marie *Weiler lange Zeit zerrüttet.

April: Nun zieht die „spanische Tänzerin" Pepita de Oliva in das Carl-Theater ein.

9. April: *Treumann spielt erstmals den Leim in *LUMPAZIVAGABUNDUS.

3. Mai: Das Kaiserpaar besucht die Vorstellung von „Theatralischer Unsinn" von Morländer im Carl-Theater, worin Nestroy spielt.

5. Juni: Mit diesem Datum wird in München (!) das Zensurexemplar eines Stückes namens „Der wilde Knabe" abgefertigt. Der handschriftliche Hinweis „von Nestroy" hat der Nestroy-Forschung viel Kopfzerbrechen bereitet. Die Annahme, daß es sich dabei schlicht um einen Irrtum handelt, ist jedenfalls wahrscheinlicher als die Idee eines unentdeckten Nestroy-Stücks, das nirgends sonst auftaucht.

Juli: Nestroy verbringt den Sommer erstmals in Ischl, wo sich auch die Kaiserfamilie traditionsgemäß aufhält. Aus Briefen erfährt man, daß Nestroy sich „hoch" in die Berge versteigt und die Dachsteingruppe auf ihn große Anziehungskraft ausübt. Nie zuvor hat man von seiner Neigung für die Natur vernommen. Seitdem er Theaterdirektor ist, unternimmt er keine kraftraubenden Sommergastspiele mehr, sondern gibt sich selbst ein wenig Freiraum. Das wirft die Frage auf, wie seine Biographie ausgesehen hätte, wenn er sich selbst nicht dermaßen als „Getriebener" dem Theater verschrieben, sondern sich zu „leben" erlaubt hätte.

16. Juli: Nestroy spielt DAS *MÄDL AUS DER VORSTADT als Wohltätigkeitsvorstellung für die unter dem Protektorat von Erzherzogin Sophie stehende Kinderbewahrungsanstalt in Ischl. Nestroy hat einen berechtigt großen Ruf, sehr viel für Wohltätigkeit zu tun.

20. Juli: *TALISMAN als Wohltätigkeitsvorstellung in Ischl.

9. August: Nestroy ist wieder in Wien und spielt häufig.

18. August: Einziger erhaltener Brief an seine nun 15jährige Tochter Marie (*Nestroy), die mit Marie *Weiler in Ischl zurückgeblieben ist.

September: Neue Wohnung im Carl-Theater.

13. September: Wieder spielt Nestroy in einem Friedrich-*Kaiser-Stück, „Zwei Testamente", eine ernste Rolle.

Briefe an Ernst *Stainhauser dokumentieren Nestroys dauernden heimlichen Geldbedarf hinter dem Rücken von Marie *Weiler.

In diesem Jahr arbeitet Nestroy an der dreiaktigen Posse mit Gesang *NUR KECK!, die zu seinen Lebzeiten nicht zur Aufführung kommt.

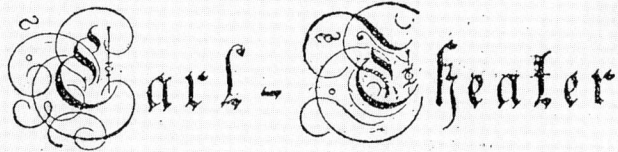

Journal

vom k. k. privil.

Carl-Theater

unter der Direktion

des Herrn

Johann Nestroy.

Herausgegeben

von

Carl Schröder,

Soufleur.

Nestroy ist als Direktor des Carl-Theaters mit einem großen Personalstand und einer Arbeitsfülle konfrontiert, die alles Bisherige übertrifft. Seine Direktionsführung wird von der Presse genau beobachtet und auch scharf kritisiert.

1856

Nestroy spielt zwölf neue Rollen, davon eine in einem eigenen Stück. *Franz Grillparzer wird auf eigenen Wunsch pensioniert. Nach 43jähri-gem Staatsdienst erhält er den Titel „Hofrat".*

5. Jänner: Friedrich *Kaiser berichtet von einer angeblichen Intrige gegen Wenzel *Scholz: Man soll ihn aufgefordert haben, in sein neues Stück „Die Frau Wirtin" zwar Rollen für Nestroy und *Treumann, nicht aber für Scholz zu schreiben, der mit dem Alter immer unzuverlässiger wird. Doch Kaisers Aussagen sind, wie oft festgestellt wurde, mit gro-ßer Vorsicht zu genießen.

10. Jänner: Ein erhaltener Brief an Ernst *Stainhauser macht klar, daß Nestroy über beide Ohren in Spielschulden steckt.

März: Der berühmte französische Komiker Levassor gastiert mit Chan-sons und Soloszenen am Carl-Theater. *Treumann parodiert ihn später erfolgreich. Der Weg zu den *Offenbach-Operetten ist bereitet.

28. März: Nestroy nimmt sich größte Mühe zum *Scholz-Benefiz-Abend an dessen 70. (oder auch erst 69., die Geburtszahlen schwan-ken) Geburtstag. In der vom Publikum gestürmten sogenannten „Gele-genheitsposse" spielt er sich selbst, den „Theaterdirektor Nestroy". Kaiser Franz Joseph schickt dem Benefizianten ein Anerkennungs-geschenk von 50 Gulden.

3. Mai: Dennoch bereitet Nestroy seinem Freund *Scholz Kummer, als er *JUDITH UND HOLOFERNES wieder aufnimmt. Nicht zum ersten Mal überläßt er *Treumann seine Rolle, die des Joab, doch er selbst über-nimmt die *Scholz-Rolle des Holofernes. Scholz selbst ist in dieser Pro-duktion nicht mehr dabei und kann sich zu Recht hinausgedrängt fühlen.

Juni: Es kommt zur ersten großen Auseinandersetzung mit Marie *Weiler, die ihre Sachen aus dem gemeinsamen Haushalt entfernt und offenbar fest entschlossen ist, Nestroy zu verlassen. Die Freunde betätigen sich als Vermittler zwischen den beiden, aber Nestroy fühlt seine persönliche und finanzielle Freiheit zu sehr eingeschränkt.

Ende Juni: Nestroy reist mit Tochter Marie (*Nestroy) nach Berlin und Hamburg, setzt von dort erstmals auf die Insel Helgoland über, reist dann über Hannover, Düsseldorf und Arnheim nach Amsterdam, die Stadt, die er 1825, vor mehr als 30 Jahren, zuletzt gesehen hat.

Ab Mitte Juli: Nestroy ist zuerst in Reichenau, wo er an seinem nächsten Stück *UMSONST arbeitet.

Ende Juli: Marie *Weiler beruft Nestroy nach Ischl, weil sie anonyme Briefe erhalten hat, die offenbar im Auftrag von Karoline *Köfer an sie gesandt wurden. Das macht Nestroy sehr zornig. Er beendet die Beziehung und findet die geldgierige Geliebte mit 500 Gulden ab.

Anfang August: Daraufhin kommt es zur Versöhnung mit Marie *Weiler, die sich bei Ernst *Stainhauser und Franz *Treumann für deren Loyalität in der Angelegenheit bedankt.

15. August: Nestroy ist wieder in Wien und spielt bis in den November hinein nahezu täglich.

13. November: Der Theaterdirektor Nestroy erneuert den Vertrag mit Wenzel *Scholz.

18. November: Wieder einmal ein Straferkenntnis gegen Nestroy, diesmal, weil er in einer Aufführung von *Bäuerles „Zemire und Azor" gegen die „Creditanstalt" extemporiert hat.

9. Dezember: Nestroy überträgt offiziell die Leitung des Carl-Theaters an Marie *Weiler, die das Theater ohnedies von Anfang seiner Direktionszeit an als „graue Eminenz" geführt hat.

Dezember: Nestroy erkrankt. Sein Ausfallen bringt den Spielplan des Carl-Theaters, der weitgehend auf ihm beruht, durcheinander.

1857

Nestroy spielt acht neue Rollen, davon zwei in eigenen Stücken.

Jänner: Die französische Schauspielergesellschaft unter der Direktion der Herren Bridneau und de Chapiseau gastiert an 20 Abenden im Theater an der Wien und bringt in der Stadt erstmals Kurzoperetten von Jacques Offenbach zu Gehör. Aber erst Nestroy wird den Komponisten im Carl-Theater für Wien wirklich durchsetzen.

Nestroys Krankheit – es gibt keine genauen Angaben, worum es sich handelt – soll so schwer sein, daß in Wien schon Gerüchte über seinen Tod zirkulieren.

Aus der Posse:
„Zwölf Mädchen in Uniform."

Hr. Nestroy (Sansquartier).   Frl. Zöllner (Nervosa).   Hr. Grois (Briquet).

Briquet: Unsere neuen Kameraden sind Mordkerls — gedrechselt wie die Puppen!
Sansquartier: Mir scheint aber, sie sind noch nicht Alle gehörig durchexerziert.

Der Sansquartier in „Zwölf Mädchen in Uniform" von Louis Angely (die Zahl
der Mädchen wechselt im Titel, je nachdem, wieviele Damen das Theater zur
Verfügung hat) ist die Rolle, in der das Publikum Nestroy immer sehen will.

16. Jänner: Wiederauftreten nach der Genesung in *EISENBAHNHEIRA-
TEN. Von nun an spielt er wieder fast täglich.

7. Februar: Nachdem die Zensur eineinhalb Jahre lang gezögert hat,
die Wiederaufführung zu gestatten, kann Nestroy den Sansquartier in
„Zwölf Mädchen in Uniform" wieder spielen. Er macht damit, wie er
seinem Freund Karl *Remmark schreibt, das größte finanzielle Erträg-
nis, das je erzielt wurde. Gleichzeitig verkündet Nestroy seine Absicht,
„das Schauspiel durchaus zu heben", was mit Stücken wie den „Zwölf
Mädchen" nicht eben möglich ist – und während seiner Direktionszeit
am Carl-Theater auch nicht geschieht.

7. März: Carl-Theater: Uraufführung von Nestroys
*UMSONST
Wieder ist Nestroy ins Theatermilieu zurückgekehrt, vermutlich, weil
*Treumann, dem er die wirkungsvollste Rolle schreibt, sich hier am

besten entfalten kann. Sich selbst und *Scholz – der Wirt Sauerfaß ist die letzte Scholz-Rolle, die Nestroy schreibt – hat er dagegen fast stiefmütterlich bedacht. Die Premiere sackt nach einem erfolgreichen ersten Akt ab. Der Abend wird kein Mißerfolg, ist aber von früheren Nestroy-Triumphen weit entfernt.

Die satirische Zeitschrift „Hans-Jörgel" legt den Finger auf die Wunde, daß Nestroy nämlich Treumanns Können überschätzt und man immer nur dessen Manier vorgesetzt bekommt: *Wir wissen's alle, daß Treumann schnattern kann, die Journale haben's oft anerkannt, daß er eine Zungen-Volubilität besitzt, die ihres Gleichen sucht, aber ewig schnattern und schnattern, wird endlich fad. (...) Der gute Treumann hat sich geplagt wie selten und doch nichts ausgerichtet. Das Publikum hat die Levassoriaden satt.*

UMSONST wird ein Dutzend Mal en suite, dann vereinzelt, später als Einakter gespielt. Es gibt 46 Vorstellungen zu Nestroys Lebzeiten.

21. März: Die Aufführung von Theodor Flamms „Die Rekrutierung in Krähwinkel" mit Nestroy als Melchior Blinzler erregt sentimentale Erinnerungen an eine „große Zeit".

28. März: Die traditionelle Benefiz-Vorstellung am Geburtstag von Wenzel *Scholz ist die letzte des Schauspielers. Nestroy wirkt selbstverständlich mit.

13. April: Wiederaufnahme von DER *AFFE UND DER BRÄUTIGAM.

27. April: In Friedrich *Kaisers neuem Stück „Etwas Kleines" ist wieder keine Rolle für *Scholz enthalten, der angeblich wehmütig sagt: „Ich bin euch zu alt!" Im Mai begibt er sich auf Gastspiele in Prag und Berlin.

Mai: Nestroy spielt den ganzen Monat, vor allem in *Kaisers Stück, dann überläßt er das Haus im Sommer Gästen.

Juni: Die Familie Nestroy hält sich erst im Thalhof in Reichenau auf, dann in Ischl.

Juli / August: Die Familie Nestroy – Nestroy, Marie *Weiler, Tochter Marie (*Nestroy), Sohn Karl (*Nestroy) – reist nach London, nach Paris und schließlich in das holländische Seebad Scheveningen, von wo man die Kinder nach Hause schickt. Nestroy genießt die Bäder. Schließlich

reist das Paar über Den Haag und Frankfurt zurück nach Ischl.
Während der ganzen Reise ist Nestroy brieflich mit seinen Mitarbeitern
im Kontakt und läßt sich von allen Ereignissen im Theater berichten.

28. August: *Im Thalia-Theater findet die Wiener Erstaufführung
von Richard Wagners Oper „Tannhäuser" statt. Nestroys Parodie läßt
nicht lange auf sich warten.*

6. September: Wenzel *Scholz steht in DER *GUTMÜTIGE TEUFEL letztmals auf der Bühne. In der Folge verschlimmert sich seine schwere Nie-
renkrankheit.

5. Oktober: Wenzel *Scholz stirbt nach großen Schmerzen und schwerem Todeskampf. Nestroy wohnt in seiner bekannten Scheu vor dem
Tod dem Begräbnis nicht bei. Die Scholz-Rollen im Repertoire werden
ohne Verzug umbesetzt, vor allem mit *Grois (Schofel u. a.), *Hopp
(Maxenpfutsch u. a.) und Karl Tomaselli (Tatelhuber).

12. Oktober: Nestroys Tochter Marie (*Nestroy) heiratet den um
13 Jahre älteren Rittmeister 2. Klasse Karl Sluka.

17. Oktober: Nestroy hat den *UNBEDEUTENDEN auf Einakterlänge
gekürzt, damit an diesem Abend noch ein Stück für *Treumann gegeben werden kann. In dem Lustspiel „Eine Frau, die an der Börse spielt"
von Eduard Mautner kann dieser seine Dialektgewandtheit zeigen,
besonders gern im Jüdeln, obwohl das, nach Meinung der Kritik, schon
„bis zum Ekel ausgebeutet" ist.

31. Oktober: Carl-Theater: Johann Nestroy widmet die Uraufführung seiner Parodie

*TANNHÄUSER

als Benefiz der Witwe von Wenzel *Scholz. Der Abend mit Nestroy als
Landgraf Purzl und *Treumann als Tannhäuser wird ein Lacherfolg
erster Ordnung. Großen Anteil an dem *Erfolg hat auch die Musik von
Carl *Binder. Das nicht abendfüllende Stück wird fast den ganzen
November hindurch gespielt und kommt zu Nestroys Lebzeiten auf
75 Aufführungen.

8. Dezember: Bei Aufführungen von DIE *VERHÄNGNISVOLLE FASCHINGS-
NACHT nimmt die Zensur wieder einmal an Nestroys stummem Spiel
Anstoß, aber der zuständige Bearbeiter zeigt Einsicht: *Es ist eine be-*

kannte Tatsache, daß die Mimik Nestroys den unscheinbarsten Stellen häufig einen zweideutigen Sinn unterlegt, allein dieses Gebärdenspiel ist mit seinem ganzen Wesen so innig verwebt, daß er sich desselben selbst im Privatleben nicht entschlagen kann, und ihm dieses verbieten zu wollen, hieße nichts anderes, als seiner Schauspielerlaufbahn ein Ende machen.

25. Dezember: Der Erlaß von Kaiser Franz Joseph an den Freiherrn von Bach („Es ist mein Wille)") verfügt „die Auflassung der Umwallung und Fortifikationen der Inneren Stadt sowie der Gräben um dieselbe". Das ist der Übergang Wiens zur modernen Weltstadt. Nestroy erlebt davon – und von der dadurch geprägten „Ringstraßen-Zeit" – nur die ersten fünf Jahre.

Nestroy schreibt 1857 an der einaktigen Posse *ZEITVERTREIB, die zu seinen Lebzeiten nicht zur Aufführung kommt.

1858

Nestroy spielt 14 neue Rollen, davon eine in einem eigenen Stück.

4. Jänner: Aus Gefälligkeit *Treumann gegenüber, der nur in Einakterabenden spielen will, reduziert Nestroy *UMSONST auf eine einaktige Fassung – obwohl Treumann dann in dieser gar nicht auftritt.

6. März: Laut Erlaß der Statthalterei sollen die beiden Kinder aus der Beziehung Nestroys und Marie *Weilers legitimiert werden (*siehe* Dezember).

5. bis 16. April: Nestroy, *Treumann und andere Mitglieder des Carl-Theaters gastieren in Triest. In dieser Zeit findet in Wien ein Gastspiel von Eduard Devrient statt. Seine Partnerin ist eine junge, hübsche, noch unbekannte Schauspielerin namens Charlotte Wolter, von der es später heißen wird, Nestroy habe sie „entdeckt".

28. April: Eine Notiz in der „Theaterzeitung" besagt, Nestroy wolle die Theaterleitung frühzeitig zurücklegen und sich ins Privatleben zurückziehen.

29. April: Für einen Benefizabend von Johann Baptist Lang arbeitet Nestroy die *VERWICKELTE GESCHICHTE (von 1850) in einen Einakter um. Er selbst übernimmt die Rolle des Bierführers Faß, die früher von

Wenzel *Scholz gespielt wurde. Seine Rolle als Wachtel geht an den neu engagierten Wilhelm Knaack.

Sommer: Es kommt zur zweiten großen Krise mit Marie *Weiler.

Anfang Juni: Nestroy reist allein nach Hamburg, Marie *Weiler bleibt in Ischl. Sie schreibt am 10. Juni an *Stainhauser, „daß ich Nestroy von nun an als Fremden zu betrachten entschlossen bin".

10. bis 22. Juni: Nestroy privat in Paris. Es heißt, daß er im Louvre vor dem Gemälde „Der Tod des Girondisten" von Charles Muller nahezu ohnmächtig zusammenbricht, so sehr erschreckt ihn die Idee des Todes.

19. Juni: In einem in Paris geschriebenen Brief an *Stainhauser würdigt Nestroy die Verdienste von Marie *Weiler und erklärt, er wolle alles tun, um sie zu versöhnen, denn er könne sich ein frohes Alter nur an ihrer Seite vorstellen. Gleichzeitig hat er schon das Ende seiner Direktion per 31. Oktober 1860 im Auge, denn er schreibt, daß er noch zwei Jahre und vier Monate „rüstig" arbeiten wolle, dann aber, finanziell fürs Alter gerüstet, die Absicht habe, „Ruhe zu geben".

23. Juni: Nestroy reist über Hamburg wieder nach Helgoland, wo er sich wirklich der Erholung hingibt und täglich einige Stunden am Meer verbringt.

Ende August: Nestroy kommt über Gmunden nach Ischl, wo die ersehnte Versöhnung mit Marie *Weiler stattfindet.

20. August: Nach mehr als zweieinhalbmonatiger Abwesenheit steht Nestroy im *MÄDL AUS DER VORSTADT wieder auf der Bühne des Carl-Theaters und wird von einem nicht enden wollenden Beifallssturm empfangen, der ihm beweist, daß er noch immer die Zuneigung des Publikums besitzt.

5. September: Moritz Gottlieb *Saphir stirbt. Nestroy hat dem Verarmten noch kurz vor seinem Tod aus Barmherzigkeit 300 Gulden überweisen lassen.

11. September: Nestroy kreiert eine seiner letzten Glanzrollen, den „Gebildeten Hausknecht" von David *Kalisch.

16. Oktober: Mit „Hochzeit bei Laternenschein" wird erstmals eine einaktige Operette von Jacques *Offenbach am Carl-Theater gespielt. Nestroy wirkt nicht mit – vorläufig ist Offenbach noch die Domäne von

*Treumann und seiner für dieses Genre idealen Partnerin Therese Braunecker-Schäfer. Die 42 Vorstellungen dieses Stücks ziehen in der logischen Folge zahlreiche Offenbach-Operetten nach sich.

4. Dezember: Laut Entschließung der Statthalterei werden Nestroys Kinder aus der Beziehung mit Marie *Weiler endgültig legitimiert.

Aus dieser Zeit stammt das Gerücht, daß der Vater einer Schauspielerin des Carl-Theaters eine Vaterschaftsklage gegen Nestroy einbringt.

1859

Nestroy spielt 15 neue Rollen, davon eine in einem eigenen Stück.

15. Jänner: *Carls Erben fragen an, ob Nestroy seinen Vertrag verlängern will. Dieser hat aber nicht die Absicht, auf den verlangten erhöhten Pachtzins von 33.000 (statt bisherigen 25.000) Gulden einzugehen.

15. Jänner: In dem Einakter „Schuhflicker und Millionär" hat Nestroy als Herr von Storch seine erste persönliche *Offenbach-Premiere.

19. Jänner: Brieflich gibt Nestroy schweren Herzens dem Ersuchen seines Freundes *Stainhauser nach, das Carl-Theater verlassen zu dürfen. Er gestattet es einerseits, weil er diesem die Chance, an die Hofoper zu wechseln, nicht verderben will, andererseits, weil er ziemlich sicher weiß, daß er selbst am Carl-Theater nur noch knappe zwei Jahre vor sich hat. Privat bleibt Stainhauser sein unentbehrlicher Finanzverwalter, bis zu Nestroys Lebensende zuständig für „heimliches Geld", mit dem die Spielleidenschaft und die jeweilige „heimliche Liebe" finanziert werden.

12. Februar: Carls Erben schließen mit Gustav Brauer aus Nürnberg als nächsten Pächter des Carl-Theaters ab. Damit ist fix, daß Nestroys Direktion frühzeitig (nach sechs Jahren) am 31. Oktober 1860 zu Ende gehen wird.

3. März: Nestroy spielt in dem Stück „Nur solid" des 22jährigen Anfängers Ludwig *Gottsleben eine Hauptrolle, der ihm später seinen Einsatz für das Stück und den Autor in seinen Memoiren danken wird.

6. März: Als Beilage zur Zeitschrift „Telegraph" erscheint ein Bild mit den „Komikern Wiens", das Nestroy unangefochten im Zentrum zeigt.

1859 ist der 57jährige Nestroy noch immer der König unter den Komikern Wiens.
Scholz ist tot, so stehen neben ihm die Carl-Theater-Kollegen Grois und Treu-
mann, dazu der am Burgtheater engagierte Friedrich Beckmann sowie Johann
Grün, der allerdings schon 1860 stirbt.

31. März: Carl-Theater: Im Rahmen eines *Quodlibet-Abends kommt
zur Uraufführung:

*LOHENGRIN

Doch weil die „Tannhäuser"-Parodie so gelungen war, ist die Enttäu-
schung über das vergleichsweise schwache Werk ziemlich groß. Zwar

wird mit riesigem Dekorationsaufwand gearbeitet, aber der Erfolg ist mittelmäßig. Nestroy gibt den Lohengrin, weil *Treumann in Elsas Frauenkleider steigen will. Es gibt zehn Aufführungen en suite, doch nur 16 im ganzen.

April bis Juni: Nestroy spielt Repertoire, einmal steht er 28 Tage hintereinander allabendlich auf der Bühne.

Mai: Nestroy kauft ein Stadthaus in der Elisabethstraße in Graz. Damit richtet er sich schon auf sein künftiges Pensionistendasein außerhalb Wiens ein.

Juli: Nestroy reist zum dritten Mal nach Helgoland.

August: In Ischl erwirbt Nestroy den zweiten „Alterswohnsitz". Er kauft hier für Marie *Weiler eine Villa im Eglmoosgaßl. Zur Finanzierung der 7000 Gulden verkauft er einen Teil seiner Nordbahn-Aktien.

September: Im Carl-Theater stellt sich ein junger, hoffnungsvoller Schauspieler namens Leopold *Rosner vor, der engagiert wird und dessen scharfer Beobachtungsgabe die Nachwelt später viele Berichte über Nestroy aus erster Hand verdankt.

20. September: Adolf *Bäuerle, der in Nestroys Leben eine nicht unwichtige Rolle gespielt hat (vor allem durch das Wohlwollen, das seine „Theaterzeitung" ihm meist gezeigt hat), stirbt in Basel.

16. November: In Voraussicht auf seine Zeit als „Pensionist" schließt Nestroy mit Karl *Treumann einen Vertrag ab, in dem er sich verpflichtet, von 1861 bis 1865 jährlich zwei Monate im Februar / März, eventuell bis April, in dessen neu zu errichtendem Theater exklusiv zu spielen. Als Treumann diesen Vertrag in der Tasche hat, sucht er am 17. November um eine Theaterkonzession an.

24. November: Nestroy kreiert eine seiner letzten Glanzrollen, die „Frau Maxl" in der „Vorlesung bei der Hausmeisterin" von Alexander Bergen (Pseudonym für Marie *Gordon, die lange Jahre die Geliebte von *Saphir gewesen ist).

1860

Nestroy spielt acht neue Rollen, keine einzige davon aus seiner Feder.
11. Jänner: Nestroys ältester Sohn Gustav (*Nestroy), seines Zeichens k. k. Nordbahnbeamter, heiratet Antonia Schöppersdorfer, die Tochter eines Grundgerichtsschreibers. Das Paar bleibt kinderlos.
Jänner: Nestroy steht an 27 Abenden auf der Bühne des Carl-Theaters.
Februar: Nestroy steht täglich (29 Abende) auf der Bühne.
17. März: Nestroy spielt den Jupiter in *Offenbachs „Orpheus in der Unterwelt". Die Aufführung wird ein riesiger Erfolg, obwohl es Berichte gibt, daß sich seine schauspielerischen Leistungen nicht mehr auf der früheren Höhe befinden. Der renommierte Journalist Friedrich Uhl schildert mit Anteilnahme, wie Nestroy am Souffleurkasten klebte und auch die körperliche Wendigkeit des Mannes in seinem 59. Lebensjahr nicht mehr ausreichte: *So war es ihm unmöglich, im „Orpheus" die Beweglichkeit der Fliege auch nur annähernd zu charakterisieren, so sehr er sich Mühe gab beim Einstudieren. Wir waren Augenzeugen davon, betrübte Augenzeugen.* Den Erfolg schmälerte es nicht. Die Aufführungsserie, in der auch *Treumann, *Grois, Knaack, das Ehepaar *Grobecker u. a. mitwirken, wird nur von der Karwoche unterbrochen und währt gut einen Monat.
6. Juni: Nestroys Reisepaß wird für die deutschen Bundesstaaten, Belgien, Holland und England ausgestellt. Nach England kommt er nicht mehr.
13. Juni: Nestroy verläßt Wien und reist über Breslau, Frankfurt an der Oder, Berlin und Hamburg nach Helgoland, wo er bis 2. Juli bleibt. Es ist sein vierter und letzter Aufenthalt hier.
Es ist auch seine letzte Auslandsreise. Der Schriftsteller Anton Langer, der Nestroy gut kennt (und seine Grabrede halten wird), berichtet von Nestroys Sehnsucht nach neuen Eindrücken. Sein Lieblingsplan hätte darin bestanden, Island zu sehen – mit der Begründung: *„Man muß wo hingehen, wo man was anderes sieht als überall. Was sieht man denn in Paris, London, Berlin, Hamburg? Leut' und wieder Leut' und nichts als Leut'. Man muß wo hingehen, wo Menschen leben, die noch Leut' sind, in*

ein Land, wo der eine Berg Feuer speit wie ein angebundener Drach', der
gern loskommen möcht', wo der andere Berg Wasser auswirft, so heiß, daß
man gleich das Geschirr abwaschen kann, wenn man seinen Jausenkaffee
mit der Rentiermilch getrunken hat ... Das ist interessant, das ist der Mühe
wert, daß man hingeht. "

Ab Mitte Juli: Nestroy verbringt den Sommer in Ischl, wo die „Bau-
und Verschönerungsarbeiten" an der Villa fortschreiten.

Mitte August: Nestroy kehrt nach Wien zurück. Vom 18. August bis
zum Ende seiner Direktionszeit am 31. Oktober steht er mit einer einzigen Ausnahme (und auch das nur, weil das Theater am 8. September
geschlossen ist) jeden Tag auf der Bühne – ein unvergleichlicher Mara-
thon von zweieinhalb Monaten, für den es kaum andere Beispiele gibt.

13. Oktober: Nestroy spielt in *Offenbachs Chinoiserie „Tschin Tschin"
den Titelhelden.

30. Oktober: Die letzte Vorstellung der *TANNHÄUSER-Parodie im
Carl-Theater ist bereits die 75.

30. Oktober: Nestroy erhält vor seinem Abschied vom Carl-Theater
und für die Großzügigkeit, mit der er immer wieder Wohltätigkeitsver-
anstaltungen ausrichtete, vom Wiener Gemeinderat die Große Gol-
dene Salvator-Medaille verliehen.

31. Oktober: Abschiedsabend am Carl-Theater. Für die Karten werden sagenhafte Summen geboten. Nestroy gibt noch einmal einen
Querschnitt durch seine berühmtesten Rollen. Der Prolog stammt von
Anton Langer, und darin kündigt Nestroy auch schon an, daß er bald an
einem anderen Theater zu sehen sein wird. Die Direktion Nestroy
endet nach genau sechs Spielzeiten. Er erhält allerdings – zu Recht –
keine allzu gute Nachrede, denn so viele Pläne zur „Hebung" des Hauses er auch gehabt haben mag, verwirklicht wurde keiner. Nestroy hat
als Theaterdirektor wie *Carl dem „Affen" Publikum Zucker gegeben,
ist wie dieser damit wohlhabend geworden, hat aber nur den Status
quo perpetuiert, nichts Neues initiiert.

1. November: Nestroy schickt eine Anzahl lithographierter Dank- und
Abschiedsbriefe an viele Persönlichkeiten, mit denen er im Lauf der
Jahre zusammengearbeitet hat.

Dieses „Tableau" bekam Nestroy zu seinem Abschied vom Carl-Theater gewidmet.
26 Rollenbilder sind darauf verewigt. Dennoch hat er sich selbst nicht gerne als
Gipsbüste gesehen.

Sein Kollege Carl *Haffner berichtet später, daß Nestroy unter seiner
Stellung als Theaterdirektor gelitten hat. Zu Haffner soll er bemerken:
*„Meine Direktion hat mich zwar recht glücklich, aber auch vor der Zeit alt
gemacht. Der hat das, der das gewollt, dem war das, dem anderen das nicht
recht – den ganzen Tag ein Lärm und Gesurr in meinem Zimmer, daß ich oft
nicht gewußt hab', ob mir ein Kopf oder ein Parlamentshaus auf'm Hals sitzt.
Wenn meine Marie und Franz Treumann nicht so energisch g'wesen wär'n,
könnt's Publikum jetzt ins Narrenhaus geh'n, wenn's mich noch Komödie
spielen seh'n will."* Über sich selbst als Schauspieler meint er resigniert:
*„Ein ausgebeutetes Talent ist ein abgestorbener Baum, der keine Frucht mehr
trägt. Wenn ein beliebter Schauspieler alt wird, ist er ein alter Papagei, von
seiner Herrschaft nur geduldet, weil er in seiner Jugend g'spaßig war."*
1. November: Karl *Treumann eröffnet sein Theater am Franz-Josephs-
Quai (Quai-Theater), wo Nestroy gastieren wird.
November: Nestroy und Marie *Weiler übersiedeln nach Graz.

22. November: Nestroy berichtet in einem aufgeräumten Brief an *Stainhauser, wie trefflich er sich in Graz befindet.

Dort besucht ihn auch der junge Schauspieler Josef Lewinsky, der später, als er 1901 am Burgtheater in *Lumpazivagabundus spielt, die Erinnerungen an diesen Besuch niederschreibt. Nestroy *war ein hoch gebildeter Mann und besaß besondere Kenntnisse in der Mineralogie. Er wies mir bei meinem Besuch herrliche Versteinerungen auf, die seine Sammlung schmückten.* Im übrigen amüsierte sich Lewinsky retrospektiv über die extreme Schüchternheit beider Gesprächspartner: *Ich, voll Bewunderung für ein solches Original, für eine solche Summe von Talent, und noch dazu von ihm mit einem beschämenden Respekt behandelt. Er, der berühmte, auf den Brettern alles beherrschende Meister der Komik, mit der Schüchternheit eines armen Waisenknaben.*

Lewinsky geht anschließend zu Karl von *Holtei, der damals auch in Graz lebt. Dessen Ressentiments sind ungebrochen – noch ein Vierteljahrhundert nach *Raimunds Tod schiebt er Nestroy die moralische Schuld daran zu.

1861

In diesem Jahr spielt Nestroy eine neue Rolle.

Franz Grillparzer wird von Kaiser Franz Joseph in den Reichsrat berufen.

Jänner: Nestroy lebt „bürgerlich" in Graz, benützt aber Augenblicke des Alleinseins, um *Stainhauser „privatgeschäftlich" zu schreiben. „Geheime" Korrespondenz erreicht ihn in Graz über seinen Freund Karl *Remmark, mit dem er fast täglich verkehrt. Es hat sich also nichts geändert.

19. Jänner: Nestroy dankt brieflich Ferdinand Tewele sehr höflich, der anläßlich seines Abschiedes ein „Tableau" seiner Rollen gestaltet hat, wo er im Zentrum als Büste erscheint. Seine wahre Meinung äußert er drei Tage später an *Stainhauser: „So ehrt man einen verstorbenen Erzbischof, aber keinen lebendigen Mimerer." (Bezeichnend, daß er das Wort „Künstler" vermeidet.)

Nestroys Testament, rund eineinviertel Jahre vor seinem Tod geschrieben, beweist, daß er sich trotz seiner Todesfurcht mit der Eventualität seines Ablebens auseinandergesetzt hat und die finanzielle Situation von Marie Weiler, die als bloße „Geliebte" keine Rechte hatte, sichern wollte.

30. Jänner: Nestroy verfaßt in Graz sein Testament, in dem er Marie
*Weiler zur Haupterbin einsetzt und seinen Befürchtungen Ausdruck
gibt, lebendig begraben zu werden: Er besteht darauf, daß sein Sarg
nicht zugenagelt werde.

4. Februar bis 23. März: Für eine Abendgage von 200 Gulden beginnt Nestroy sein erstes Gastspiel in *Treumanns neu errichtetem
„Quai-Theater" am Franz-Josephs-Quai in Wien. Er steht fast jeden
Abend auf der Bühne, beginnt mit dem „Gebildeten Hausknecht" und
den (nun) „17 Mädchen in Uniform", spielt Willibald, Frau Maxl, Holofernes, Weinberl (für den er schon ein wenig alt ist), Jupiter, Tschin
Tschin, Schnoferl, Gebildeten Hausknecht, Knieriem u. a. Während
des Gastspiels wohnt Nestroy bei Tochter und Schwiegersohn in der
Ferdinandstraße in der Leopoldstadt, unweit des Theaters.

2. März: Die einzige Novität, die Nestroy im Rahmen dieses Gastspiels verkörpert, ist der Pan in *Offenbachs „Daphnis und Chloe".

14. März: An diesem Tag entstehen im Atelier von k. k. Hof-Photograph
L. Angerer in Wien mehrere der berühmten Altersfotos von Nestroy,
darunter jenes, wo er im Mantel mit schwerem Pelzkragen, den Zylinder
in der Hand, an einem Kasten lehnt, ein anderes sitzend mit Zeitung, ein
weiteres gemeinsam mit Freund Louis *Grois, der sich zu ihm beugt.
Fotografien von Hermann Klee könnten am selben Tag entstanden
sein, weil Nestroy die idente Kleidung trägt.
Ein anderes Bild, auf dem er entschieden älter wirkt und auch die Kra-
watte eine andere ist, dürfte später entstanden sein und ist wahrscheinlich das letzte Foto eines müden, alten Mannes.

Ende März: Nestroy kehrt nach Graz zurück. In Briefen schildert er
seinen Alltag – Morgentee, Friseur, Zeitungen lesen, Spaziergang, um
Appetit zu bekommen, im Leonharder Wald oder auf dem Schloßberg,
nachmittags Spielpartie, abends Theater. Aus den erhaltenen Briefen
der letzten Jahre ist auch Nestroys Interesse an Politik (geharnischte
Kommentare des überzeugten Österreichers inbegriffen) abzulesen.

22. Juni: Als *Offenbachs „Bouffes Parisiennes" im Quai-Theater
gastieren, läßt Nestroy sich das Buch zu „Vent du Soir" zuschicken,
woraus später *HÄUPTLING ABENDWIND wird.

Sommer: Ischl.

Alfred Freiherr von Berger, später Direktor des Burgtheaters, ist damals noch ein Kind. Mit seiner Familie lebt er sommers in Ischl in Nestroys unmittelbarer Nachbarschaft. Er erinnert sich später, welch tiefen Eindruck der berühmte Mann, der bei schlechtem Wetter mit Marie *Weiler am Balkon seines Hauses promenierte, ohne ein Wort mit ihr zu wechseln, auf ihn als Junge machte. *Zweimal des Tages pflegte Nestroy durch das Färbergaßl zu gehen: Wenn er sich nachmittags zu seiner Kartenpartie ins Kasino begab und wenn er von dort zurückkam. Auch vormittags schritt er zuweilen an unserem Hause vorbei. Meist in einem grauen oder braunen Überzieher mit langen Schößen und zwei großen Knöpfen in Taillenhöhe, einen weichen, abgetragenen Filzhut tief in den Nacken gedrückt, Stock oder Regenschirm mit der Linken schräg über den untern Rücken haltend. Wenn wir ihn grüßten, blieb er zuweilen stehen, lehnte seine lange Gestalt über unsern Zaun zu uns herein und plauderte mit uns. So sehe ich Nestroy vor mir: ein rasiertes, kluges Schauspielergesicht mit einer wohlausgebildeten Stirn, um den Mund alles umspielt und zerknittert von allerlei vieldeutigen Falten und Fältchen. In dieser untern Partie seines Gesichtes wurde sein geistiges Wesen, seine Skepsis, sein Sarkasmus, seine Ironie und sein Humor deutlich sichtbar. Aber seine Vollendung empfing der Ausdruck erst durch die prachtvollen Augen, die, funkelnd wie schwarze Giftbeeren, förmlich aus dem Gesichte heraussstachen und sich in die Dinge einzubohren schienen, auf die sie sich hefteten. Das waren Augen! (...) Sein grausamer Hang zur Karikatur, sein Zynismus, sein vernichtender Hohn, kurz, alles, was Nestroy von wehleidigen und zahmen Kritikern tadelnd vorgehalten wird, das blickte und blitzte aus diesen Augen.*

4. September: Nestroy spielt in Ischl als Wohltätigkeitsvorstellung *UMSONST und „Der gebildete Hausknecht".

6. Dezember: Nestroys Tochter Marie (*Nestroy) bekommt eine Tochter, die schon am 21. Dezember stirbt. Es war das einzige Enkelkind Nestroys, dessen drei Kinder in der Folge selbst kinderlos sterben.

11. Dezember: Nestroy beginnt sein zweites und letztes Gastspiel in *Treumanns Quai-Theater.

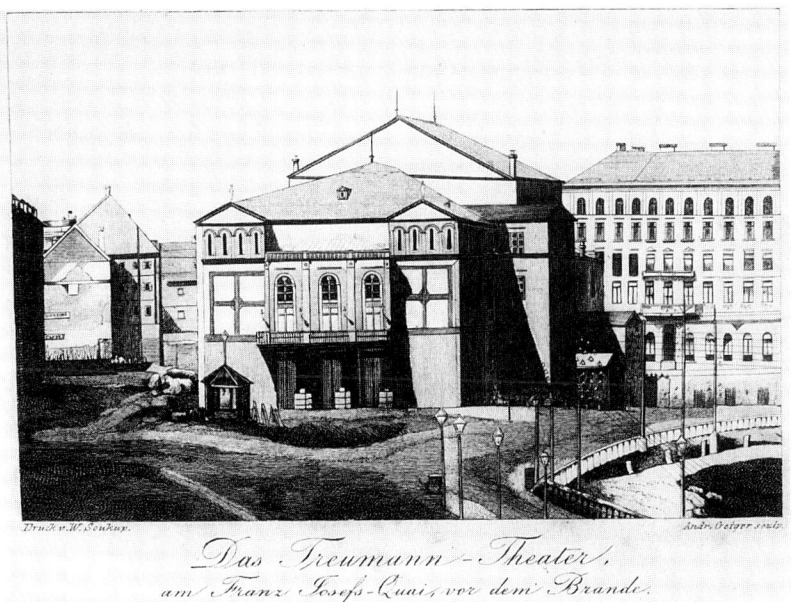

Das Treumann-Theater,
am Franz-Josefs-Quai, vor dem Brande.

Das Treumann-Theater am Franz-Josephs-Quai, in dem Nestroys letzte Stücke uraufgeführt werden, erleidet ein abenteuerliches Schicksal: Als es 1863 abbrennt, soll dies seinem Besitzer sehr gelegen gekommen sein.

1862

In seinem letzten Lebensjahr spielt Nestroy drei neue Rollen, davon zwei in eigenen Stücken.

7. Jänner: Quai-Theater: Uraufführung von
*FRÜHERE VERHÄLTNISSE

Dieser brillante, auf vier Personen konzentrierte Einakter wird mit Nestroy, *Treumann, Anna *Grobecker und Treumanns Offenbach-Partnerin Therese Braunecker-Schäfer uraufgeführt und bis zum Ende von Nestroys Gastspiel zwölfmal gespielt.

21. Jänner: Die Zensur würde Nestroys Einakter *ZEITVERTREIB zur Aufführung zulassen, aber er wird nicht gespielt.

25. Jänner: In einer Aufführung von Nestroys *GLÜCK, MISSBRAUCH UND RÜCKKEHR übernimmt *Treumann die *Scholz-Rolle des Rochus.

1. Februar: Quai-Theater: Uraufführung von
*HÄUPTLING ABENDWIND oder
DAS GRÄULICHE FESTMAHL
Diese „indianische Faschings-Burleske" zu *Offenbach-Musik ist die
letzte Nestroy-Premiere. Nestroy spielt die Rolle von Häuptling Abend-
wind dem Sanften bis zu seinem Tod fünfmal. Sein Gegenspieler als
Biberhahn der Heftige ist Louis *Grois, *Treumann spielt den Liebhaber
Arthur.

22. Februar: Die Jungfer Barbara Kletzenstingl in „Die Damen von
Stand" von *Offenbach ist die letzte Rolle, die Nestroy neu einstudiert.

4. März: Letztes Auftreten in Wien als Knieriem. Nestroy hat die
feste Absicht, nächstes Jahr zu einem Gastspiel wiederzukehren. Es
gehört zu seinen abergläubischen Ritualen, sich von Wien ohne Abschied wegzustehlen.

1. April: Der letzte erhaltene Brief Nestroys ist an seinen Grazer
Freund *Remmark gerichtet, der ihn offenbar für ein Rendezvous
decken soll.

29. April: Nestroy spielt am Landschaftlichen Theater in Graz im Rahmen einer Wohltätigkeitsvorstellung den Willibald in den *SCHLIMMEN
BUBEN und den Pitzl in *UMSONST. Es ist sein letztes Auftreten überhaupt, und folglich lautet sein letztes Wort auf der Bühne, wie es im
Stück steht: „Umsonst!"

16. Mai: Nestroy erleidet einen Schlaganfall.

25. Mai: Johann Nestroy stirbt nach 50stündigem Todeskampf um drei-
viertel elf Uhr in Graz.
Der Obduktionsbefund des berühmten Anatomen Professor Richard
Heschl stellt seröse Apoplexie, Verknöcherung der Arterien und Spuren geheilter Tuberkulose fest.
Auf dem Partezettel sind die drei Kinder, nicht aber Marie *Weiler
genannt.

2. Juni: Nestroys Leiche wird in Wien nach einem Trauerzug von der
Johanneskirche in der Praterstraße über den Franz-Josephs-Kai am
Währinger Friedhof begraben. Die Zeitungen berichten, daß nur „ein
Sohn" (Gustav) hinter dem Sarg herschreitet, an dessen Seite der

Wohlthätigkeits-Vorstellung.

Zum Besten des hiesigen Frauen-Vereines aller christlichen Confessionen

im landschaftlichen THEATER in Graz.

Dienstag, den 29. April 1862:

Die schlimmen Buben in der Schule

Burleske mit Gesang in 1 Aufzuge, nach dem Französischen, von Johann Nestroy.

Personen:

Herr von Wolkenfeld, Gutbesitzer	Hr. Stolze.	Franz Rottmann, Schulgehilfe		Hr. Wöß.
Eternau, Amtsrath	Hr. Macke.	Babette, Wampel's alte Magd		Frl. Höffler.
Wampel, Schulmeister	Hr. Remmart.	Peter Peterfil, Sohn des Schloßgärtners,		Frl. Hußke.
Rettchen, seine Tochter	Frl. Ebell.	Anton Waldfuchs, Sohn des Försters,	Schüler	Frl. Brosch.
Herr von Wichtig, Wirthschafts-Intendant	Hr. Eigenwahl.	Blasius Wühl, Sohn des Kellermeisters,	in Wampel's	Frl. Reich.
Stanislaus, dessen Sohn	Frl. Stauber.	Sebastian Glob, Sohn des Inspectors,	Schule	Frl. Reitmann.
Frau Schnabel, Beschließerin auf dem Schlosse	Hr. Dorville.	Christof Klob, Sohn des Lohnien,		Kleine Hußke.
Willibald, ihr Sohn		Mehrere Schulbuben.	Bediente.	

• Willibald .... Hr. Nestroy.

Hierauf (zum ersten Male):

Dir wie mir, oder: Ein Glas Wasser

Schwank in 1 Aufzuge, frei bearbeitet von Roger.

Personen:

Baronin von Bernsee	Frl. Schweigert.	Richard Weiß, Advocat	Hr. Lewek.
Clara, ihr Kammermädchen	Frl. Ebell.	Ein Diener	Hr. Krotsch.

(Scene: Boudoir der Baronin.)

Zum Schlusse:

„Umsonst".

Posse mit Gesang in 1 Aufzuge, von Johann Nestroy.

Personen:

Finster, Fabriksbesitzer in Regensburg	Hr. Remmart.	Pitzl,		
Anastasia Rißpel, ein altes Fräulein, dessen Verwandte in		Arthur,	Schauspieler	Hr. Lewek.
Stadt Steyer	Fr. Dorville.	Müller,	in	Hr. Macke.
Emma Busch	Frl. Näßtle.	Meier,	Stadt Steyer	Hr. Wöß.
Anna Busch	Hr. Barrsch.	Fischer,		Hr. Rothan.
G'schlader, Kaffesieder in Steyer	Hr. Bendel.			
Bildner, Agent		(Ort der Handlung: Stadt Steyer.)		

• Pitzl .... Hr. Nestroy.

Preise der Plätze (ohne Beschränkung der Grossmuth):

Logen-Entree pr. Person 1 fl. 30 kr. — Ein Sperrsitz im Parterre 1 fl. 30 kr. — Ein Stehplatz im Parterre 80 kr.
Ein Sperrsitz auf der dritten Gallerie 80 kr. — Ein Stehplatz in der dritten Gallerie 50 kr. — Ein Stehplatz auf der vierten Gallerie 30 kr. — Kinder im Parterre 60 kr.

Die Billeten-Ausgabe erfolgt Vormittags von 9 bis 12 und Nachmittags von 2 bis 4 Uhr im gewöhnlichen Verkaufs-Locale der Theater-Billets.
Die P.T. Abonnenten, welche ihre Sitze zu benützen wünschen, werden ersucht, selbe bis 10 Uhr holen zu lassen.

Freier Eintritt und Frei-Billets aufgehoben. — Anfang um 7, Ende nach 9 Uhr.

Eine im landsch. Theater gefundene Kappe, ein Schlüssel, ein Fächer, ein Sonnenschirm und ein Lorgnett können von den Eigenthümern bei der landsch. Theater-Hausinspection abgeholt werden.

Einen knappen Monat vor seinem Tod steht Nestroy in Graz zum letzten Mal auf der Bühne. Der 60jährige spielt noch einmal den Buben Willibald und den Pitzl. Erstveröffentlichung des Theaterzettels.

Empfehlenswerth als beste Erinnerung an Nestroy!

Nestroy=Album.

Nestroy in 12 seiner beliebtesten Rollen mit den darauf Bezug habenden Motto's und dessen Porträt mit Facsimile (Visitkartenform). Nach der Natur photographirt von Herrmann Klee.

1. Knieriem in „Lumpaci". 2. Jupiter in „Orpheus". 3. Pizzl in „Umsonst". 4. Pan in „Daphnis und Chloe". 5. Knitsch in Gebildeten Hausknecht." 6. Sansquartier in „Mädchen in Uniform." 7. Blasius Rohr in „graues Haus." 8. Gaugraf in „Tannhäuser". 9. Specht in „Gaukler". 10. Frau Marl in „Vorlesung bei der Hausmeisterin." 11. Tratsch=Mirdl in „Tritsch=Tratsch" 12. Willibald in „die schlimmen Buben."

Preis eines Album mit elegantem Einband mit Goldpressung 10 fl. öst. W. — Alle 13 Visitkarten ohne Album 8 fl. ö. W. Einzelnen Visitkarten kosten 70 kr.

L. T. Neumann,
Kunsthandlung, Kohlmarkt 257.

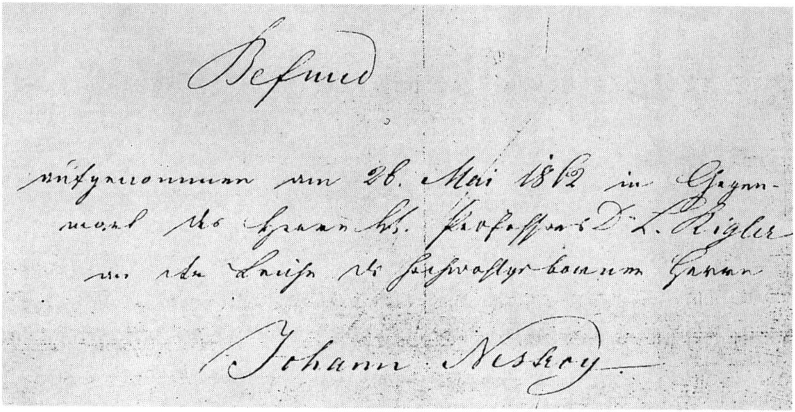

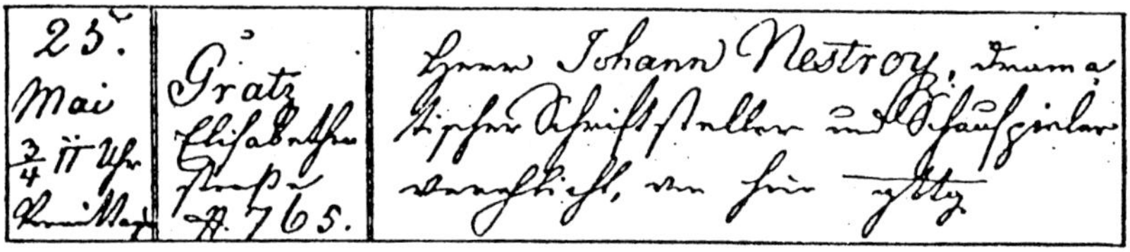

Oben: Titelseite des Obduktionsbefundes von Dr. Richard Heschl.

Mitte: Die Eintragung von Nestroys Tod ins Sterberegister.

Rechts: Die Werbeankündigungen für das „Nestroy-Album" in den Zeitungen.

Schauspieler Gämmerler. Karl *Treumann führt die Mitglieder seiner
Bühne (weitgehend Nestroys Ensemble der Carl-Theater-Zeit) an,
auch Direktoren fremder Bühnen gehen hinter dem Sarg. Marie *Weiler und ihre Kinder fehlen.
Die Anteilnahme der Wiener Bevölkerung ist groß. Die Zeitungen bieten das Nestroy-Album mit zwölf Fotografien „empfehlenswert als
beste Erinnerung" an.

1890 werden Nestroy
und Marie Weiler
gemeinsam in einem
schlichten Ehrengrab
auf dem Wiener
Zentralfriedhof bei-
gesetzt. Der Lorbeer-
kranz, auf den er im
Leben nie Anspruch
erhoben hat, umgibt
golden seinen
Namen.

STÜCKE

(„HKA" bezieht sich auf den Band der Historisch-kritischen Nestroy-Ausgabe, der daneben erwähnte Name ist jener des jeweiligen Herausgebers. Die Titel von Nestroys Stücken und die Namen der handelnden Personen sind, der Zeit entsprechend, in verschiedenen Schreibweisen – Theaterzettel, Druckausgaben – überliefert. Auch andere Namen von Personen, Gebäuden usw. werden uneinheitlich geschrieben.)

A

Die ABENTEUER IN DER SCLAVEREY
siehe Der **Zauberer Sulphurelextrimagneticophosphoratus und die Fee Walpurgisblocksbergisemptemtrionalis**

ADELHEID, DIE VERFOLGTE WITTIB
siehe Der **gefühlvolle Kerkermeister**

Der AFFE UND DER BRÄUTIGAM
Posse mit Gesang in drei Akten
Musik: Georg Ott
Uraufführung: 23. Juli 1836, Theater an der Wien
Nestroy-Rolle: Karl Maria Tiburtius Hecht ist der Diener des Gutsbesitzers Herr von Mondkalb und hat in dem Stück kaum eine dramaturgische Funktion. So bleibt ihm wenig mehr als sein Auftritts-Couplet: „Ja, so was erlebt man halt selten zu Haus, Drum's Reisen, das bildet den Menschen erst aus."
Bemerkungen: Nach einem französischen Vaudeville („Le Signe et l'adjoint" des Autorenpaares Duvert / Henry) konstruiert Nestroy eine Handlung, die den Auftritt eines Affen ermöglicht: Aus Liebe zu Bertha und um seinen Rivalen Wilhelm auszustechen, verkleidet sich Mondkalb (nomen est omen) als Affe und wird natürlich andauernd mit

Costüme Bilder zur Theaterzeitung.   *N.º 42*

Herr Nestroi als Bedienter Hecht, Dll. Dielen als Genovefa, und Hr. Klischnig als Affe in der Posse, der Affe und der Bräutigam. Hecht zum Affen sich wendend/ Billigen Sie unsern Bund?

Zu haben in Wien, im Bureau der Theaterzeitung Wollzeil Nº 780 u. 781.

„Der Affe und der Bräutigam" ist der Inbegriff eines Auftragsstücks und zeigt, wie im Theater von Karl Carl alles auf Show und Spektakel ausgerichtet ist. Der Affendarsteller Klischnigg ist der Star der Aufführung.

dem echten Affen Mamok, der aus der Menagerie entlaufen ist, verwechselt.

Da Schauspieler, die sich auf Tierdarstellungen spezialisiert haben, selten geworden sind, hat DER AFFE UND DER BRÄUTIGAM wenig Glück in der Nachwelt gehabt. Die einzigen bekannten Aufführungen sind jene des Burgtheaters im Akademietheater 1966, mit Ernst Anders in der Nestroy-Rolle des Hecht und Peter P. Jost als Mamok, und 1986 bei Nestroy auf Liechtenstein. Cissy Kraner spielte den Affen.

HKA 11 (Hein)

ALLES WILL DEN PROPHETEN SEHEN

Posse mit Gesang in drei Akten
Musik: Carl Franz Stenzel
Uraufführung: 4. Mai 1850, Carl-Theater
Nestroy-Rolle: Der Juwelier Kilian Sitzmeyer tritt erst im 2. Akt auf und hat wenig mehr zu tun, als lächerlich eitel zu sein und um seine Besitztümer zu bangen. In dem Couplet im 3. Akt („Hint nach ist halt jed'r a Prophet") äußerte sich Nestroy noch einmal zynisch über die Bestrebungen der 48er Revolution.
Bemerkungen: Hier hat Nestroy eine damals erst zwei Jahre alte Posse seiner Kollegin Charlotte Birch-Pfeiffer („Gasthaus-Abenteuer") als Vorlage genommen, um im Rahmen einer Kleinstadt-Satire über den Opernwahn der Provinzler (darunter den Bürgermeister Knollich, auch mit einem „politischen" Couplet vertreten) zu spötteln. Im übrigen gibt es noch ein Quentchen Kriminalhandlung rund um die Gäste des Hotels im Ort, die zu einer Aufführung von Meyerbeers „Propheten" anreisen: Da kommt, angeblich um die Einwohner vor einer Diebesbande zu schützen, der vermeintliche Kriminalbeamte Falk an, es erscheinen der Juwelier Sitzmeyer, zwei als Männer verkleidete Mädchen, der nachgereiste Bräutigam der einen usw. Nach allerlei Verwechslungen will sich der Gauner Falk mit der Behauptung retten, er sei Meyerbeer, der inkognito zur Aufführung seiner Oper angereist wäre …
Dieses Stück aus Nestroys Unglücksjahr 1850, von der Nestroy-Forschung denkbar gering geschätzt, hat bislang keinerlei Auferstehung erlebt.
HKA 29 (Obermaier)

Der ALTE MANN MIT DER JUNGEN FRAU

Volksstück mit Gesang in vier Aufzügen
Uraufführung: Zu Nestroys Lebzeiten nicht gespielt, posthum in verschiedenen Fassungen uraufgeführt: 1) Am 24. Oktober 1890 am Deutschen Volkstheater in Wien unter dem Titel „Der Flüchtling" in der Bearbeitung von Vincenz Chiavacci und Ludwig Ganghofer. 2) Am 14. Mai 1948 im Theater in der Josefstadt unter dem originalen Titel.

Nestroy-Rolle: Nestroy hätte sich die Rolle des 60jährigen Kapitalisten Kern zugedacht, ein betrogener Ehemann und durch und durch nobler Charakter, der einen während der Revolution Verurteilten versteckt und rettet. Nestroy-Forscher Franz Mautner schätzt die Figur des Kern so hoch, daß er ihn mit dem Kari Bühl in Hofmannsthals „Schwierigen" vergleicht – und ihn zugleich für eine feinfühlige, autobiographische Charakterstudie des Dichters hält.

Bemerkungen: Zwei Handlungen laufen in dem Stück, das sich auf die Erzählung „La Femme du Refractaire" von Michel Masson stützt, nebeneinander: die des alten Fabrikanten Kern und seiner ungetreuen jungen Gattin Regine (60 und 20 als unvereinbare Alterskonstellation) und die des verurteilten Revolutionärs Anton und seiner Gattin Therese. Kern folgt den beiden als Auswanderer nach Australien und gibt seine Frau straflos frei. Entscheidend an dem Werk sind die vielen Formulierungen, mit der Nestroy (laut Mautner der klassische Vormärz-Liberale) seine reife Meinung zur Revolution kundtut (*siehe* Revolution). Am Wiener Burgtheater hat Regisseur Frank Castorf 1998 in seinem „Krähwinkelfreiheit" benannten Nestroy-Abend große Teile des ALTEN MANNES MIT DER JUNGEN FRAU collagierend verarbeitet.

HKA 27/I (Helmensdorfer)

Die ANVERWANDTEN
siehe Die **lieben Anverwandten**

B

Die BEIDEN HERREN SÖHNE
Posse mit Gesang in vier (fünf) Akten
Musik: Adolf Müller
Uraufführung: 16. Jänner 1845, Theater an der Wien
Nestroy-Rolle: Vincenz ist ein regelrechter Tunichtgut, der mit dem Lied „Drum sag ich, 's Studiern is a unnöt'ge Plag!" auftritt. Auch die

berühmte Formulierung „Man is rein nur dem Schicksal sein Narr" hat
Nestroy ihm in den Mund gelegt. Das dritte Couplet singt von den
„Geheimnissen von Wien".

Bemerkungen: Die Geschichte der beiden Cousins Moritz und Vincenz basiert auf einer Vorlage des französischen Autors Paul de Kock
(„L'Homme de la nature et l'homme policé", als Roman und Stück vor-
liegend, das de Kock mit Hilfe von Charles-Desiré Duperty aus der
eigenen Prosavorlage erstellt hat). Moritz ist der solide junge Mann,
Vincenz der verwöhnte und leichtfertige, der das Geld der Mutter ver-
schwendet, Frauenbeziehungen leichtfertig behandelt und auch dem
Vetter in seinem Berufs- wie Liebesleben nur schadet. Natürlich gibt es
ein Happyend für Moritz, aber Vincenz zeigt sich unverbesserlich.

Das Stück, eher „Lebensbild" als heitere Posse, kontrastiert in klassischer Form den „Braven" und den „Schlimmen", ohne am Ende allzu moralisch zu werden. Trotz der gewiß reizvollen Rolle des Vincenz
hat sich die Nachwelt für das Stück so wenig interessiert wie die
Mitwelt.

HKA 22 (Yates)

Die BEIDEN NACHTWANDLER oder
Das NOTWENDIGE UND DAS ÜBERFLÜSSIGE

Posse mit Gesang in zwei Aufzügen
Musik: Adolf Müller
Uraufführung: 6. Mai 1836, Theater an der Wien
Nestroy-Rolle: Der Seilergeselle Fabian Strick, dem eine der meistzitierten Nestroy-Formulierungen in den Mund gelegt wurde („Ich
glaube von jedem Menschen das Schlechteste, selbst von mir, und ich
hab mich noch selten getäuscht"), lebt als illusionsloser Kopf vom Kontrast zu seinem naiven Freund Faden (die Rolle für Wenzel Scholz).
Auch wenn er sich vom Geld verbiegen läßt (eines von Nestroys großen
Themen), bleibt er doch der sympathische Kerl, der sich am Ende zwar
nicht duckt, aber fügt.

Bemerkungen: Die Nestroy-Forschung nennt es eine „Märchenposse",
und tatsächlich hätte Nestroy in einer früheren Zeit seines Schaffens

bedenkenlos auf Zauberer zurückgegriffen, um die beiden Seiler Strick und Faden reich zu machen; hier geschieht es durch einen spleenigen Lord. Erzählt wird, gemäß dem Untertitel, vom „Notwendigen" und „Überflüssigen", wie Bescheidenheit nie zu den menschlichen Eigenschaften zählt und die beiden – gegen die Abmachung – mehr und mehr wollen, bis zur Unvernunft (dem Abschneiden eines Zopfes). Es ist verwirrend, was Nestroy als Vorlage benützt haben mag, ein Stück von Josef Alois Gleich („Maler Klex oder Das Notwendige") und ein französisches Märchen („Le Necessaire et le Superflu" von Adrien des Sarazin), das Gleich schon als Vorlage gedient hat, oder auch noch andere Stücke, die dieses Thema bearbeiten, von Biederfeld oder Castelli – Tatsache ist, daß Nestroy hier eine höchst treffende psychologische Studie liefert, ohne den Spaß zu vernachlässigen (gegen Ende gibt es eine Nachtwandlerszene). DIE BEIDEN NACHTWANDLER war dann das erste Stück, das Nestroy-Liebhaber Karl Kraus bearbeitet hat. Auch nach ihm wurde das Stück von der Nachwelt immer wieder einmal hervorgeholt, u. a. 1949 am Burgtheater mit Josef Meinrad als Strick und Hermann Thimig als Faden, 1973 im Theater in der Josefstadt mit Kurt Sowinetz als Strick und Fritz Muliar als Faden. 1998 war es bei Nestroy auf Liechtenstein zu sehen.

HKA 11 (Hein)

Der BÖSE GEIST LUMPAZIVAGABUNDUS oder Das LIEDERLICHE KLEEBLATT
siehe **Lumpazivagabundus**

Die BRAUT VON GIPS
siehe **Zampa der Tagdieb**

D

Die DRAMATISCHEN ZIMMERHERRN

Vorspiel in einem Akt (zu dem „Quodlibet verschiedener Jahrhunderte")
Musik: keine Angaben
Uraufführung: 12. Mai 1843, Theater an der Wien
Nestroy-Rolle: Schiffl, ein Weber, ist der Zimmerherr der Schauspieler und bezieht seinen Witz aus der Verständnislosigkeit, die er ihnen und ihrer – parodistisch dargestellten – Arbeit entgegenbringt.
Bemerkungen: Dieser Einakter ist einer von vielen, die Nestroy als Vorspiel zu Quodlibets geschrieben hat, und fast immer benützt er die Gelegenheit, sich über Theaterleute lustig zu machen. Hier bringt er einen Heldendarsteller, einen Komiker und einen Dichter auf die Bühne und läßt Laien ihre unbedarften Bemerkungen dazugeben. Wie bei Nestroy gerne, wird im übrigen vor allem Schiller gezaust, aber die nicht unwitzigen Überlegungen über „Originalität" treffen auf Nestroy selbst, der bekanntlich ganz selten „eigene" Stoffe gestaltet hat.
HKA 19 (Hein)

DREISSIG JAHRE AUS DEM LEBEN EINES LUMPEN

siehe Die **Verbannung aus dem Zauberreiche**

Ein DUMMER DIENER SEINES HERRN

siehe Der **Einsylbige**

E

EHRLICH WÄHRT AM LÄNGSTEN

siehe Das **Mädl aus der Vorstadt**

Der EINSYLBIGE oder
Ein DUMMER DIENER SEINES HERRN

Schwank in einem Aufzuge
Musik: keine Angaben
Uraufführung: 16. Jänner 1829, Ständisches Schauspielhaus Graz
Nestroy-Rolle: Karl Maria Siegelwachs, Kammerdiener
Bemerkungen: Der Text dieses frühen Nestroy-Einakters ist verloren, alle Informationen stammen von dem Theaterzettel. Sicher weiß man nur, daß es sich trotz des Titels, der sich an das Grillparzer-Stück anlehnt, um keine Parodie davon handelt, denn es gibt einen Lord, eine englische Miß, ihre Kammerjungfer und noch einen Diener. Da es keinen Liebhaber in dem Stück gibt, spielt der Siegelwachs vermutlich eine größere Rolle.

EISENBAHNHEIRATEN oder
WIEN, NEUSTADT, BRÜNN

Posse mit Gesang in drei Akten
Musik: Andreas Scutta
Uraufführung: 3. Jänner 1844, Theater an der Wien
Nestroy-Rolle: Der Porträt- und Zimmermaler Patzmann fungiert hier als Intrigant, der alle Leute in die falschen Richtungen schickt. Von den drei Couplets von Patzmann reflektiert „Laßt's mich aus mit der Welt, Es is nix ohne Geld" wieder eines der Grunderkenntnisse Nestroyscher Figuren.
Später hat Nestroy auch den Gesellen Brandenburger gespielt, der preußischen Tonfall in das Stück bringt.
Bemerkungen: Nestroy hat ein österreichisches Analogon zu dem 1843 in Paris uraufgeführten Vaudeville „Paris, Orléans et Rouen" von Bayrad / Varin geschaffen: Der erste Akt spielt in Wien, der zweite in Neustadt (heute Wiener Neustadt), der dritte in Brünn. Zwischen den Städten sollen Ehen hin und her arrangiert werden, aber selbstverständlich landet niemand dort, wo er soll, und die Liebenden bekommen die selbst Erwählten und nicht die von anderen Bestimmten. Es

gibt zwei wirkungsvolle Rollen: Patzmann ist der wendige Intrigant, Peter Stimmstock der Dummkopf des Stücks. Der Reiz, der aus den verschiedenen Sprachfärbungen zu beziehen ist, aus dem „Böhmakeln" im Brünner Akt und auch aus dem Gegensatz von Wienerischem und Preußischem, ist ein legitimes Lustspielmittel.

Karl Kraus hat die Verwechslungskomödie als „Kulturbild aus der Zeit der ersten Eisenbahnen" geschätzt, im übrigen hat es in der Nachwelt keinen besonderen Platz unter Nestroys Stücken eingenommen: 1984 war es auf Liechtenstein zu sehen, das Wiener Volkstheater hat es 1987 erfolgreich gespielt.

HKA 20 (Hein)

Der ERBSCHLEICHER

Posse mit Gesang in vier Aufzügen

Musik: Adolf Müller

Uraufführung: 21. Mai 1840, Theater an der Wien

Nestroy-Rolle: Der Bauernbursche Simon Dappel ist völlig untypisch für Nestroy, nicht schnell und scharfzüngig wie die für ihn geschriebenen Figuren meist, sondern langsam und langmütig: Er tritt mit einem Couplet auf, dessen Refrain „Ich wart' halt ruhig ab, was jetzt g'schicht" lautet. Solcherart wird er ganz schön herumgeschubst.

Bemerkungen: Obwohl das Stück auf der Oper „La Reine d'un jour" von Adolphe Adam (Texte: Eugène Scibe) basiert, handelt es sich um keine Opernparodie. Nestroy mischt ein wenig Kriminalgeschichte, ein wenig Melodram und unübersichtlich viel Intrige um die Zentralfigur, die hier ausnahmsweise eine Frau ist. Dem Ehrgeiz der Agnes, der am Ende „geheilt" wird, steht Dappels Bodenständigkeit gegenüber, der auf dem Land bleiben will, während sie, nach Höherem strebend, sich in der Stadt als feine Dame ausgegeben hat.

HKA 16/II (Huish)

Von der vereinten Gesellschaft der k. k. pr.

Heute Donnerstag

Unter der Leitung

K. K. priv. Theater an der Wien.

Zum Vortheile des Komikers Johann Nestroy.

Zum ersten Male:

Der Erbschleicher.

Posse mit Gesang in 4 Aufzügen, von dem Unterzeichneten.

Musik vom Kapellmeister Hrn. Adolf Müller.

Personen:

Baron Kuppenschuee	Hr. Strampfer.	Rabschuh, } Schreiber	Hr. Groll.
Rudolf, sein Neffe —	Hr. Clmmelcr.	Sonalzer, }	Hr. Weidert.
Pauline, dessen Gattin —	Dlle. Immerberger.	Cammernaia Nachtsly, ehemalige	
von Walting, entfernter Verwandter des Barons	Hr. Werle.	Haushälterin auf dem Schlosse	
Gregorius Tost, Wirth —	Hr. Scholj.	Kuppenschuee	Mad. Fehringer.
Cuerl, dessen Tochter, Kellnerin in der Stadt	Dlle. Weller.	Dörstina, } Pächter	Hr. Schmitt.
Frau Bratelboferia, Wirthin	Dlle. Schadegky.	Brunner, }	Hr. Knaler.
Ignes, ein Bauernmädchen	Dlle. Sonderufsl.	Grün, } Revierjäger	Hr. Maffel.
Simon Doppel, ein Bauernbursche vom Lande	Joh. Nestroy.	Strin, }	Hr. Ruk.
Uhu, ein Kapitalist —	Hr. Stahl.	Sad, ein Müller —	Hr. Watifel.
Noorbach, Paulinens gewesener Vormund —	Hr. Hesse.	Hamel, Kellner) bei	Hr. Scribani.
Friedrich, Rudolfs Bedienter	Hr. Woster.	Sieffel, Knecht) Tost	Hr. Renda.
Jean, Waltings Bedienter	Hr. Blum.	Anton B.tienter vom Schlosse	Hr. Klement.
		Buchner, Amtmann auf Kuppenschuee	Hr. Berger.
		Dienerschaft. 13jähr. Jupfleute.	

Die Handlung spielt im ersten Akte auf dem Schlosse Kuppenschuee, später und im zweiten Akte in einem in der Vorstadt gelegenen Einkehrwirthshause, im dritten Akte in Tost's Haus:, im vierten ebendaselbst und in einem abgelegenen Jagdschlösschen.

Die gehorsamste Einladung hierzu macht

Johann Nestroy, Komiker dieser Bühne.

Billets zu Logen und Sperrsitze sind in der Wohnung des Beneficianten, Wienstraße Nr. 794,1. Stock, zum Luftschützen, dem Theatergebäude gegenüber, zu bekommen.

Ein Shawl wurde in diesem Theater gefunden, die Eigenthümerin beliebe sich dießfalls in der Theater-Kanzlei zu melden; dagegen wurde ein schwarzes Frauen-Halstuch von Gautendorf bis zum Theater an der Wien verloren, der Finder wird gebeten, dasselbe in der Theater-Kanzlei abzugeben.

Heute ist der freie Eintritt für Jedermann ohne Ausnahme aufgehoben.

Gedruckt bei U. Klopf Stadt, Wollzeile Nr. 782. **Anfang**

„Der Erbschleicher" zählt zu jenen zahlreichen Nestroy-Stücken, die von der Nachwelt vergessen sind. Der Theaterzettel zeigt, daß Nestroy damals gegenüber dem Theater an der Wien, beim „Luftschützen", gewohnt hat.

Die EREIGNISSE IM GASTHOFE

Komische Szenenreihe in einem Akt
Musik: keine Angaben
Uraufführung: 3. Mai 1842, Theater an der Wien
Nestroy-Rolle: Nestroy ist in diesem Einakter in zwei Rollen erschienen, als Bauernbursch Dappl und als Diener namens Stock. Der Dappl mag mit dem Dappel aus seinem Stück DER ERBSCHLEICHER von 1840 identisch gewesen sein.
Bemerkungen: Der Text ist nicht erhalten.
HKA 18/II (Haida)

EULENSPIEGEL oder
SCHABERNACK ÜBER SCHABERNACK

Lokalposse mit Gesang in vier Akten
Musik: Adolf Müller
Uraufführung: 22. April 1835, Theater an der Wien
Nestroy-Rolle: Der Natzi, ein unerträglich eitler, frecher, verwöhnter Bub, von dem es 1844 anläßlich seines Berliner Gastspiels hieß: „Nie sah ich einen dummen Jungen geistreicher darstellen." Später hat er auch die Rolle des Strolches Eulenspiegel gespielt, dessen Motto lautet: „Aber ganz ohne Geld leb'n wie i, Dazu g'hört sich schon ein Genie", und der zur Erkenntnis kommt: „Ich sag's, 's kann nix G'spaßigeres geb'n, Als wenn d'Leut' in der Einbildung leben."
Bemerkungen: Nestroy hat sich die in der Literatur verankerte Figur des Schelms Eulenspiegel vorgenommen (Carl Ludwig *Costenoble wollte fünf Stücke gefunden haben, aus denen Nestroy Ideen bezog, vielleicht war es das 1808 erschienene Historienstück von Matthäus Stegmayr). An ihm stellt er weitgehend komisch den Schauder und den Reiz dar, den ein Außenseiter dieser Art auf eine bürgerliche Gesellschaft ausübt: „Was, der Gauner? Der Vagabund? Der Galgenstrick?" sagt der brave Heinrich „freudig überrascht", als sich Eulenspiegel ihm vorstellt ... Die komplizierte Intrigenhandlung wird durch die Figuren von Natzi und Eulenspiegel, der sich als Marquis ausgibt und so Natzis Mutter, eine dumme, reiche Witwe umschwärmt, lustig. Obwohl das

Stück zu Nestroys Lebzeiten (allerdings vor allem dank seiner Mitwirkung) sehr oft gespielt wurde, hat es keinen besonders guten Ruf und
hat sich in der Nachwelt nicht durchgesetzt. Eine Aufführung in
Schwechat (1975) ist bekannt.
HKA 9 (Hüttner)

F

Die FAHRT MIT DEM DAMPFWAGEN
Posse in einem Akt
Musik: „Von verschiedenen Meistern"
Uraufführung: 5. Dezember 1834, Theater an der Wien
Nestroy-Rolle: Christoph, Sohn des herrschaftlichen Kochs, der gerne Erster Liebhaber am Theater wäre und in einem Monolog Kochen
und Theaterkunst parallel setzt.
Bemerkungen: Das Vorspiel eines Quodlibets war dazu gedacht, dieses – egal, wie vage auch immer – gerade in seinem Durcheinander zu
rechtfertigen. Also hat der Theaterdiener Nebel die Theaterbibliothek
versetzt, und aus den Resten, die nicht verheizt wurden, setzt sich
dann die folgende Szenenreihe zusammen.
HKA 8/I (Walla)

Die FAMILIEN ZWIRN, KNIERIEM UND LEIM oder Der WELTUNTERGANGSTAG
Zauberspiel in zwei Aufzügen
Musik: Adolf Müller
Uraufführung: 5. November 1834, Theater an der Wien
Nestroy-Rolle: Noch einmal bringt sich Nestroy als Knieriem, der
stets alkoholisierte Schuster (Auftrittslied: „Herr Wirt, a Glaserl Slibo-
witz"), auf die Bühne, und es fällt schwer, über den Säufer, der sich
durch das Stück trinkt und räsoniert, so zu lachen wie im ersten Teil.
Fixiert ist er nach wie vor auf die von ihm fest angekündigte Ankunft
des „Kometen".

Bemerkungen: Es ist das letzte Nestroy-Stück, in dem Feen und Zauberer vorkommen – damit verabschiedet er sich von diesem Genre (mit einem Rückfall in DER KOBOLD oder STABERL IM FEENREICH, 1838, und gewissermaßen mit DER GEMÜTLICHE TEUFEL, 1851). Die Fortsetzung des LUMPAZIVAGABUNDUS, aus ökonomischen Gründen entstanden und wieder nach einer Novelle von Karl Weisflog (diesmal „Das stille Wasser") gearbeitet, zeigt ungeschminkt Nestroys Weltanschauung, die zumindest in dieser Phase seines Lebens jeder Harmonisierung fremd ist. Nicht nur die drei Handwerker Zwirn, Knieriem und Leim sind unglücklich verheiratet, auch die Feenkinder, die sich einst so romantisch geliebt haben. Dennoch geht auch dieses Stück, in dem es höchst ungeschminkte Alltagsszenen gibt, wiederum – mit einiger Mühe – gut aus. Ungeachtet des Triumphes, den der LUMPAZIVAGABUNDUS auch nach dem Tod noch ungeschmälert erntet, greift so gut wie niemand zur Fortsetzung, welcher der geniale Schwung des Originals abgeht.
HKA 8/1 (Walla)

Der FÄRBER UND SEIN ZWILLINGSBRUDER
Posse mit Gesang in drei Aufzügen
Musik: Adolf Müller
Uraufführung: 15. Jänner 1840, Theater an der Wien
Nestroy-Rolle: Der Kilian und der Hermann Blau ist die einzige Doppelrolle, die Nestroy sich geschrieben hat. Als heftig auftrumpfender Soldat tritt er nur zweimal, am Anfang und am Ende, auf. Das Stück besteht aus der Verwandlung des schüchternen Färbers Kilian Blau zum martialischen Helden wider Willen.
Bemerkungen: In diesem Fall ist zu erkennen, daß Nestroy eine komische französische Oper („Le brasseur de Preston" von Adolphe Adam) als Vorlage für diese beschwingt-alberne Posse diente. Darin wird Militärisches ebenso veräppelt wie dümmlicher Adelsstolz (in Gestalt des Fräuleins von Löwenschlucht und des ihr zugeteilten Dieners Peter). Die Handlung zwingt Kilian, den geborenen Zivilisten, in die Uniform des Bruders, soll dieser nicht für sein Wegbleiben aus erotischen Gründen schwer bestraft werden. Kilian auf die Fersen heftet sich sein ihn lie-

bendes Mündel Roserl, eine der reizvollsten Nestroyschen Frauengestalten, die in unwandelbarer Anhänglichkeit auch ins Soldatengewand schlüpft.

Der Reiz der Doppelrolle und die Parodie des Militarismus haben DER FÄRBER UND SEIN ZWILLINGSBRUDER lebendig erhalten. Zuletzt hat das Burgtheater das Stück im Jahr 2000 gespielt.

HKA 16/1 (Huish)

Der FEENBALL oder
TISCHLER, SCHNEIDER UND SCHLOSSER

Faschingsposse in drei Aufzügen

Uraufführung: Das Stück wurde nie gespielt.

Bemerkungen: Es handelt sich dabei um eine 1833 entstandene Vorstufe des LUMPAZIVAGABUNDUS, in der Leim schon Leim heißt, der Schneider aber noch Kmäh und der Schuster Bum. Auch hier waltet der böse Geist Lumpazivagabundus, nur spielt der Akt, der den Schneider im Glück zeigt, nicht wie im späteren Stück in Prag, sondern in Italien. Im übrigen sind die Ähnlichkeiten mit der geglückten Umarbeitung so groß, daß sich jede Uraufführung der Erstfassung erübrigt. Das Wiener Volkstheater hat bei seiner Aufführung von LUMPAZIVAGABUNDUS 1999 Elemente des FEENBALLS eingearbeitet.

HKA 5 (Walla)

Der FLIEGENDE HOLLÄNDER ZU FUSS

siehe **Zwei ewige Juden und keiner**

FREIHEIT IN KRÄHWINKEL

Posse mit Gesang in zwei Abteilungen und drei Aufzügen

Musik: Michael Hebenstreit

Uraufführung: 1. Juli 1848, Carl-Theater

Nestroy-Rolle: Der Journalist Eberhard Ultra, dem er steckbriefartig eine so unwiderstehliche Selbstcharakteristik gewidmet hat: *„Augen: dunkel, aber hell sehend. Nase: freiheitsschnuppernd. Mund: wie ein Schwert. Statur: mittlere Barrikaden-Höhe. Besondere Kennzeichen: unruhiger Kopf.*

Nestroy erscheint als Journalist Ultra in „Freiheit in Krähwinkel" in zahlreichen Verkleidungen. Dieser in der „Theaterzeitung" erschienene Schoeller-Stich zeigt ihn als „russischen Fürsten".

Charakter: polizeiwidrig. " Man hat dies gern auch als Schilderung des „privaten" Nestroy gelesen ...

Bemerkungen: Eine Posse, die mit einem Lied beginnt: „Freyheit muß sein! Wir erringen's und sperren's uns auch leb'nslänglich ein", schlägt den Ton des Zweiflers Nestroy an. Zu einem Zeitpunkt, wo die Zensur „alles" erlauben würde, siedelt er das Stück dennoch nicht in Wien, sondern in Krähwinkel, dem Inbegriff der deutschen Kleinstadt (und ihrer beschränkten Einwohner) an. Und zu einem Zeitpunkt, wo man noch meinen kann, alles errungen zu haben und es auch behalten zu dürfen, ist ihm klar, daß auf die Revolution die „Reaktion" folgen wird – und widmet ihr den zweiten Teil des Stücks. Er läßt dann doch noch die Revolution siegen, malt aber das Gespenst der „Reaktion" höchst sichtbar (und wie man weiß, prophetisch) an die Wand.

Die Handlung scheut auch turbulente Situationskomik nicht, mischt Posse und Politsatire: Der Journalist Ultra, der als Botschafter der Revolution nach Krähwinkel kommt, verkleidet sich im Lauf der Possenhandlung als Ligorianer, als russischer Fürst, als Abgesandter der „Europäischen Freyheits- und Gleichheitskommission" und schließlich sogar als Fürst Metternich, zuletzt dann als Arbeiter (Proletarier). Obwohl die Handlung, wie so oft bei Nestroy, mit Nebensächlichkeiten überfrachtet ist, bringt er doch die Ängste der Mächtigen und Besitzenden vor der möglichen Revolution ebenso zum Ausdruck wie die Wendehälse, die es bei jedem politischen Umsturz gibt. Nestroys „sprechende" Namen erreichen in diesem Stück übrigens einen Höhepunkt, wenn etwa der Staatsvertreter „Reakzerl von Zopfen" heißt. Obwohl vom Standpunkt der Dramaturgie nicht das beste Nestroy-Stück, gilt FREIHEIT IN KRÄHWINKEL der Nachwelt als die definitive Revolutions-Posse. Das Burgtheater hat das Stück 1985 (mit Franz Morak als Ultra), das Volkstheater 1978 und 1995 gespielt.

HKA 26/1 (McKenzie)

FRÜHERE VERHÄLTNISSE

Posse mit Gesang in einem Akt
Musik: Anton Maria Storch
Uraufführung: 7. Jänner 1862, Theater am Franz-Josephs-Quai
Nestroy-Rolle: Der Hausknecht Muffl war einst ein großer Herr und hat sich auch im Elend seine groben Manieren nicht abgewöhnt – schon gar nicht, wenn er in seinem neuen Herrn seinen ehemaligen Hausknecht erkennt, worauf er mit fröhlicher Unmoral zur Erpressung schreitet. Sein Auftrittscouplet formuliert Nestroys Erkenntnis: „So gibt's viel' gute Mensch'n, aber grundschlechte Leut'."
Bemerkungen: Lange hielt man dieses Stück für ein Original-Werk Nestroys, bis Jürgen Hein die Vorlage fand: Nestroy hat sich ziemlich eng an „Ein melancholischer Hausknecht" von Emil Pohl gehalten, was den Wert seines brillanten Stückes nicht mindert. Was über Klassenschranken und den Wandel in den sozialen Verhältnissen der Menschen zu sagen ist, hier ist es auf engstem Raum komprimiert. Nestroy läßt

1ᵗ ⁴⁄₅ · ⁶²

K. K. priv. Theater 🦅 am Franz-Josef-Quai.

Unter der Direktion des Carl Treumann.

Heute:

Frühere Verhältnisse.

Lokal-Posse mit Gesang in einem Akt, nach Emile Pohl, von Johann Nestroy.

Herr von Scheitermann . . Hr. Grois.	Anton Muffl, Hausknecht . Joh. Nestroy.
Josefine, dessen Frau . . Fr. Grobecker.	
Pepi Amsel, Köchin . . . Fr. Schäfer.	Ort der Handlung: Eine große Stadt.

Hochzeit bei Laternenschein.

Komisches Singspiel in 1 Akt, nach dem Französischen von Carl Treumann.
Musik von Jaques Offenbach.
Das neue Costume nach Angabe des Obergarderobiers Herrn M. Meyer.

Pierre, Inhaber eines Pacht-hofes . . . . . . Carl Treumann.	Fanchette,) junge Witwen Fr. Schäfer.
Denise, seine Mündel . . Frl. Grobé.	Katharine,) aus dem Dorfe Fr. Grobecker.
Der Richter . . . . Hr. Stix.	Bauern und Bäuerinnen.

Häuptling Abendwind,
oder:
Das gräuliche Festmahl.

Indianische Faschings-Burleske in einem Akt, frei nach dem Französischen von J. Nestroy.
Musik von Jacques Offenbach.

Abendwind der Sanfte, Häupt-ling der Groß-Lulu . . Joh. Nestroy.	Arthur, ein Fremdling . . Carl Treumann.
Atala, seine Tochter . . Frl. Weinberger.	Ho-gu, Koch bei Abendwind Hr. Ausim.
Biberhahn der Heftige, Häupt-ling der Papatutu . . Hr. Grois.	Erster) Großluluerer . Hr. Höller.
	Zweiter) . . . Hr. Stix.
	Groß-Luluerer und Papatutuerer

Schauplatz: Eine der fernsten Inseln in Australien.

Anfang um 7 Uhr.

Druck von G. Heine.

Nur an einem einzigen Abend, dem 4. Februar 1862, standen die beiden neuen Stücke Nestroys, „Frühere Verhältnisse" (Premiere: 7. Jänner) und „Häuptling Abendwind" (Premiere: 1. Februar) gemeinsam auf dem Spielplan.

seine Figuren mit Standesdünkel und Hochmut, Panik und Ängsten, Menschenverstand oder auch gesundem Selbstbewußtsein individuell darauf reagieren. Herr Scheitermann fürchtet wegen der vornehmen Gattin, der Professorentochter, als Emporkömmling „geoutet" zu werden, während auch der heruntergekommene Muffl zeigt, daß man bleibt, was man ist. Die Köchin Pepi Amsel ist eine der dankbarsten Frauenrollen Nestroys, deren Auftrittslied „Theater! o Theater, du" zu einem der bekanntesten Nestroy-Liedern geworden ist.

Mit vier brillanten Rollen und der evidenten Qualität des Werks zählt FRÜHERE VERHÄLTNISSE zu Nestroys meistgespielten Stücken nach seinem Tod.

HKA 38 (Branscombe)

G

Der GEFÜHLVOLLE KERKERMEISTER oder
ADELHEID, DIE VERFOLGTE WITTIB

Gesprochene und gesungene Parodie eines getanzten Dramas, mit Verwandlungen, Gruppierungen, Äußerungen, Mutmaßungen, Einsperrungen, Entführungen, Malträtierungen, Rettungen, Dings da und allem Erdenklichen, was Sie sich selbst wünschen, in drei Aufzügen

Musik: Adolf Müller

Uraufführung: 7. Februar 1832, Theater an der Wien

Nestroy-Rolle: Dalkopatscho, Sohn des Kerkermeisters Seelengutino. Nestroys Komik der Unvereinbarkeit zeigt sich, wenn er in seiner Eigenschaft als untergeordneter Diener es wagt, der Fürstin Adelheid Avancen zu machen, und ihre Abweisung in alberner Verkennung der Tatsachen gar nicht zur Kenntnis nimmt: „Ich bin schon so ein Kerl, ich hab' schon 's Glück bei die Frauenzimmer."

Bemerkungen: Nestroy parodierte hier das große historische Ballett „Adelheid von Frankreich" von Louis Henry und siedelt das Geschehen programmatisch im irrealen Niemandsland des Unsinns an, wenn er vermerkt: „Die Handlung spielt irgendwo, und fällt in das Jahr so und so viel." Adelheid, die bedrängte Witwe des ermordeten Besitzers des Zauberschlosses, wird von Bösewicht Berengario, den sie nicht heiraten will, in den Kerker geworfen. Dort walten dann Seelengutino und Dalkopatscho als Kerkermeister ihres Amtes und verhelfen ihr zur Flucht. Sie findet Unterschlupf bei den Bauern. Am Ende rettet der Sternenkönig Krotto der Kleine Adelheid vor Berengario und heiratet sie selbst.

Diese Art von durch und durch absurdem Unsinn mit sehr viel Musik, wie man ihn als ein spätes Erbe eines immer niveauloser werdenden Wiener Vorstadttheater-Stücks betrachten kann, hat bei der Nachwelt wenig Verständnis gefunden, obwohl der Blödelhumor stellenweise bestechend wirkt. Eine Aufführung gab es 1996 in Schwechat.

HKA 2 (Hein / Yates)

Gegen Torheit gibt es kein Mittel

Lustiges Trauerspiel mit Gesang in drei Abteilungen

Musik: Adolf Müller

Uraufführung: 3. November 1838, Theater an der Wien

Nestroy-Rolle: Der Simplicius Berg wird, ähnlich wie der Longinus in 30 Jahre aus dem Leben eines Lumpen, in mehreren Lebensaltern vorgeführt, als 23jähriger Jüngling, als 30jähriger Mann, als 60jähriger Greis, eine Verwandlung, die Nestroy offenbar als Herausforderung empfunden hat. Das Wesen des Simplicius ist (wie sein Name unschwer verrät) Dummheit, womit er das Gegenteil dessen repräsentiert, was der immer vife, überlegene Nestroy auf der Bühne bedeutet. Simplicius ist der Versuch, einmal etwas ganz anderes zu zeigen.

Bemerkungen: Ein Stationenstück, in dem der kluge ältere Bruder Richard Berg seinen um fünf Jahre jüngeren dummen Bruder Simplicius vor Unheil bewahren soll: Im ersten Teil will er sich duellieren, weil er die Geliebte fälschlich für untreu hält, im zweiten hat er sein ganzes Geld beim Spiel durchgebracht und versucht sich durch Betrug zu sanieren, im dritten ist er gänzlich herabgekommen bei einer Seiltänzergruppe gelandet, für die er die niedrigsten Arbeiten ausführt. Bruder

Richard kann ihn am Ende quasi nur unter Kuratel stellen, denn „gegen Dummheit kämpfen Götter selbst vergebens", wie Richard feststellt, bevor er ergriffen abreist (während Simplicius, wie immer, nicht versteht, was eigentlich vorgeht).

Die Studie geistiger Beschränktheit, wie sie an Simplicius getätigt wird, führt, wie die Nestroy-Forschung feststellt, an die Grenzen des Komischen und impliziert auch Szenen seelischer Grausamkeit. Ein heikles Stück, das die Nachwelt noch nicht auf seine Möglichkeiten befragt hat.

HKA 15 (Huish)

Das GEHEIMNIS DES GRAUEN HAUSES
siehe **Glück, Mißbrauch und Rückkehr**

Der GEMÜTLICHE TEUFEL oder
Die GESCHICHTE VOM BAUER UND VON DER BÄUERIN

Zauberspiel mit Gesang und Tanz in einem Akt. Nach einer Volkssage

Musik: Carl Binder

Uraufführung: 20. Dezember 1851, Carl-Theater

Nestroy-Rolle: Satanas tritt mit einem echten Blödellied auf („Wenn Satanas naht si / Da sein Alle stad sie / Erbitten die Gnad si / Mir z' küssen das Bratzi") und wirkt hier im Kontrast zu Belzebub (die Wenzel Scholz-Rolle): Wenn Satanas singt: „Die Menschen sind schlecht, sind schlecht, sind schlecht", repliziert dieser: „Die Menschen sein gut, sein gut, sein gut." Ein fortschrittskritisches Lied von Satanas schließt mit dem Refrain: „Wir bedanken uns sehr."

Bemerkungen: Die Nestroy-Forschung ist sich nicht völlig sicher, ob man dieses Werk als „originalen" Nestroy nehmen kann – es gibt keine Handschrift, der Theaterzettel nennt ihn nicht als Autor. Es gibt allerdings Notizen und zumindest ein Zeugnis eines Zeitgenossen (F. C. Weidmann), und solcherart ist der Einakter in die Historisch-kritische Ausgabe aufgenommen worden. Als Vorlage gilt die „Volkssage" vom Teufel mit der alten Frau, konkret aber die Erzählung „Der Teufel und ein altes Weib" von C. Herloßsohn. Herausgekommen ist ein halb absurder „Höllenspaß", in dem sich Luzifer über die Unfähigkeit seiner

Teufel ärgert und Satanas und Belzebub ausschickt, ein liebevolles Ehepaar – Bauer und Bäuerin – auseinanderzubringen. Sie versuchen es mit Hilfe einer intriganten Alten und von Verleumdung, aber letztendlich scheitern die Teufel, weil Belzebub nicht das Zeug für seinen Beruf hat (und sich auch noch in die Bäuerin verliebt).

Angesichts der Zweifel, mit „wie viel Nestroy" man es zu tun hat, ist das Stück in Vergessenheit geraten.

HKA 30 (Aust)

GENIUS, SCHUSTER UND MARQUEUR oder Die PYRAMIDEN DER VERZAUBERUNG

Zauberposse in drei Aufzügen

Uraufführung: Das Stück wurde nie gespielt.

Nestroy-Rolle: Der Schuster Pechberger ist der Vorläufer von Knieriem (LUMPAZIVAGABUNDUS).

Bemerkungen: Man weiß nicht, warum dieses Stück von 1832 in der Schublade blieb. Es ist für Nestroys Anfänge recht typisch, obwohl der Anteil der Zauberwelt hier überdurchschnittlich hoch ausfällt. Die Titelhelden sind Lulu, ein alter Genius, Diener und Faktotum von König Sonnenglanz, der Schuster Pechberger (der schon „Die Welt steht auf kein Fall mehr lang" singt und dessen „Herr Wirt, ein Glaserl Slibowitz" umweglos zu Knieriem im zweiten Teil von LUMPAZIVAGABUNDUS übernommen wurde) und der vazierende Marqueur Johann Kipfel, der in seiner Quirligkeit („Wir müssen uns tummeln, sonst richt ma nix aus") an den Zwirn in LUMPAZIVAGABUNDUS gemahnt. Hier werden die beiden Menschenmänner ins Feenreich gebracht, um Amazonen zu heiraten, und werden durch die „Pyramiden der Verzauberung" auch noch halbseitig „gefärbt". Nach vielem Durcheinander dürfen sie doch auf die Erde zurück.

Da Nestroy die besten Passagen aus diesem Stück in den LUMPAZIVAGABUNDUS eingebracht hat, erledigt sich diese – obzwar voll ausgeschriebene – Vorlage, die in ihrer Akkumulation von Albernheiten vermutlich auf der Bühne schwer umzusetzen wäre.

HKA 4 (Aust)

Die GESCHICHTE VOM BAUER UND VON DER BÄUERIN
siehe Der **gemütliche Teufel**

Das GEWÜRZKRÄMERKLEEBLATT oder
Die UNSCHULDIG SCHULDIGEN
Posse mit Gesang in drei Akten
Musik: Adolf Müller
Uraufführung: 26. Februar 1845, Theater an der Wien
Nestroy-Rolle: Der Gewürzkrämer Cichori ist einer der drei Titelhelden, der sich von den anderen nur durch die Tatsache heraushebt, daß er ein Auftritts-Couplet hat. Dessen Resümee – „Weil S' seh'n, i hab am Eh'stand mein' Freud" – gilt allerdings für jeden der drei sinnlos in seine Frau verliebten und auf diese vertrauenden Gewürzkrämer. Cichoris zweites Couplet mit dem Refrain „Gegen die Dummheit, so war es zeitlebens, Da kämpfen die Götter vergebens" bezieht sich, ohne daß er es wahrnimmt, auch auf ihn selbst.
Bemerkungen: Nestroy hat wieder einmal nach einem französischen Vaudeville („Trois Epiciers" von Joseph-Philippe Lockroy und Auguste Anicet-Bourgois) gearbeitet, und die gewissermaßen schematisch-mathematische Handlungsführung macht das spürbar. Die drei Gewürzkrämer Schwefel, Baumöhl und Cichori haben drei durchaus persönlichkeitsstarke Gattinnen, wobei Madame Cichori das „emanzipatorische" Lied singen darf, „'s is a starkes Geschlecht, aber schwach, aber schwach", dessen Aussage sich natürlich auf die törichten Männer bezieht.
Das Thema der Selbsttäuschung (nicht mit der hehren Ibsenschen Lebenslüge zu verwechseln) kehrt bei Nestroy immer wieder. Hier ist es der Motor der Handlung, die in Baumöhls Laden spielt und in vielen Variationen wiederholt, wie die Gewürzkrämer jeweils die Gattinnen der beiden anderen im Verdacht haben. Am Ende ist jeder überzeugt, die bravste aller Frauen zu haben ...
Zu Nestroys Zeiten ein niederschmetternder Mißerfolg, hat die Nachwelt immer wieder nach diesem Stück gegriffen, auch weil es eine

Menge guter Rollen enthält. 1983 war es bei Nestroy auf Liechtenstein,
1988 im Wiener Volkstheater zu sehen.
HKA 22 (Yates)

Die GLEICHHEIT DER JAHRE
Lokalposse mit Gesang in vier Abteilungen
Musik: Adolf Müller
Uraufführung: 8. Oktober 1834, Theater an der Wien
Nestroy-Rolle: Eduard Strizl, der beschließt, sich „kaufen" zu lassen,
erscheint in der ersten der vier Etappen des Stücks als nicht sehr sym-
pathischer Jüngling („Ich heirat' a Alte mit Geld") und wandelt sich bis
zum angeblichen Räuberhauptmann, wenn die Geschiche eine allzu
wild-burleske Wendung nimmt.
Bemerkungen: Die Zauberspielfassung dieses Stücks, DAS VERLO-
BUNGSFEST IM FEENREICH, zählt zu jenen Werken Nestroys, die nie aufgeführt wurden, weil er sie später umarbeitete. DIE GLEICHHEIT DER
JAHRE ist die Fassung als Lokalposse, in der Nestroy einen weiblichen
Typus aufs Korn nimmt, der in seinem Werk immer wiederkehrt, wenn
auch nie in so zentraler Funktion wie hier. Es geht um die reiche alte
Jungfer oder Witwe, die sich um jeden Preis (des Geldes und der Scham-
losigkeit) einen jungen Mann kaufen will – dazu zählt später die Lucia
Distl in den LIEBESGESCHICHTEN UND HEIRATSSACHEN, die Frau von Lär-
minger in HEIMLICHES GELD, HEIMLICHE LIEBE, die Anastasia Mispl in
UMSONST und mit Abstrichen auch noch die Frau von Erbsenstein in DAS
MÄDL AUS DER VORSTADT. Nestroy hat für Frauen dieser Art keinerlei
Verständnis und gibt sie gnadenlos dem Gelächter, auch dem Hohn preis.
Nestroy hat für dieses Stück die Erzählung „Die Schloßmamsell" von
K. G. Prätzel als Vorlage genommen. Hier will Regina Geldkatz (nomen
est omen), ausdrücklich als „Kapitalistin" bezeichnet, sich im ersten Teil
des Stücks („Der 29ste Geburtstag und der Landkutscher") einen jungen Mann als Ehemann kaufen. Im zweiten Teil („Raub und Verlobung") schließt Eduard, der in Geldverlegenheit ist, den Ehevertrag. Im
dritten Teil („Liebe und Verzweiflung") will er allerdings eine andere
heiraten, und im vierten Teil („Lange Nasen und Heiraten") benimmt

er sich völlig verändert und gibt sich noch als Räuberhauptmann aus. Regina, die sogar einen Diebstahl fingiert hat, um die Ehe mit Eduard zu erzwingen, gibt schließlich klein bei und heiratet einen Alten. Zu Nestroys Lebzeiten ein bescheidener Erfolg, ist dieses Stück in Vergessenheit geraten.

HKA 7/I (Walla)

GLÜCK, MISSBRAUCH UND RÜCKKEHR oder
Das GEHEIMNIS DES GRAUEN HAUSES
Posse mit Gesang in fünf Akten
Musik: Adolf Müller
Uraufführung: 10. März 1838, Theater an der Wien
Nestroy-Rolle: Der Schreiber Blasius Rohr (vorwiegende Eigenschaft: arbeitsscheu) wendet sich gleich bei seinem ersten Auftritt mit der Bemerkung ans Publikum, daß er „fürs Merkantilische" keinen Sinn habe. Wenn er dann doch reich wird, besteht er die Charakterprüfung nicht, wandelt sich als Fabriksbesitzer zum Verschwender, entpuppt sich als hochmütig und dumm und blamiert sich nach Kräften, ist also keine der sympathischen Nestroy-Figuren.
Bemerkungen: Wieder einmal geht es in Nestroys Stück um das Geld und was es aus den Menschen macht. Nach dem viel gelesenen Roman „La Maison Blanche" des französischen Schriftstellers Charles Paul de Kock (auf dessen Vorlagen auch noch GEGEN TORHEIT GIT ES KEIN MITTEL, DIE BEIDEN HERREN SÖHNE und DAS MÄDL AUS DER VORSTADT zurückgehen) kombiniert Nestroy die Frage, wie sich der Charakter eines armen Schreibers durch Reichtum verändert, mit der Kriminalhandlung um ein mysteriöses „graues Haus". Zu Nestroys Lebzeiten erregte auch noch die Tatsache, daß eine damals hoch aktuelle „Gasexplosion" dargestellt wird, die Gemüter. Die Nachwelt hat mit dem Stück, das 1971 am Burgtheater in der Regie von Leopold Lindtberg noch einmal ausprobiert wurde, nicht allzuviel anfangen können.

HKA 14 (Yates)

Das GRÄULICHE FESTMAHL
siehe **Häuptling Abendwind**

H

HÄUPTLING ABENDWIND oder
Das GRÄULICHE FESTMAHL
Operette in einem Akt
Musik: Jacques Offenbach
Uraufführung: 1. Februar 1862, Theater am Franz-Josephs-Quai
Nestroy-Rolle: Häuptling Abendwind der Sanfte, der kein Wilder sein will („Lernt's doch eine Art; es ist ja a Schand', wenn wir Heut' oder Morgen entdeckt wird'n"), ist zwar ein ziemlich dümmlicher Herrscher, aber begabt genug für sein Geschäft, um absoluter Falschheit fähig zu sein: eine echte Politiker-Figur.
Bemerkungen: Nestroys letztes Stück, die Bearbeitung der Offenbach-Operette „Vent du Soir ou L'horrible festin", ist voll der in der Literatur des öfteren vorkommenden, anachronistischen Späße über die „Wilden" und treibt mit dem Entsetzen Scherz. Die hier „auf einer der fernsten Inseln in Australien" gepflegte Menschenfresserei geht so weit, daß die Häuptlinge Abendwind und Biberhahn sich zwar zum „diplomatischen" Festschmaus treffen (der wiederum Menschenfleisch enthalten soll), aber sich doch gegenseitig die Gattin weggegessen haben – nicht zuletzt ein politisches Gleichnis dafür, worüber Diplomatie nach dem Grundsatz „Ich weiß Bescheid, du weißt Bescheid" hinwegwischt. Arthur, der Fremdling, zum Verschmaus gedacht, wird nur durch die Liebe der Häuptlingstochter Atala gerettet.
HÄUPTLING ABENDWIND wird nach dem Zweiten Weltkrieg oft gespielt und tiefschürfend politisch interpretiert, wobei auch die dadaistische Wortkomik um die Völker der „Groß-Luluerer" und „Papatutuerer" in die Zukunft zu weisen scheint. Die absurde Menschenfresser-Posse hat ihre Abgründe, die mühelos in jede Richtung führen können.
HKA 38 (Branscombe)

Das HAUS DER TEMPERAMENTE
Posse mit Gesang in zwei Akten
Musik: Adolf Müller
Uraufführung: 11. November 1837, Theater an der Wien
Nestroy-Rolle: Der Barbier Schlankel ist wieder einer der ziemlich schlechten Kerle, die es bei Nestroy so oft gibt, ein Intrigant aus Leidenschaft, einer, der die Dinge „materiell" betrachtet und „lieber andere balbieren, als selbst balbiert werden" will.
Bemerkungen: Nestroy hat in ZU EBENER ERDE UND ERSTER STOCK mit größtem Erfolg mit dem Prinzip der zweigeteilten Bühne gearbeitet. In diesem Stück, dessen genaue Vorlage nicht nachweisbar ist (so es sie gegeben hat), geht er noch weiter. Auf der viergeteilten Bühne leben die vier Familien, die den jeweiligen Temperamenten zugeordnet sind: links oben die Familie Braus (die Choleriker), rechts oben die Familie Fad (die Phlegmatiker), links unten die Familie Trüb (die Melancholiker) und rechts unten die Familie Froh (die Sanguiniker). Jeder Vater hat Sohn und Töchter, die Liebesgeschichten laufen kreuz und quer, und in der Brillanz, mit der Nestroy die Handlungen in den verschiedenen Wohnungen ineinander verfugt hat, erreichte sein technisches Können einen Höhepunkt. Schlankl intrigiert zwischen allen Liebespaaren hin und her und ist am Ende der Verlierer, wenn das Stubenmädchen Isabella, auf das er es abgesehen hat, dann den Kleiderputzer Hasibutz (die Scholz-Rolle) nimmt.
Da Nestroy auch die Zeichnung der verschiedenen „Temperamente" bemerkenswert gelungen ist, muß man dieses Stück zu seinen besten Arbeiten zählen. Aber die evidente Schwierigkeit, eine solche Bühne aufzubauen und das Virtuosenstück des Ablaufs herzustellen, macht Aufführungen außerordentlich selten.
HKA 13 (Yates)

HEIMLICHES GELD, HEIMLICHE LIEBE
Posse mit Gesang in drei Akten
Musik: Carl Binder
Uraufführung: 16. März 1853, Carl-Theater

K. K. privil.  **Carl-Theater.**

Heute Mittwoch den 16. März 1853.

Heimliches Geld,
heimliche Liebe.

Posse mit Gesang in 3 Akten, von Johann Nestroy.

Musik von Kapellmeister Carl Binder.

Personen

Herr v.n Masser, Spekulant	Hr. Moritz.	Herr von Flau, Mariens Vormund	Hr. Pohl.
Hortensia, seine Frau	Frau Scutta.	Frau Rödbl, Kräutlerin, Wittwe	Frau Walter.
Frau von Lärminger, Kupferschmied-		Gottfried, ihr Sohn	Antonie Jank.
meisterin, Wittwe	Frau Blamauer.	Pfanzer, Hausmeister	Hr. Gottdank.
Marie, ihre Stieftochter	Frl. Herzog.	Meyerl, sein Weib	Frau Schmitt.
Peter Dickkopf, vormals Krämer	Hr. Scholz.	Dorothea, Köchin	Frau Steindl.
Casimir Dachl, sein Stiefsohn Kupfers.Hr. Nestroy.		Bittmann, ein Hausarmer	Hr. Stir.
Franz Glimer, sein Neffe) gesellen Hr. Braunmüller.		Staub, Comptoir-Diener) bei Herrn	Hr. Gutperl.
Demperer, Altgeselle	Hr. Grois.	Niklas, Bedienter) v. Masser	Hr. Fischer.
Leni, seine Tochter, Köchin	Frl. Zöllner.	Erste,)	Frl. Ib. Preschl.
Jakob, Kupferschmiedgeselle	Hr. Dutt.	Zweite,) Köchin	Frl. Gleßberg.
Nagl, Kupferschmiedlehrjung	Franz Walter.	Dritte,)	Frl. Stern.
Therese, Wirthschafterin	Frl. Swoboda.	Kupferschmiedgesellen.	
im Hause der Frau Lärminger.			
Ein Notar	Hr. Scribani.		

Billets zu Logen, Fauteuils und Sperrsitzen sind in der Stadt, am Haarmarkt im Durchhause Nr. 730, die erste Gewölbsthüre rechts und letztere auch im Theatergebäude, Vormittags von 9 bis 12 Uhr, und Nachmittags von 2 bis 4 Uhr, zu bekommen.

Anfang um 7 Uhr.

Gedruckt bei Jos. Stöckholzer v. Hirschfeld.

Selten gespielt, aber ein gutes Beispiel dafür, wie Nestroy auch die Arbeitswelt der neuen Industriegesellschaft Mitte des 19. Jahrhunderts auf die Bühne brachte, ist „Heimliches Geld, heimliche Liebe".

Nestroy-Rolle: Der Kupferschmiedgeselle Kasimir (auch: Casimir) Dachl ist ein forscher Proletarier und wieder eine der von Nestroy durchaus nicht eindeutig positiv gezeichneten Figuren. In seinem Auftrittsmonolog plädiert er für dumme, ungebildete Frauen, was den

Männern seiner Meinung nach das Leben erleichtert. Sein zweites Couplet paraphrasiert die Frage, wer eigentlich „Respekt" verdient.
Bemerkungen: Nestroy hat sich einen französischen Roman vorgenommen („Au Jour le Jour" von Frédéric Soulié), um ein Stück mit vielen „grundschlechten Leut'n" auf die Bühne zu bringen: Die reiche Frau von Lärminger will den jungen Kasimir Dachl unbedingt heiraten, und dessen Stiefvater Peter Dickkopf (eine der „bösesten" Nestroy-Gestalten) intrigiert nach Kräften, um Kasimir seiner Geliebten Leni zu entfremden. Darüber hinaus gibt es noch viele unsaubere Ereignisse der Vergangenheit, die in die Gegenwart hineinspielen. Alles dreht sich um schmutziges Geld und Intrigen, bis zum unvermeidlichen Happyend. Aber der bittere Bodensatz bleibt angesichts eines Stücks, das die Kommerzialisierung von Gefühlen sehr gut in den Griff bekommt – und in der Szene in der Kupferschmiedwerkstatt der Frau von Lärminger vermittelte Nestroy ein Gefühl der damaligen Arbeitswelt.
Aufführungen im Burgtheater (1985 im Akademietheater) und auf Burg Liechtenstein (1999) erweckten den Eindruck eines „realistischen" Zeitbildes aus dem 19. Jahrhundert, dessen Humor angesichts der Handlung und der gezeigten Zustände nur grimmig wirken kann.
HKA 32 (Hein)

HINÜBER – HERÜBER
Intermezzo nach einer Anekdote
Musik: keine Angabe
Uraufführung: 16. März 1844, Theater in der Leopoldstadt
Nestroy-Rolle: Der Gevatter, der mit seiner Frau zur Hochzeit der Wirtstochter kommt, ist eigentlich nur eine witzige Nebenrolle, im Zentrum des Geschehens steht der Wirt.
Bemerkungen: Es war nur eine längere Notiz in Saphirs „Humorist", genannt „Die gewonnene und doch verlorene Wette", die Nestroy als Vorlage für diesen Einakter diente, aber Nestroy hat sie ziemlich genau dramatisiert – die Wette, daß jemand längere Zeit mit dem Schlag einer Pendeluhr mitzähle, ohne sich von irgend etwas ablenken zu lassen. Auf diese Art kommt der Wirt, um die Wette zu gewinnen, um sein

Geld und verliert auch die anschließende Wette, die ihn um den reichen Schwiegersohn bringt.

Am Rande spielt in diesem Einakter das bei Nestroy beliebte Motiv der „reichen Engländer" mit, aber im ganzen ist das Stück eher belanglos und wird so gut wie nie gespielt.

HKA 21 (Hein)

Der HOLLÄNDISCHE BAUER
siehe **Sie sollen ihn nicht haben**

HÖLLENANGST
Posse mit Gesang in drei Akten
Musik: Michael Hebenstreit
Uraufführung: 17. November 1849, Carl-Theater
Nestroy-Rolle: Wendelin Pfrim ist ein Geschöpf aus Nestroys Geist, wendig über Gott und die Welt, Religion und Aberglauben räsonierend, der sozial Schwache, der nicht resigniert, sondern sich wehrt: Schon sein Auftrittslied ist gebündeltes Aufbegehren – „Meiner Seel', 's müßt dem Himmel höll'nangst dabei wer'n". Und auch der Refrain des zweiten Couplets spiegelt Weltanschauung: „Na, da müss'n einem bescheidene Zweifel aufsteig'n." Das ist der Mann, der – selbst wenn ihm ein wenig die Knie schlottern – auch den Teufel am Schopf packt, wenn das Schicksal ihn vorbeischickt.
Bemerkungen: „I lass' mir mein' Aberglaub'n / Durch ka Aufklärung raub'n, / 's ist jetzt schön überhaupt, / Wenn m'r an etwas noch glaubt", singt Wendelin Pfrim in seinem dritten Couplet, und das ist die tiefere Aussage dieser Posse, die wieder an einem französischen Vorbild entlang gearbeitet ist („Dominique ou le Possédé" von den Herren d'Epagny und Dupin). Ihr Inhalt ist nicht besser und nicht schlechter als die vieler anderer, verworrener Nestroy-Stücke – daß Wendelin Pfrim, der bettelarme Sohn des bettelarmen Schusters, einen flüchtigen Oberrichter im fliegenden Mantel für den Teufel hält, der mit ihm (im Tausch für die Kleider) einen Pakt schließt, zieht eine Fülle turbulenter, komischer Situationen nach sich. Der Witz des Stückes besteht aber

darin, wie Wendelin und sein Vater, der ängstliche, aber verschmitzte alte Pfrim, nun versuchen, den Teufel hineinzulegen – am Ende gar mit einer Pilgerfahrt nach Rom. Die religiösen Gleichnisse, die Nestroy in seinen frechen Text flicht, waren nur durch die lockerer gewordene Zensur nach 1848 möglich.

Damals allerdings reagierte das Publikum nicht auf das Stück. Seit der legendären Aufführung 1962 im Theater in der Josefstadt (mit Hans Putz und Hans Moser als Wendelin und alter Pfrim und Elfriede Ott als Rosalie) ist es ein Dauerbrenner auf den Bühnen geworden. Im Burgtheater (1983) spielten Franz Morak / Fritz Muliar, in Reichenau (1994) Robert Meyer / Heinrich Schweiger, an der Josefstadt (1998) Karlheinz Hackl / Otto Schenk Sohn und Vater Pfrim.

HKA 27/II (Hein)

HUMORISTISCHE EILWAGENREISE DURCH DIE THEATERWELT

Quodlibet in zwei Akten nebst einem Vorspiel DER THEATERDIENER, DIE BENEFIZVORSTELLUNG UND DAS QUODLIBET

Uraufführung: 23. Mai 1832, Theater an der Wien

Nestroy-Rollen: Theaterdiener Strobelkopf, Karl Moor, Winziwinzi, Madame Punkt u. a.

Bemerkungen: Nestroy hat in seinen diversen Quodlibet-Zusammenstellungen immer auf ähnliche Motive und Rollen zurückgegriffen.

J

JUDITH UND HOLOFERNES

Travestie mit Gesang in einem Akt

Musik: Michael Hebenstreit

Uraufführung: 13. März 1849, Carl-Theater

Nestroy-Rolle: Nestroy spielte zuerst den Joab, Judiths Bruder, der sich als Judith verkleidet (also ein Spaß in Frauenkleidern), später aber übernahm er von Scholz die Rolle des Holofernes, die ihm besser stand.

Der wahnwitzige Feldherr, der in maßloser Überschätzung seines Ego wissen will, wer stärker ist, „ich oder ich", ist gleicherweise in Richtung Politsatire oder psychologischer Studie der Gespaltenheit zu interpretieren.

Bemerkungen: An dieser Parodie von Friedrich Hebbels Tragödie „Judith" warfen schon die Zeitgenossen die Frage nach dem Antisemitismus auf, und die Nachwelt tat es in verstärktem Ausmaß. Grundsätzlich kann man sagen, daß Nestroy die Juden in dem Stück pointiert „jüdeln" läßt, was eine auf Wiener Bühnen vertraute Sprachfärbung war (wenngleich die hohe Zeit des jüdischen Kabaretts erst nach Nestroys Tod begann). Tatsächlich hat er die Juden nicht besser und nicht schlechter behandelt, als er etwa mit den Wienern umgegangen ist. Man wirft ihm klischeehaftes Ausschlachten von ihrer angeblichen Geschäftstüchtigkeit vor, doch auch solche Übertreibungen sind im Rahmen der Posse legitim. Tatsächlich ist Nestroy in der Wahl seiner Mittel in dieser Travestie geradezu schamlos, aber nur in Hinblick auf die Wirkung, die er zu erzielen wünschte, nicht, um reale Juden zu diskriminieren (die übrigens im Carl-Theater einen großen Teil des Publikums stellten). Übrigens hat er zu jeder Art von Komik gegriffen, auch zu frechen Anachronismen („Was in der neuen Zeit durch Bajonette geht, das richten wir, die grauen Vorzeitler, mit dem Schwert") oder zu sprachlichen Kalauern, die eigentlich unter seiner Würde rangieren.
Für die Nachwelt ist JUDITH UND HOLOFERNES ein heikles Nestroy-Stück, weniger wegen des allzu billigen Juxes als wegen der Möglichkeit des hineinzuinterpretierenden Antisemitismus. Folglich wird es nie gespielt.
HKA 26/II (McKenzie)

Einen JUX WILL ER SICH MACHEN
Posse mit Gesang in vier Aufzügen
Musik: Adolf Müller
Uraufführung: 10. März 1842, Theater an der Wien
Nestroy-Rolle: Der Kommis Weinberl ist zwar nicht gerade ein Draufgänger, aber er hat die Seelenängste, sein Leben lang als Lohnsklave in

Nestroy als Weinberl in „Einen Jux will er sich machen". Diese Bleistiftzeichnung von Georg Fischer ist offenbar während Proben entstanden.

einem G'wölb arbeiten zu müssen, ohne davor etwas erlebt zu haben. So setzt er zu dem „Jux" an – und Nestroy hat mit ihm eine ewige Figur geschaffen. Sein erstes Couplet paraphrasiert die Parallelen zwischen „Handelsstand" und Leben mit dem Refrain: „Da wird wohl auch was g'handelt wer'n." Das zweite Couplet resümiert „Das is a verruckte Idee!", das dritte „Und es schickt sich doch offenbar nicht".

Bemerkungen: Erstmals verwendete Nestroy eine englische Vorlage, die einaktige Farce „A Day well Spent" von John Oxenford. Bei ihm sind es dann vier Akte voll von Situationskomik, in denen der Kommis Weinberl, gefolgt von dem Lehrbuben Christopherl, in die nahe gelegene Stadt fährt, damit sie – in Abwesenheit ihres Dienstherrn Zangler – in der Stadt einmal etwas erleben können. Sie lernen durch Zufall Zanglers Verlobte und deren Freundin kennen, die sie ausführen müssen, ohne Geld dafür zu haben, und sie werden natürlich mit Zanglers flüchtigem Mündel und dessen Entführer verwechselt. Am Ende rettet Weinberl die Besitztümer Zanglers vor einem Einbrecher und wird zum „Associé" ernannt. Die dreifache Hochzeit wird schließlich zum wahren „Jux" erklärt ... Die reichen Qualitäten des Stücks bestehen diesmal in der Kombination von brillantem Sprachwitz, turbulenter Situationskomik und einer Fülle von plastisch gezeichneten, witzig ausformulierten Charakteren, wobei neben Weinberl und Christopherl noch die berühmte Scholz-Rolle des Hausknechts Melchior (mit dem immer wiederkehrenden Ausspruch „Das ist klassisch") oder das altjüngferliche Fräulein Blumenblatt (stehende Formulierung: „Ganz mein Schicksal!") Glanzrollen darstellen. Selbst Zanglers alberne Nichte Marie wird durch den steten Satz „Das schickt sich nicht!" komisch. Der JUX hat sich neben dem TALISMAN, dem LUMPAZIVAGABUNDUS und dem ZERRISSENEN am nachdrücklichsten auf den Bühnen (auch außerhalb Österreichs) bewährt.

HKA 18/I (Yates)

K

KAMPL oder
Das MÄDCHEN MIT MILLIONEN UND DIE NÄHTERIN
Posse mit Gesang in drei Akten
Musik: Carl Binder
Uraufführung: 29. März 1852, Carl-Theater
Nestroy-Rolle: Kampl, der „Chirurgus vor der Linie", war Nestroys
große Spätrolle. Der einzige Arzt, den er sich geschrieben hat, ist ein
Menschenfreund, der „vor der Linie", das heißt, in den Vorstädten bei
den armen Leuten ordiniert, aber dabei doch eher psychologisch als
medizinisch vorgeht. Er ist ein guter Kerl im Sinn des Schnoferl (DAS
MÄDL AUS DER VORSTADT), aber doch nicht ohne Strenge gegen die
„Bösen". In Kampls erstem Couplet findet sich der berühmte Refrain
„Es ist alles uralt, nur in anderer G'stalt". Das zweite Couplet resümiert: „Meine Feinde solln (hier werden verschiedene Bezeichnungen
wie Künstler oder Bräutigam oder Gemeinderäte eingesetzt) sein."
Bemerkungen: Vorlage für dieses in der Handlungsführung wiederum
höchst komplizierte Stück war für Nestroy der Roman „L'Orgueil. La
Duchesse" von Eugene Sue, einem Meister der französischen Feuille-
ton-Unterhaltung. Nestroy machte daraus sein längstes Stück, und ein
höchst umständliches dazu (was sich aus der Bearbeitung der verwirrenden Romanvorlage ergab). In der Fülle der Gestalten brachte er wieder die sozialen Gegensätze auf die Bühne, mit einer besonders unsym-
pathischen, hochmütigen Adeligen (Sidona) auf der einen Seite, aber
andererseits gibt es auch unter den armen Leuten durchaus nicht nur
anständige: Der Kanzleidiener Brunner (die Scholz-Rolle) ist wahrlich
kein Edelmensch, aber eine ebenso komische wie abgründige Persönlichkeit. Die Geschichte rund um zwei verlorene Töchter handelt – wie
der Untertitel der vieraktigen Fassung der Posse heißt – von dem
„Mädchen mit Millionen" und der „Nähterin", wobei die reiche Tochter
durchaus nicht glücklich darüber ist, von unehrenhaften Mitgiftjägern
umschwärmt zu werden, während das arme Mädchen (eigentlich ihre

Schwester) fest und selbstbewußt im Leben steht. Um die Geschichte rund um die einst weggelegten und nun wiederzufindenden Mädchen zu klären, muß sich Kampl auch verkleiden. Die Handlung nimmt zahllose Wendungen bis zum Happyend, wo arm und reich sich einmal nach echter Zuneigung mischen. Die in dem Stück enthaltene Szene eines bürgerlichen Wiener Hausballes wurde in ihrer Wirklichkeitsbezogenheit sehr gelobt, im übrigen gefiel die stückimmanente „Mischung aus Satirischem und Rührendem", wie Nestroy-Forscher Aust es nennt, der Mitwelt besser als der Nachwelt. Das Burgtheater hat 1978 eine bemerkenswerte KAMPL-Aufführung mit Josef Meinrad in der Nestroy-Rolle gespielt.

HKA 31 (Aust)

KARIKATUREN-CHARIVARI MIT HEIRATSZWECK

Posse mit Gesang in drei Akten
Musik: Michael Hebenstreit
Uraufführung: 1. April 1850, Carl-Theater
Nestroy-Rolle: Der als „Pfiffikus" bezeichnete Jeriel Finkl erscheint im Lauf der Handlung als Linzer Köchin, Wühlhuber, Romanheldin, Heulmaier, Waldbauer und Actuarius. An diesem Abend wollte Nestroy sich als Verwandlungskünstler erweisen. Eines der beiden Finkl-Couplets endet mit dem Refrain: „Zu spät, zu spät, zu spät, zu spät."
Bemerkungen: Nestroy hat in diesem Stück, das nur ein einziges Mal gespielt wurde, auf Elemente seiner eigenen ungespielten Stücke, die er in der Rückhand hatte, ebenso zurückgegriffen wie auf seine von der Nachwelt „Reserve" benannten Aufzeichnungen mit Motiven und Formulierungen. Eine Vorlage im Sinn eines Stücks gibt es hier nicht, wohl aber dem Publikum bestens vertraute Figuren aus den satirischen Blättern der Zeit. Karikaturen erlebten damals, nach 1848, eine Hochblüte. Der immer zur Revolution aufstachelnde Wühlhuber und der immer jammernde Heulmaier waren Figuren aus den „Fliegenden Blättern", die Linzer Köchin war eine vertraute Volksfigur und gab Nestroy ebenso wie die „Romanheldin" Gelegenheit, in Frauenkleidern aufzutreten. Die Handlung dreht sich darum, daß „Pfiffikus" Jeriel Finkl in verschie-

dener Gestalt versucht, eine Heirat zu verhindern, was natürlich nicht gelingt. Da der Nachwelt die Karikaturen-Figuren um 1850 nicht mehr vertraut sind, hat noch niemand auf diesen eklatantesten der Nestroy-Mißerfolge zurückgegriffen.
HKA 28/II (Obermaier)

Der KOBOLD oder
STABERL IM FEENDIENST

Parodierende Zauberposse mit Gesang in drei Aufzügen
Musik: Adolf Müller
Uraufführung: 19. April 1838, Theater an der Wien
Nestroy-Rolle: Folletterl, der sich mit dem Couplet „Auf Ehre a bild-schöner Kobold bin i" einführt und später singt: „... drum ist's nicht zu beschreib'n, Was d'Leut auf der Welt gegen Gold alles treib'n." Das Stück enthält, da eine Ballett-Persiflage, sehr viel Körperkomik und pantomimische Szenen.
Bemerkungen: Nestroy hat das Feenballett „Der Kobold" einzig und allein deshalb parodiert, um die Altwiener Figur des Parapluie-Machers Staberl wieder auf die Bühne zu bringen. Dabei handelt es sich hier noch einmal um ein „Zauberstück", in dem der Beherrscher des Feuer-reichs (sprechender Name: Brennrot) und Undine, Königin der Nixen, einander als Feinde gegenüberstehen. Brennrot schickt seinen Sohn, den jungen Kobold Folletterl, aus, um Thekla, die Menschentochter der Nixenkönigin, zu verderben. Staberl, eigentlich nur am Rand des Ge-schehens dabei, wird in Thekla verwandelt, was dem Darsteller (damals Carl) ermöglicht, in Frauenkleidern herumzuhüpfen. Weil Folletterl sich nun in die falsche Thekla verliebt, die echte ihn dann aber nicht er-kennt, kommt es zu allerlei Turbulenzen. Folletterl verzichtet schließ-lich auf die Unsterblichkeit, um eine Menschenfrau lieben zu können. Obzwar durchaus komisch, hat sich die Nachwelt für dieses Nestroy-sche Zauberstück nie interessiert.
HKA 14 (Yates)

Der KONFUSE ZAUBERER oder
TREUE UND FLATTERHAFTIGKEIT

Original-Zauberspiel in drei Akten
Musik: Adolf Müller
Uraufführung: 26. September 1832, Theater an der Wien
Nestroy-Rolle: Schmafu, ein Magier, wechselt unter dem Einfluß der verschiedenen Allegorien seine Emotionen. „Mit G'walt muß der Mensch melancholisch da wer'n", singt er in seinem ersten Couplet. Anfangs ein Anhänger der Flatterhaftigkeit, entschließt er sich am Ende zur Treue.
Bemerkungen: Dies ist eines der wenigen Stücke, die auf dem Theaterzettel explizit „Original-Zauberstück" genannt werden, während Nestroy sich im allgemeinen nicht damit abgab, die Handlung seiner Stücke zu erfinden. Allerdings hat er diesmal Elemente seines TOD AM HOCHZEITSTAGE mit anderen Namen teilweise verwendet. In dieser Geschichte um Zauberer und Allegorien geht es darum, daß sich der Zauberer Schmafu (ein sprechender Name, der das wienerische Wort, sich „schmafu" = schäbig zu verhalten, aufnimmt) in die Flatterhaftigkeit verliebt und folglich die Treue verlassen hat. Ein Talisman, der immer falsche Dinge zaubert, und eine lustige Figur, der Seeräuber Konfusius Stockfisch (dieser Name charakterisiert die Wenzel-Scholz-Figur doppelt), bringen die Handlung bis zum Happyend in ein entsprechendes Durcheinander, in dem auch Nestroys Vorliebe für englischen Spleen wieder spürbar wird.

DER KONFUSE ZAUBERER war (nach DAS NOTWENDIGE UND DAS ÜBERFLÜSSIGE) das zweite Nestroy-Stück, das Karl Kraus bearbeitet hat. Er hat es auch sehr gerne vorgelesen – was in späteren Zeiten der Schauspieler Helmut Qualtinger auf seinen Spuren unternahm. Szenische Aufführungen hingegen fehlen.

HKA 3 (Scheichl)

L

LADY UND SCHNEIDER

Posse mit Gesang in zwei Akten
Musik: Michael Hebenstreit
Uraufführung: 6. Februar 1849, Carl-Theater
Nestroy-Rolle: Der Schneider Hyginus Heugeign ist das Sprachrohr des nach der Revolution politisch illusionslos agierenden Nestroy. Heugeign repräsentiert (nach Nestroy-Forscher Rio Preisner) die permanente Revolution in Gestalt des „äußerst gefährlichen, ehrgeizigen, vollkommen grundsatz- und haltlosen Biertischpolitikers und Schneiderkünstlers", der in die Politik gehen möchte und ein paar ganz harte Wahrheiten über die Manipulierbarkeit des Menschen formuliert. Sein erstes Couplet variiert die Erkenntnis: „Ja der Umschwung der Zeit, hat viel Einfluß auf d' Leut'", und das zweite, aggressiv-politische Couplet resümiert: „Da hört es auf, ein Vergnügen zu sein", wobei Strophe vier dazu meint: „Ah, wenn d' Freiheit Communismus wird, nein / Da hört es auf, ein Vergnügen zu sein."
Bemerkungen: Was die Vorlage dieser Posse betrifft, so vermerkt der Theaterzettel „Teilweise dem Französischen entnommen". Die HKA findet Motive aus „Les Mystères de Paris" von Eugène Sue. Heugeign, der von seinem Prinzipal Restl das Geschäft und die Tochter Linerl übertragen bekommen soll, erhält den Auftrag, ein Kleid für eine englische Lady zu schneidern. Daran knüpft sich eine Intrige, die vorgesehene Ehen verhindern soll und in deren Rahmen Heugeign fälschlich glaubt, es gebe größere politische Aufgaben für ihn.
Nestroys zynische Nach-Revolutions-Posse ist in Vergessenheit geraten.
HKA 26/II (McKenzie)

Die LAUNEN DES GLÜCKS

siehe **Zu ebener Erde und erster Stock**

Die LIEBEN ANVERWANDTEN
Posse mit Gesang in fünf Akten
Musik: Michael Hebenstreit
Uraufführung: 21. Mai 1848, Carl-Theater
Nestroy-Rolle: Der „Mechanikus" Edelschein ist ein besonders übler Charakter, der als Erbschleicher einen reichen Vetter umkreist. Der Heuchler und Lügner tritt mit dem Lied „Ah, die Wahrheit is in gute Händ'" auf und singt im vierten Akt: „Auf Ehre, für die ernsthafte Zeit / Gibt's noch immer viel g'spaßige Leut'." Er sagt auch den berühmten Satz: „Zwei Menschen können sich nie im Wald begegnen, ohne daß nicht jeder denkt, der Kerl könnt' ein Räuber sein."
Bemerkungen: Das ganze Stück, das auf dem Roman „Martin Chuzzlewit" von Charles Dickens basiert, handelt von den Intrigen, mit denen Edelschein alle Verwandten um den reichen, mißtrauischen Vetter Stachelbaum ausschalten will. Dieser durchschaut ihn nach einiger Zeit und schwört „Rache einer ganz eigenen Art". Er läßt Edelschein gewähren und all dessen Bösartigkeiten scheinbar geschehen, um erst am Ende, als sein nach Amerika ausgewanderter und verarmt zurückgekehrter Enkel Victor wieder da ist, die Arme für die Richtigen zu öffnen. Zum Schluß erkennt Stachelbaum an seinem eigenen Schicksal, „daß zu viel Vertrauen oft eine Torheit, zu viel Mißtrauen aber immer ein gewisses Unglück ist".
Auch die LIEBEN ANVERWANDTEN (oder DIE ANVERWANDTEN) zählen zu Nestroys vergessenen Stücken.
HKA 25/II (Walla)

LIEBESGESCHICHTEN UND HEIRATSSACHEN
Posse mit Gesang in drei Akten
Musik: Michael Hebenstreit
Uraufführung: 23. März 1843, Theater an der Wien
Nestroy-Rolle: Der Nebel rangiert unter Nestroys brillantesten Schurken: Im Monolog nach dem ersten Couplet („Und ka Mensch weiß woher, und ka Mensch weiß woher") charakterisiert er sich stolz als einer, der „nix gelernt" und „nirgends gut getan" hat, mit einer „spezi-

ellen Abneigung gegen Arbeit" und einem „Universal-Hang zur Gaudée". Dennoch will er reich werden („‚Geld macht nicht glücklich‘, sagt ein Philosoph, der Gott dankt hätt', wenn ihm wer ein's g'liehen hätt'"), und solcherart ist er gewissenlos auf eine reiche Heirat aus.

Bemerkungen: Nach der Vorlage des Stücks „Patrician and Parvenue" des Engländers John Poole hat sich Nestroy mit brillanter Schärfe vor allem zwei Gesellschaftsschichten vorgenommen: die entsetzlich gewöhnlichen, ordinären Neureichen, repräsentiert durch den ehemaligen Fleischselcher und nunmehrigen Particulier (ein von seinem Vermögen lebender Privatmann) Florian Fett, und einen in seinem Standesdünkel bis zur Verblödung erstarrten Adel, vorgestellt von Marchese Vincelli. Rund um deren Kinder begeben sich nun die diversen Liebesgeschichten, während Nebel, der sich als Baron ausgibt, hinter der reichen Lucia Distl her ist, am Ende aber froh sein muß, wenn ihm die Wirtin, die er aus Gewohnheit auch ancharmiert hat, noch Gunst gewährt.

Zu seinen Lebzeiten ein mittlerer Erfolg, hat die Nachwelt dieses Stück schätzen gelernt, das zu den schärfsten, gnadenlosesten aus seiner Feder zählt, also jenen Nestroy darstellt, den man heute gleicherweise als den typischen und besten erachtet. Den Nebel haben u. a. Heinz Petters (Volkstheater, 1964), Josef Meinrad (Burgtheater 1976), Robert Meyer (Reichenau 1993), Florian Scheuba (Liechtenstein 1995) und Helmuth Lohner (Josefstadt 1996) gespielt.

HKA 19 (Hein)

Das LIEDERLICHE KLEEBLATT
siehe **Lumpazivagabundus**

LOHENGRIN
Musikalisch-dramatische Parodie in vier Bildern
Musik: Carl Binder
Uraufführung: 31. März 1859, Carl-Theater
Nestroy-Rolle: Lohengrin erscheint bei Nestroy auf einem Wagen, der nicht von einem Schwan, sondern von einem Schaf gezogen wird

(„Nun sei bedankt, mein gutes Schaf / Kehr' wieder heim zum Zauber-
schlaf / Sei fein geduldig, lieb und brav / Wie ich fürwahr kein Schaf
noch traf"), und der sich durch die Rolle blödelt („Wenn ich den Ritter
Dingsda dort – wie heißt er denn geschwind? Egal, wenn mir auch der
Name nicht einfällt – besiege / Versprichst du mir, daß ich dann zum
Dingsda – wie sagt man denn hier zu Land und in der altdeutschen Zeit?
Hab's schon – zum ehelichen Gespons auch kriege?").

Bemerkungen: Die Parodie von Wagners „Lohengrin"-Oper, zwar in
vier Bildern, aber nicht abendfüllend, folgt in der Handlungsführung
dem Original ziemlich genau, veralbert bloß in bewährter Weise jede
Situation und auch die vorgegebenen Strukturen wie die Gralserzäh-
lung („Hoch steht ein Zauberschloß / Auf einem Felsen / Mitt'n in ein'n
Feenhain / Ganz ohne Gelsen / Drin ein Schatz, heißt der ‚Gral' /
Niemst weiß, weswegen / Und der Gral allemal / Bringt Glück und
Segen"). Nach dem Muster der eigenen TANNHÄUSER-Parodie gestrickt,
hat das Werk zu Nestroys Lebzeiten bescheiden, nach seinem Tod gar
nicht mehr reüssiert.

HKA 37 (Branscombe)

LUMPAZIVAGABUNDUS =
DER BÖSE GEIST LUMPAZIVAGABUNDUS oder
Das LIEDERLICHE KLEEBLATT

Zauberposse mit Gesang in drei Aufzügen
Musik: Adolf Müller
Uraufführung: 11. April 1833, Theater an der Wien
Nestroy-Rolle: Der Schuster Knieriem ist Nestroys berühmteste Rolle
geworden, jene, die er selbst am öftesten gespielt hat. Die Studie eines
stillvergnügten, unverbesserlichen Alkoholikers, der sich als Sternen-
kundiger erweist, ist auf der Bühne von unwiderstehlicher Wirkung –
einer, der immer das Ende vor Augen hat, aber dieses Ende auch als
Ausrede dafür benützt, mit seinem Leben nichts Anständiges anzufan-
gen. Der Monolog, der seinem Couplet von „Die Welt steht auf kein
Fall mehr lang" vorangeht und in dem Knieriem „wissenschaftlich"
beweist, daß der nächste Komet mit der Erde zusammenstoßen muß

(wobei der Halleysche Komet tatsächlich für 1834 erwartet wurde), ist ein schauspielerisches Gustostück für jeden großen Knieriem-Interpreten. Unter den Darstellern der Nachkriegszeit ist Attila Hörbiger (bei den Salzburger Festspielen 1960) wohl der Primus inter pares.

Bemerkungen: In diesem Zauberstück, das auf der Erzählung „Das große Los" von Karl Weisflog basiert, herrscht zuerst Aufruhr im Feenreich: Der böse Geist Lumpazivagabundus hat die Feenjugend verdorben, die fröhliches Schuldenmachen und Lotterleben auf ihr Banner geschrieben hat. Im Wettkampf der Feen werden drei Menschen als Versuchsobjekte gewählt: Eine Hochzeit im Feenreich wird davon abhängig gemacht, ob drei arme Männer durch Reichtum auch „brav" werden können. Auserwählt sind Knieriem, der Schuster, Zwirn, der Schneider, und Leim, der Tischler, drei arbeitslose Gesellen, die vor einer großen Stadt zusammentreffen und dann durch das große Los reich werden. Die Handlung folgt Leim nach Wien, wo er seine geliebte Peppi heiratet und tatsächlich ehrbar wird, und Zwirn nach Prag, wo er einen Nobelsalon aufmacht und sein Geld auf die lächerlichste Weise verliert (u. a. an Betrügerinnen wie die Signora Palpiti und ihre angeblichen Töchter). Von Knieriem hört man nur (und kann sich vorstellen), daß er sein Vermögen beharrlich vertrunken hat (von der Dramaturgie her bleibt Nestroy die Darstellung dieses Teils schuldig). Als die drei in Wien bei Leim zusammentreffen, zeigt sich, daß Knieriem und Zwirn es nicht „aushalten" würden, in die Bürgerlichkeit eingesperrt zu werden. Nestroy war allerdings genötigt, eine „Biedermeier"-Fassung des Endes zu schreiben, in der dann auch diese beiden brave Ehemänner werden. Von den Charakteren her geht dieser Version aber jede Glaubwürdigkeit ab.

Der Zauber des LUMPAZIVAGABUNDUS, dessen Ruhm schon bald nach der Wiener Uraufführung lawinenartig anwuchs, ist ungebrochen. Das Hohelied des „lustigen Elends", die Verklärung des Nihilismus, die Nestroy im „Kometenlied" anstimmt, wirken umso stärker, je bürgerlicher die Zeiten sind, in denen das Stück aufgeführt wird. Im übrigen aber treffen auch die Temperamente aufeinander: Obzwar Knieriem wie Leim cholerische Ausbrüche haben können, ist Knieriem doch der

Phlegmatiker, Zwirn der klassische Sanguiniker, der keine Minute still-
hält, und Leim der Melancholiker – und als solche sind sie Spielarten des
österreichischen Wesens: der philosophierende Säufer, der ewige „Dra-
her" und der besitzorientierte Bürger.
LUMPAZIVAGABUNDUS ist eines der meistgespielten Stücke Nestroys
geblieben, nicht nur der drei Traumrollen wegen. Immer wieder hat
man das Stück auch nach seinem starken Realismus-Gehalt befragt. Die
Aufführung des Wiener Volkstheaters 1999 ließ die Anfangsszenen der
drei heruntergekommenen Handwerker regelrecht im „Sandler"-Milieu
spielen.
HKA 5 (Walla)

M

Das MÄDL AUS DER VORSTADT oder
EHRLICH WÄHRT AM LÄNGSTEN

Posse mit Gesang in drei Akten
Musik: Adolf Müller
Uraufführung: 24. November 1841, Theater an der Wien
Nestroy-Rolle: Der Winkelagent Schnoferl ist eine der großen
Nestroy-Figuren, zweifellos ein Philanthrop, der die Schwachen (wie
das Vorstadtmädel Thekla) schützen möchte, aber doch nicht von der
knieweichen Sorte: Den Bösen, wie dem Herrn von Kauz, läßt er
nichts durchgehen. Dem Prager Kritiker Bernhard Gutt, der einige der
besten Charakteristiken Nestroyscher Rollen und schauspielerischer
Leistungen geschrieben hat, war Schnoferl die liebste Nestroy-Rolle,
„weil sie die gutmütigste ist. (…) Herr Nestroy gibt die schlaue Rührig-
keit, die witzige Gewandtheit Schnoferls mit einem Anfluge von
Gemüt, die ihn liebenswürdig macht, was man sonst vielleicht von keiner seiner Rollen sagen kann".
Bemerkungen: Geschrieben nach dem dreiaktigen Comedie-Vaude-
ville „La jolie fille du Faubourg" aus der Feder der Herren Paul de Kock

Das einzige Bild, das Nestroy und seine Lebensgefährtin Marie Weiler gemeinsam zeigt, ist diese Szene aus dem „Mädl aus der Vorstadt": Die Weiler spielt die
Näherin Rosalie, Schnoferls Partnerin im Quodlibet.

und Varin, schuf Nestroy eine Wiener Milieustudie, die zumindest in einem Element als Vorläufer Schnitzlerscher Problematik gelten kann: Es geht um die „süßen Mädeln" der Vorstadt, deren sozialer und ökonomischer Status sie dazu verurteilt, als Frischfleisch-Nachschub für die reichen Herren der Inneren Stadt zu fungieren. In diesem Fall steigt der betrügerische Herr von Kauz der armen Näherin Thekla nach, in die sich wiederum der junge Herr von Gigl verliebt hat. Er ist allerdings der nachlässige Verlobte der älteren und reichen Frau von Erbsenstein: genügend Arbeit für den „Winkelagenten" Schnoferl, hier alles in Ordnung zu bringen. Der zweite Akt des Stücks spielt in der Vorstadt bei dem Pfaidler (Besitzer einer Weißnäherei) Knöpfel, und die Herstellung eines Gugelhupfes durch Schnoferl, unterstützt von fröhlichen Näherinnen (was in ein berühmtes Quodlibet mündet), ist einer der possenhaften Höhepunkte des Stücks. Am Ende wird Herr von Kauz (milde, nämlich nur an seiner Geldbörse) für seine Betrügereien bestraft, Gigl darf Thekla heiraten, Frau von Erbsenstein tröstet sich großmütig mit Schnoferl.

DAS MÄDL AUS DER VORSTADT zählt zu den vielgespielten Nestroy-Stücken, wozu der realistische Bodensatz der Handlung beiträgt. Dieser ist auch expansiv – Regisseurin Ruth Drexel hat in ihrer Aufführung am Wiener Volkstheater 1998 die Näherinnen in die Nähe von Gelegenheitsprostituierten gerückt, was bei Bedarf aus dem Text herauszulesen ist. In dieser Aufführung spielte Otto Tausig den Schnoferl, der eine berühmte Glanzrolle von Josef Meinrad (Burgtheater 1962) war.
HKA 17/II (Yates)

MAGISCHE EILWAGENREISE DURCH DIE KOMÖDIENWELT
Tragikomisches Quodlibet
Uraufführung: 13. März 1830, Preßburg
Nestroy-Rollen: In den mehreren Abschnitten dieses Quodlibets spielte Nestroy u. a. Strobelkopf, ein Lump von einem Theaterdiener, Victorin, ein junger Knabe, aber leider stumm, Staberl als Physikus.
Bemerkungen: Der Text ist nicht überliefert.

MANN, FRAU, KIND
siehe Der **Tod am Hochzeitstage**

MARTHA oder
Die MISCHMONDER-MARKT-MÄGDE-MIETUNG
Parodierende Posse mit Gesang in drei Akten
Musik: Michael Hebenstreit
Uraufführung: 25. Jänner 1848, Carl-Theater
Nestroy-Rolle: Der Liebhaber Lyonel ist hier zu Leinöhl geworden,
der sich blind in seine frisch aufgenommene Magd verliebt. Er tritt mit
seinem Freund Plumpsack im Duett auf („Meiner Seel, es ist stark, was
s' da treiben auf'n Markt"), und trauert dann auch gemeinsam mit diesem um die „Spinnradzeit" (im Gegensatz zu den Damen). Der Refrain
seines großen Couplets lautet: „Aber 's bleibt nicht dabei, aber 's bleibt
nicht dabei."
Bemerkungen: Friedrich von Flotows Oper „Martha", bestimmt eines
der musikalisch wie dramaturgisch besten Beispiele der deutschen
komischen Oper, wird bei Nestroy in der Handlungsführung weitgehend genau beibehalten: Die reiche Henriette (Harriet) und ihre Dienerin Nanny (Nancy) verkleiden sich aus Langeweile in Mägde und lassen
sich von Leinöhl (Lyonel) und Plumpsack (Plumkett) anheuern. Als
dann Gefühle wach werden, stellt sich der Standesdünkel ein, bis ausreichend Geld die Doppelhochzeit sichert. Nestroy hat die Handlung
nicht parodistisch in Frage gestellt, so daß man sogar von einer wiene-
rischen Umdichtung gesprochen hat, die kaum Parodie-Charakter habe.
MARTHA ist bei der Premiere durchgefallen und eines der am wenigsten
beachteten Nestroy-Werke geblieben.
HKA 25/I (Walla)

MEIN FREUND
Posse mit Gesang in drei Akten und einem Vorspiel
Musik: Carl Franz Stenzel
Uraufführung: 4. April 1851, Carl-Theater

Nestroy-Rolle: Er heißt Schlicht, und er ist auch schlicht, nicht an Geist oder Gemüt, wohl aber in seinen Ansprüchen – ein Mann, der sein Leben in dem Bewußtsein reduziert, daß es „ein an seinem Geburtstag gefälltes Todesurteil is", und sich auf „resignierte Delinquenten-Manier" zurückzieht. Schlicht wehrt sich gegen erlittenes Unrecht nicht lautstark und auf der Stelle, sondern wartet ruhig auf die Stunde der Vergeltung. In seiner persönlichen Bescheidenheit kann er gar nicht glauben, daß eine Frau etwas für ihn empfindet. Eine interessante Nestroy-Figur, weit von seinen klassisch-aggressiven Helden entfernt. Ein Couplet, in dem er alles bezweifelt, endet mit dem Refrain: „Ja hat denn die Sprach' da kein anderes Wort." Später hat Nestroy auch noch die Figur des Juweliers Stein gespielt.

Bemerkungen: Im Vorspiel wird der Sekretär Schlicht von seinem „Freund" Flint um 2000 Gulden und seine Stellung gebracht. Die Haupthandlung spielt sechs Jahre später – da hat Schlicht durch eine Intrige Flints auch seine Geliebte verloren, die den Juwelier Stein geheiratet hat. Schlicht findet bei seinem Vetter, dem selbstbewußten Maurer Hochinger (der sich mit dem Spruch „Wer's hat, der kann's tun" in den Sack lügt) Unterschlupf. Dessen Tochter Marie, deren Zuneigung Schlicht nicht erkennt, verschafft ihm eine Stellung in der Leihbibliothek, in der auch sie arbeitet. Dort begegnet Schlicht Flint wieder, der derselbe schlechte Kerl geblieben ist, gleichzeitig Marie verführen und die Juwelierstochter samt kostbarem Schmuck entführen will. Schlicht kann die Untaten seines „Freundes" verhindern.

Die Szene in der Leihbibliothek (aufgeputzt durch das alte, sich gemütlich gebende, aber höchst unverschämte Faktotum Schippl, die Scholz-Rolle) ist ein Zeit-Genrebild von Rang. Das Stück selbst, in der Handlung eher verworren, in der Stimmung düster, besticht durch die Charaktere. Das hat auch eine der seltenen Aufführungen von MEIN FREUND im Jahr 2000 im Theater in der Josefstadt (mit Helmuth Lohner als Schlicht) gezeigt.

HKA 30 (Aust)

Die MISCHMONDER-MARKT-MÄGDE-MIETUNG
siehe **Martha**

MOPPELS ABENTEUER IM VIERTEL UNTER WIENER WALD, IN NEU-SEELAND UND MAROKKO
Posse in zwei Aufzügen
Musik: Adolf Müller
Uraufführung: 5. Mai 1837, Theater an der Wien
Nestroy-Rolle: Man hat festgestellt, daß Moppel, der Diener eines englischen Lords, keine echte Nestroy-Rolle ist. Sie wurde auch von Scholz kreiert. Moppel treibt das wirre Geschehen mit unzweifelhaftem Mutterwitz, aber mehr auf die gemütliche Scholz-Weise, weiter.
Bemerkungen: Diese Posse, die kein direktes Vorbild hat, in ihren „exotischen" Motiven aber im Altwiener Volkstheater verankert ist, zwingt Moppel, den Diener des lästigen Lord Steolequeastle, auf eine Weltreise voll von Abenteuern. Er landet zuerst in Neuseeland, im Reich von Häuptling Xura, wo er beinahe hingerichtet wird, dann in Marokko, dem Reich von Statthalter Ramram, wo er als Sklave im Palast lebt. Nach der Flucht landen alle wieder in „Unterösterreich", wo die Geschichte begonnen hat, Moppel prüft in „marokkanischer" Verkleidung die Treue seiner Peppi, und es gibt ein Happyend.
Das Stück, von Nestroy einst für die an Wiener Volksbühnen beliebten „Gymnastiker" geschrieben, hat für die Nachwelt noch keinerlei Reiz offenbart.
HKA 12 (Yates)

MÜLLER, KOHLENBRENNER UND SESSELTRAGER oder Die TRÄUME VON SCHALE UND KERN
Zauberspiel in drei Aufzügen
Musik: Adolf Müller
Uraufführung: 4. April 1834, Theater an der Wien
Nestroy-Rolle: Der Sesselträger Rot gewinnt in dem Stück wenig Konturen und Individualität, da Nestroy seine beiden Kollegen Schwarz und Weiß in ganz ähnlicher Manier führt.

Bemerkungen: In diesem Zauberspiel ist Rübezahl (bei Nestroy allerdings kein Berggeist, sondern ein Gnomenfürst) dafür zuständig, drei Erdenmenschen ihre Wünsche zu erfüllen: Drei Unzufriedene, der Müllermeister Weiß, der Kohlenbrenner Schwarz und der Sesselträger Rot, wünschen sich nacheinander Reichtum, romantische Liebe und Künstlertum, und das Stück läßt sie mit jedem Wunsch gewaltig auf die Nase fallen. Die Reichen fürchten um ihr Geld, die Verliebten lernen an den Frauen zu zweifeln, und die Künstler sterben im Mißerfolg und sind erst nach ihrem Tod etwas wert – eine sehr negative, österreichische Erkenntnis, wie übrigens Nestroys desillusionierender Geist hier besonders stark zum Ausdruck kommt. Wenn er seine Helden am Ende wünschen läßt, „als einfache Landleute auf der glücklichen Mittelstraße froh zu leben", schneidet er ein Thema an, das er noch im gleichen Jahr in WEDER LORBEERBAUM NOCH BETTELSTAB noch deutlicher ausformuliert hat.

Nestroy hat versucht, im Stil des LUMPAZIVAGABUNDUS wieder drei Handwerker auf die Bühne zu bringen und die Motivpalette zu erweitern (die Idee, was aus erfüllten Wünschen wird, ist schließlich immer wieder lohnend zu betrachten), aber weder Mitwelt noch die Nachwelt, die sich dieses Stücks kaum je annimmt, haben es ihm gedankt. Eine der seltenen Aufführungen fand 1993 auf Burg Liechtenstein statt.

HKA 7/II (Walla)

N

NAGERL UND HANDSCHUH oder
Die SCHICKSALE DER FAMILIE MAXENPFUTSCH

Neue Parodie eines schon oft parodierten Stoffes in drei Aufzügen
Musik: Adolf Müller
Uraufführung: 23. März 1832, Theater an der Wien
Nestroy-Rolle: Rampsamperl (auch: „Ramsamperl") ist der „Erbe unzähliger magischer Herrschaften" und der – natürlich nicht mit gewöhn-

lichen Maßstäben zu messende – „Liebhaber" des Stücks. Später hat Nestroy auch noch eine andere Komikerrolle, die des Stallmeisters Knappenstiefel, der sich als Prinz ausgeben darf, übernommen.

Bemerkungen: Nestroy griff für seine Parodie des „Aschenbrödel"-Stoffes auf zwei Opern von Gioacchino Rossini und Nicolo Isouard zurück, in denen er selbst oft gesungen hatte, desgleichen auf die Parodie der Parodie: Die Schauspielerin Auguste Schreiber hatte sich am 15. April 1830 im Theater in der Leopoldstadt selbst ein Benefizstück geschrieben, „Finette Aschenbrödel" benannt, für sich in der Titelrolle und Raimund als Montefiascone. Nestroy kannte auch das, er hatte es in Graz gespielt.

Nestroy gibt Rosa, auch „Küchengretel" genannt, zu den bösen Stiefschwestern Hyacinthe und Bella hier einen Stiefvater, nicht, wie üblich, eine Stiefmutter. Poverinus Maxenpfutsch, „Besitzer von Schuldenfeld", ist – wie sein Name mehrfach versichert – so arm, daß er unbedingt seine Töchter reich verheiraten muß. Als Zauberer Semmelschmarrn, Erzieher von Prinz Rampsamperl, als Bettler erscheint, ist nur Rosa nett zu ihm. Rampsamperl kommt als Stallmeister verkleidet ins Haus und verliebt sich in Rosa. Als die Familie zum Ball aufbricht, besorgt Semmelschmarrn Rosa ein Kleid. Während des Balls behandelt Maxenpfutsch Rampsamperl im Stallmeister-Gewand herablassend, während sich der echte Stallmeister, Knappenstiefel, als Prinz ausgibt. Das „Pas de trois" von Rampsamperl, Maxenpfutsch und Semmelschmarrn am Aktende markiert den Höhepunkt des turbulenten Possenspaßes. Im dritten Akt gibt es allgemeines Erkennen, Rampsamperl bekommt seine Rosa, Knappenstiefel nimmt sich Bella, Semmelschmarrn schließlich Hyacinthe, und Maxenpfutsch ist seine Sorgen los.

Da dieses Stück musikalisch sehr aufwendig ist und auch die „Aschenbrödel"-Opern sich nicht mehr derselben Popularität erfreuen wie zu Nestroys Zeiten, kommt es kaum zu Aufführungen von NAGERL UND HANDSCHUH.

HKA 2 (Hein / Yates)

Das NOTWENDIGE UND DAS ÜBERFLÜSSIGE
siehe Die **beiden Nachtwandler**

NUR KECK!
Posse mit Gesang in drei Akten
Uraufführung: Zu Nestroys Lebzeiten nicht aufgeführt. Posthum gespielt erstmals am 2. Juli 1943 im Wiener Bürgertheater.

Nestroy-Rolle: Nestroy hätte sich in diesem Stück wieder die Rolle eines älteren Mannes, des Rentenschreibers Federklecks, zugeteilt, weil Karl Treumann die Figur des jugendlichen Intriganten Stegreif zugedacht war. Das Auftrittslied des Federklecks behandelt ein schon im SCHÜTZLING angeschlagenes Thema: „Ich hab ka Bekanntschaft, ka Protektion."

Bemerkungen: Diese Posse, die Nestroy ursprünglich „Gewagte Mittel" genannt hätte, ist bis auf einen Monolog und zwei Couplets fertiggestellt: Man weiß nicht, warum sie nicht gespielt wurde, zumal es ihm damals, als Direktor des Carl-Theaters, ja freistand, den Spielplan zu bestimmen. NUR KECK! stützt sich auf „London Assurance", ein Lustspiel des irischen Dichters Dion Boucicault, laut W. E. Yates das beste Original, das Nestroy je bearbeitet hat. Die fünfaktige Vorlage wird bei ihm zu einem Dreiakter, in dem es wieder um Heiratssachen geht: Des Geldes wegen soll der junge Heinrich das alte Fräulein von Jahrzahl, soll die junge Anna den alten Herrn Graufalter heiraten. Der ältliche Federklecks und seine Gattin Philippine werden engagiert, eine schlechte Ehe vorzuspielen, und plötzlich geht die Beziehung über den gespielten Krächen fast zu Bruch – die hier zugefügten Verletzungen zählen zu den psychologisch faszinierendsten Szenen des Stücks. Verwechslungen und Verkleidungen gehen so weit, daß Federklecks als Fräulein Jahrzahl erscheint. Stegreif durchwirkt das Geschehen als Intrigant, und im zweiten Akt wird im Rahmen eines Couplets rund um den Kirchhof mit Gespenstern und Erscheinungen Scherz getrieben: In einer Parodie von Raupachs „Müller und sein Kind" geht es um den Aberglauben, daß wer in dieser Nacht auf dem Friedhof wandelt, stirbt. Es wurde die Meinung vertreten, Nestroy habe das Stück – in

seiner eigenen abergläubischen Furcht vor dem Tod – um dieser Szene
willen nicht spielen lassen. Die Nachwelt hat sich im allgemeinen kaum
für NUR KECK! interessiert. Elfriede Ott brachte es unter dem Original-
titel GEWAGTE MITTEL 1985 bei ihren Nestroy-Festspielen auf Burg
Liechtenstein heraus.
HKA 34 (Yates)

NUR RUHE!
Posse mit Gesang in drei Akten
Musik: Adolf Müller
Uraufführung: 17. November 1843, Theater in der Leopoldstadt
Nestroy-Rolle: Der Rochus Dickfell ist wiederum einer von Nestroys
„negativen" Helden, wie sie seine Zeitgenossen nicht mochten, intri-
gant, pöbelhaft, unsympathisch – ein Bild des Wieners der unteren
Stände, das heute wieder interessant ist, da es auch Nachfolgefiguren
dazu gibt, wie sie etwa Helmut Qualtinger verkörpert hat. Rochus, der
Lederergeselle, zieht in seinem Auftrittscouplet die bekannten Quer-
verbindungen zwischen seiner Profession und dem Leben („lederne
Geister" und „Herzen von Leder"), philosophiert im 2. Akt singend
über menschliches Verhalten („Das geht mir nicht ein"), im dritten Akt
desgleichen („Und glaub'n S', 's is ihm recht? – Gar ka Spur!"). Von
Rochus schließlich stammt die Überlegung, was den Menschen vom
Tier unterscheidet: „Die Sprach' soll uns auch auszeichnen vor die
Tier', und mancher zeigt grad durch das, wenn er red't, was er für a
Viech is."
Bemerkungen: Das Stück, dessen Vorlage nicht gefunden wurde, handelt eigentlich von dem Herrn von Schafgeist (die Scholz-Rolle), der die
titelgebende „Ruhe" haben will, dem sie aber, nach den Gesetzen der
Possendramaturgie, natürlich nicht wird. Auf seinen Neffen, dem er
das Geschäft übergeben hat, kann er sich nicht verlassen, und dann
bricht auch noch eine Familie mit dem sprechenden Namen Hornißl
wie ein Hornissenschwarm über ihn herein und nistet sich bei ihm in
aller Unverschämtheit ein. Rochus, sein Angestellter, intrigiert sich heftig in die Handlung hinein, indem er seine Ziehtochter Leocadia den

diversen jungen Herren anbietet. Am Ende der äußerst unübersicht-
lichen Handlung steht dann eine wieder aufgetauchte Tochter von
Schafgeist. NUR RUHE! zählt zu den selten gespielten, aber nicht ver-
gessenen Stücken Nestroys. Im Jahr 2000 war es bei Nestroy auf
Liechtenstein zu sehen.
HKA 20 (Hein)

P

Die **PAPIERE DES TEUFELS** oder
Der **ZUFALL**
Posse mit Gesang in drei Akten
Musik: Adolf Müller
Uraufführung: 17. November 1842, Theater an der Wien
Nestroy-Rolle: Der arme Schreiber Federl zählt zu den interessante-
sten Nestroy-Figuren und ist wieder einer der innerlich „freundlicher"
strukturierten Nestroy-Helden – ein armer, aber guter Kerl mit einem
klugen Kopf und einer Portion Nestroyschem Sarkasmus, dessen Couplet über die „Chimäre, aber mich unterhalt's" unglaublich viel über
Lebenslügen oder auch über das Korrektiv der Wirklichkeit durch die
Phantasie aussagt: „Nur eine lebhafte Einbildungskraft muß man haben,
die muß aber schon verflucht lebhaft sein, nacher ist es recht angenehm
auf der Welt …" Wie das Leben real für einen armen Kerl aussieht,
zeigt das Couplet im dritten Akt: „Dieses G'fühl – ja da glaubt man,
man sinkt in die Erd'."
Bemerkungen: Die heiß begehrte Vorlage dieses Stücks war ein Pariser Vaudeville, „Les Memoires du Diable" des Autorenduos Arago /
Vermond, das damals sozusagen durch Europa reiste, in London gespielt und in Deutschland mehrfach übersetzt wurde, und das man in
Wien zuerst in einer Fassung von Josef Kupelwieser kennenlernte.
Nestroy fand darin mehrere Themen vor, die er immer wieder gern
bearbeitet hat – da ist sein Spiel mit dem Theater als Genre, das seine

Possen oft noch irrealer macht, als sie von der Handlungs-Unwahrscheinlichkeit her schon sind. Und da sind die Themen Aberglaube, Manipulation, „Teufel", Zufall und Schicksal, die bei ihm wiederkehren (hier deutlicher noch als in der HÖLLENANGST) und die das Stück, inhaltlich wieder einmal simpel, zum amüsanten Gedankenspiel machen. Die Handlung dreht sich um das Testament, das der abergläubische Maurer Dominik auf Geheiß zweier Herren im „Teufelszimmer" einmauert, und um den Schreiber Federl, den Dominik für den Teufel hält, zumal dieser in einer Theateraufführung auch noch dessen Rolle übernimmt. Sophie, die Ziehtochter der Witwe Dorothea Stoppel, ist das Ziel von Federls Wünschen, doch die Frauen werden durch den Greißler Schrollmann um ihr ganzes Geld gebracht, bis Dominik – der die von Schrollmann zufällig gesprochenen „Losungsworte" vernimmt – das Testament wieder hervorholt. Am Ende lassen alle den Zufall hochleben.

Obwohl die PAPIERE DES TEUFELS in Inhalt und Form ein sehr reizvolles Nestroy-Stück sind, werden sie selten gespielt. 1991 waren sie bei den Nestroy-Spielen in Schwechat zu sehen.

HKA 18/II (Haida)

PRINZ FRIEDRICH VON KORSIKA
Historisch-romantisches Drama in fünf Akten nach van der Veldes Erzählung

Uraufführung: 18. Dezember 1841, Theater an der Wien

Nestroy-Rolle: Dieses Stück wurde ohne Nestroy aufgeführt, und das etwa 15 bis 20 Jahre nach seiner vermuteten Entstehung. Fraglich, ob der vielleicht 20jährige Autor sich selbst in der heroischen Titelrolle gesehen hat.

Bemerkungen: Schon bei seinem ersten Stück hat Nestroy auf eine Vorlage zurückgegriffen, auf „Prinz Friedrich. Eine Erzählung aus der ersten Hälfte des 18. Jahrhunderts" von C. F. van der Velde. Nestroy macht daraus ein Erstlingswerk von geradezu klassischem Zuschnitt. Der erste Akt spielt 1735 in Köln, der zweite im Mai 1736 in Livorno, der dritte und vierte im Juni des gleichen Jahres in Korsika, der fünfte

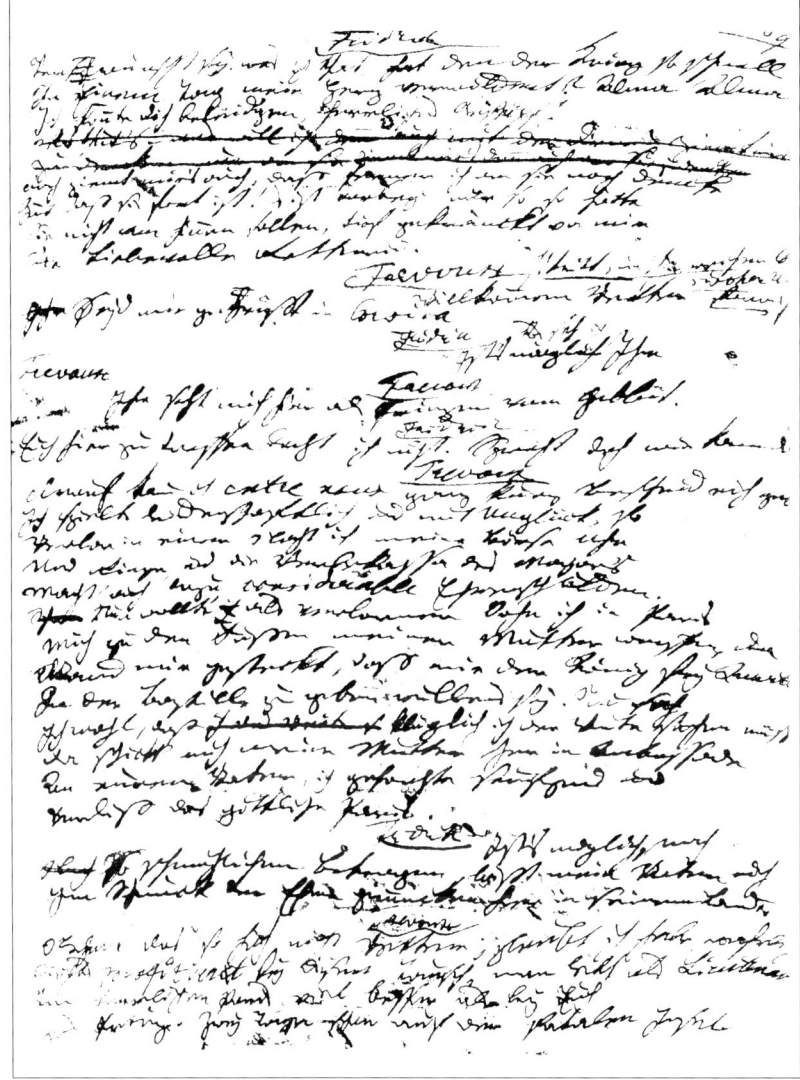

Die Entstehungszeit von Nestroys Erstling „Prinz Friedrich von Korsika" ist nicht bekannt, Wissenschaftler vertreten verschiedene Ansichten. Die Handschrift ist jedenfalls sehr charakteristisch für ihn und hier sogar übersichtlicher als in vielen anderen Fällen.

wieder in Livorno, im Oktober 1736. In diesem Zeitraum erfüllt sich das
Schicksal des deutschen Malers Friedrich Schmidtberg, dem man seine
ihm bislang unbekannte adelige Abkunft kundtut. In Livorno erfährt er,
daß sein Vater zum König von Korsika gewählt wurde, und eilt dorthin.
In der verwirrenden Handlung spielen Zigeuner, Genueser (die Friedrich gefangen nehmen), Franzosen, Tunesier und Juden eine Rolle. Als
Friedrich am Ende aus dem Wahnsinn, in den er zeitweise gesunken ist,
erwacht, stellt sich seine Geliebte, die Zigeunerin Alma, noch als Tochter eines korsischen Edelmannes heraus …
Das Historienspektakel, dessen Absicht und Aussage nicht recht ein-
sichtig sind, ist zu Nestroys Lebzeiten unter dem Titel RUDOLF PRINZ
VON KORSIKA 1841 zweimal, nach Nestroys Tod einmal in Wien, im Juli
1995 im Rahmen einer sommerlichen Freilicht-Produktion, gespielt
worden.
HKA I (Walla)

Die PYRAMIDEN DER VERZAUBERUNG
siehe **Genius, Schuster und Marqueur**

Qu

Das QUODLIBET VERSCHIEDENER JAHRHUNDERTE
Scenen- und Personen-Durcheinander aus ältern und neueren
Stücken in drei Abteilungen, „derangiert" von Johann Nestroy, nebst
einem Vorspiele in einem Akt: DIE DRAMATISCHEN ZIMMERHERRN (*siehe
diese*)

R

ROBERT DER TEUXEL

Große parodierende Zauber-Posse mit Gesang in drei Akten
Musik: Adolf Müller
Uraufführung: 9. Oktober 1833, Theater an der Wien
Nestroy-Rolle: Nestroy spielt den „Teufel" Bertram, der hier – der Zensur wegen – nur der „Commissionär eines bösen Zauberers" ist. Das erste Couplet singt allerdings der Harfenist Reimboderl (Scholz-Rolle), weitere die Damen Isabella (Roberts Geliebte) und Lieserl (Reimboderls Braut), bis Bertram dann im dritten Akt zu seinem Solo kommt: „A böser Geist sein, das is itzt ein elendiges Brot."
Bemerkungen: Die Nestroy-Forschung nennt Nestroys Parodie von Giacomo Meyerbeers „Großer Oper" „Robert le Diable" seine erste literarische Meisterparodie. In der Oper, deren fünfaktiges Libretto Eugène Scribe für Meyerbeer schrieb, wird Robert, des Teufels Menschensohn, von Bertram als seinem „bösen Geist" von Unheil zu Unheil getrieben. In Nestroys drei Akten findet sich die überdrehte Schauerhandlung durch wienerische Travestierung in ihrer ganzen Albernheit entlarvt. Die „Übersetzung" der Schaueroper ins Wiener Milieu bietet allerlei lokalbezogene Anspielungen und zeigt auf der Bühne „reale" Wiener Schauplätze wie beispielsweise die „Spinnerin am Kreuz" (wovon es auch bildliche Darstellungen gibt). Ein Bacchanal mit Nonnen wird bei Nestroy zum Gumpoldskirchner Weinkeller mit drallen Kellnerinnen und dergleichen gelungenen Ideen mehr. Doch der Erfolg zu Nestroys Zeiten basierte auf einer Kenntnis des Originals, die der Nachwelt abgeht. So ist mit Meyerbeers Oper auch Nestroys Parodie der Vergessenheit anheimgefallen.
HKA 6 (Walla)

S

Saat und Ernte
siehe Der Treulose

Schabernack über Schabernack
siehe Eulenspiegel

Die Schicksale der Familie Maxenpfutsch
siehe Nagerl und Handschuh

Die schlimmen Buben in der Schule
Burleske mit Gesang in einem Akt
Musik: Michael Hebenstreit
Uraufführung: 10. Dezember 1847, Carl-Theater
Nestroy-Rolle: Der „schlimme Bub" Willibald Schnabel, der immer seinen Schnabel wetzt und trotz seiner niedrigsten sozialen Stellung in der Schüler-Hierarchie als Anführer das große Wort hat, zählte zu Nestroys eigenen Glanzrollen, die er bis ins hohe Alter, bis vor seinem Tod gespielt hat. Willibalds Erkenntnis, daß die Welt „die wahre Schule" sei, zählt zu Nestroys meistzitierten und pointiertesten Formulierungen. Von diesem Willibald, der sich nicht unterkriegen läßt, könnte man sich vorstellen, daß er später einmal zu Titus Feuerfuchs (Der Talisman) wird ...
Bemerkungen: Nestroys Einakter, sein – wie man damals fand – dürftiger Beitrag zur Eröffnung des neuen Carl-Theaters, basiert auf dem einaktigen Vaudeville „Maître d'Ecole" des Autoren-Duos Lockroy und Anicet-Bourgeois. Nestroy hat das Stück von seinem hohen Musikanteil gereinigt und ihm eine gewaltige Realitätsspritze verliehen. Denn wie der arme, aber notgedrungen opportunistische Schulmeister Wampl sich vor den Vorgesetzten duckt, die seine Stellung garantieren, wie die Buben je nach dem sozialen Status und den Zuwendungen der Eltern behandelt werden, wie wahre Leistung ebensowenig eine Rolle spielt wie Charakter – das ist bei aller Turbulenz der Bubenstreiche und den

Nestroy (stehend) ist der böse Willibald in „Die schlimmen Buben in der Schule".
In dieser Rolle ist er auf zahlreichen Bildern und auch in diversen Devotionalien
verewigt worden.

auch albernen Pointen ein Stück Realität. Der ewige Reiz des Schul-
Milieus (später von der „Feuerzangenbowle" bis zu den „Lümmel"-Fil-
men zu finden) verbindet sich bei Nestroy mit einem geradezu überdeutlichen Lehrstück über die Schule als Schule des Lebens, wo schon
alle Mechanismen funktionieren, die im Erwachsenen-Alltag herrschen.
Daß die „schlimmen Buben" umso lustiger sind, je mehr Jahre ihre
Interpreten auf dem Buckel haben, zeigte die Aufführung in den Kammerspielen des Theaters in der Josefstadt 2000, wo die Nestroy-Rolle
des Willibald alternierend in den Händen von Fritz Muliar und Helmuth
Lohner lag und Elfriede Ott die Leiden des Lehrers Wampl darstellte.
HKA 25/I (Walla)

Der SCHÜTZLING

Posse mit Gesang in vier Akten
Musik: Adolf Müller
Uraufführung: 9. April 1847, Theater in der Leopoldstadt
Nestroy-Rolle: Gottlieb Herb zählt zu den bei Nestroy nicht häufigen
„ernsthaften" Helden, der ein Problem hat: Er möchte alles nur sich
selbst, nichts der in Österreich so verbreiteten Fürsprache zu verdanken haben. Der Monolog, der Herbs Auftrittscouplet („Und der
Mensch hat kein Glück, und der Mensch hat kein Glück") folgt, enthält
nicht nur bemerkenswerte Überlegungen über die angeblich so „glücklichen" Kinder, sondern auch die berühmte Formulierung: „Was hat
denn die Nachwelt für mich getan? Nichts! Gut, das Nämliche tu' ich
für sie." Herb hat auch einen brillanten Selbstmord-Monolog und das
Couplet mit dem Refrain: „'s is wirklich famos / Wie der Fortschritt so
groß!"
Bemerkungen: Es ist schwer, den SCHÜTZLING – dessen exakte Vorlage noch nicht gefunden ist (eventuell „Le Protégé" von Joseph-Ber-
nard Rosier) – auf einen einfachen, klaren Nenner zu bringen. Weder
Hauptfigur noch Handlungsführung, die erst am Schluß dann wieder
gänzlich possenhaft wird (mit Betrunkenheits-Szene für Scholz als armer
Buchbinder Pappinger), verlaufen linear. Ähnlich wie im UNBEDEUTEN-
DEN erzählt Nestroy wieder eine ernsthafte Geschichte – und er bringt,
erstmals, die Welt der Fabriken auf die Bühne, die schon seit längerer Zeit ein Stück Lebensrealität sind: Die Industrialisierung hat auch
mit den sozialen Gegebenheiten, in denen Nestroy lebt, zu tun. Der
SCHÜTZLING schneidet viele Themen an, etwa das ewig-österreichische
der Protektion, aber erstmals wird auch der „Fortschritt" diskutiert,
durchaus kritisch, wie bei Nestroy immer, aber keinesfalls nur negativ.
Dieses in seiner Grundhaltung überraschend „positive" Stück hat die
Mitwelt verwirrt, und der Nachwelt geht es ähnlich: Es gibt kaum Versuche, sich damit auseinanderzusetzen.
HKA 24/II (McKenzie)

SIE SOLLEN IHN NICHT HABEN oder
Der HOLLÄNDISCHE BAUER

Faschingsposse mit Gesang in zwei Aufzügen

Musik: Michael Hebenstreit

Uraufführung: 12. Jänner 1850, Carl-Theater

Nestroy-Rolle: Vinzenz ist der Gehilfe von Krapfl (Scholz-Rolle), dem Besitzer eines Mandoletti-Ladens. Er ist ein echter Schwadroneur, dessen Erfindungen (u. a. eine holländische Verwandtschaft) die Handlung in Schwung halten. Vinzenz tritt im Küchengewand auf und singt, das Mandoletti-Gebäck (eine seinerzeit sehr begehrte Mandel-Bäckerei) erfülle einen hohen Zweck …, woran sich ein brillanter Monolog schließt. Sein zweites Lied schließt mit der Erkenntnis: „So hätt' ich gegn's Schicksal mein' Schneid / Denn es paßt nicht für unsere Zeit." Auch Krapfl hat ein witziges Couplet mit dem Refrain: „Ja, das wär freilich schön / Ab'r i glaub, 's wird nicht geh'n."

Bemerkungen: Das Stück, nach dem Vaudeville „Habit, Veste et Culotte" von Varin / Boyer entstanden, existiert in einer nicht gespielten dreiaktigen und einer gespielten zweiaktigen Fassung, doch das ist vordringlich für die Wissenschaft interessant. Denn nach dem Mißerfolg der Premiere ist das Werk vergessen worden. Es geht um ein holländisches Gewand, in das 50.000 Gulden eingenäht sind, um Mandoletti-Bäcker (so hätte das Stück auch ursprünglich heißen sollen), um eine Menge Verkleidungen, einen Maskenball. Der Schlußgesang macht klar, daß nicht mehr als ein typischer Faschings-Jux geplant war. Elfriede Ott hat bei ihren „Nestroy-auf-Liechtenstein"-Festspielen 2001 eine bearbeitete Version des HOLLÄNDISCHEN BAUERS unter dem Titel „Mandoletti" versucht.

HKA 28/1 (Obermaier)

STABERL IM FEENDIENST

siehe Der **Kobold**

T

Der TALISMAN

Posse mit Gesang in drei Aufzügen
Musik: Adolf Müller
Uraufführung: 16. Dezember 1840, Theater an der Wien
Nestroy-Rolle: Der rothaarige Titus Feuerfuchs, ein vazierender Bar-
biergeselle, ist als ewige Figur der Dramatik Nestroys überzeugendster
Beitrag zum Welttheater: Von „Drum auf d'Haar muß man geh'n /
Nacher trifft man's schon schön" über „Ja, die Zeit ändert viel" bis zu
„Da hab' i schon g'nur" reichen seine Couplets, mit Monologen angereichert, die gleicherweise als geschliffene Gehirn- wie Sprachakrobatik
auch für Nestroy einen Höhepunkt darstellen. Obzwar Titus bei seinem Aufstieg Menschen benützt und wieder fallen läßt, ist er kein
schlechter Charakter: Der Ausgegrenzte handelt aus Notwehr, und am
Ende ist er durchaus imstande, Werte zu erkennen und sich dazu zu
bekennen.
Bemerkungen: DER TALISMAN ist Nestroys großes Stück über das Vor-
urteil schlechthin, hier festgemacht an den roten Haaren, die „von ein
falschen Gemüt zeigen soll'n". Titus Feuerfuchs, wie die arme Gänse-
hüterin Salome Pockerl solcherart zum Außenseitertum verurteilt,
wehrt sich dagegen mit Hilfe von Perücken. Sein Aufstieg über die
Gärtnerin Flora Baumscheer und die Kammerfrau Constantia zur
Schloßherrin Frau von Cypressenburg selbst erfolgt mit Hilfe seines
infernalischen Witzes, aber auch durch seine gnadenlose Rücksichtslosigkeit. Als er entlarvt und hinausgeworfen wird, lernt er seine Lek-
tion schnell: Als „Erbe" (sein Onkel, der Bierversilberer Spund, erscheint
im rechten Moment) wäre er trotz der roten Haare willkommen, denn
Geld besiegt in Nestroys Erkenntnis alles. Doch Titus entscheidet sich
für Salome, die einzige, für die er auch als Rothaariger ein Mensch und
kein abstoßendes Monster gewesen ist.
Diese Salome ist überhaupt eine der rührendsten Frauengestalten aus
Nestroys Feder, wobei die Stärke des TALISMAN auch in der präzisen

Zeichnung der anderen Figuren besteht. Im übrigen hat Nestroy nur in wenigen Stücken die Handlung (nach dem Vaudeville „Bonaventure" von Dupeuty/de Courcy) dermaßen übersichtlich und konzentriert gestaltet. Form, Inhalt und Theaterwirksamkeit kamen zusammen, um den TALISMAN zu einem seiner rechtens erfolgreichsten und meistgespielten Stücke zu machen.
HKA 17/I (Hein / Haida)

TANNHÄUSER
Zukunftsposse mit vergangener Musik und gegenwärtigen Gruppierungen in drei Akten
Musik: Carl Binder
Uraufführung: 31. Oktober 1857, Carl-Theater
Nestroy-Rolle: Der Landgraf Purzel wurde zu einer der berühmtesten Nestroy-Rollen seiner späten Zeit. Von Hermann Klee auf einem Foto festgehalten, ist er darin in dem sogenannten „Nestroy-Album" (die Rollenbilder der Spätzeit) vertreten. Der dazugehörige Text lautet, in Variation des Originals: „Im Venusberg vergaß er Ehr und Pflicht! / Merkwürdig, unsereins kommt zu so was nicht!" (Im Volksmund überliefert als: „Und ich, der Landgraf, komm' zu so was nicht", was dann den Sexualneid, den Nestroy aus dem Original geholt und in der Parodie behandelt hat, voll zum Ausdruck bringt.)
Bemerkungen: Nestroys Rückkehr zu Opernparodien, mit denen er in

Nestroy als Landgraf Purzel in der Wagner-Parodie „Tannhäuser".

seiner Frühzeit erfolgreich war, wurde durch den Erfolg von, aber auch durch die Diskussion über Richard Wagners Opern und deren „Zukunftsmusik" evoziert. Nestroy hat sich für seine Kurzfassung des „Tannhäuser" zwar an Wagners drei Akte (Venusberg / Gebirgsgegend, Wartburg, Gebirgsgegend) und ihren Handlungsverlauf, darüber hinaus aber auch an eine vorhandene Parodie von H. Wollheim gehalten. Dennoch ist der TANNHÄUSER ganz sein Blödel-Werk (Purzel: „Ihr Freunde seht, soll sich mein Auge irren / Hier liegt ein fremder Rittersmann spazieren / Ich glaube gar, ich kenne diesen Wanderer / Entweder ist er's, oder 's ist ein anderer"), indem die Travestie des „Hehren" wieder voll greift und es am Ende natürlich ein Happyend zwischen Tannhäuser und Elisabeth gibt. Da auch Carl Binders Bearbeitung von Wagners Musik als überdurchschnittlich gut gelungen gilt, ist es in diesem Fall erstaunlich, daß die Parodie so selten gespielt wird, da man ja die Kenntnis der Vorlage nach wie vor voraussetzen kann.

HKA 36 (Branscombe)

THEATERG'SCHICHTEN DURCH LIEBE, INTRIGE, GELD UND DUMMHEIT

Posse mit Gesang in zwei Akten
Musik: Carl Binder
Uraufführung: 1. Februar 1854, Carl-Theater
Nestroy-Rolle: Matthias Damisch ist reich, dumm und theaterbesessen. Das Theater ist für ihn „Begeisterungstempel", für seinen Freund Conrad, der es verlassen hat, eine „zusammengeflickte Coulissenwelt". Damisch hat ein Couplet, Conrad, den Nestroy für Karl Treumann geschrieben hat, sogar zwei, eines mit dem Refrain: „Der Jugend verzeiht man ja All's auf der Welt."
Bemerkungen: Das Theater, Nestroys Lebenswelt, ist von ihm oft thematisiert worden, aber nur in diesem Stück und in UMSONST in so zentraler Weise. Indem es darum geht, Damisch von seiner blinden Theaterleidenschaft zu heilen, stellt Nestroy die Welt der Komödianten jener der Bürger gegenüber. Amüsanter Höhepunkt: Wenn als Theater-auf-dem-Theater eine Freilichtaufführung von Grillparzers „Sappho"

mit Damisch als Phaon stattfindet, wird die Schmiere als Zustand analysiert und gleichzeitig als turbulenter Posseneffekt eingesetzt. Damisch
lernt in der Truppe von Theaterdirektor Schofel die Realität des Theaters kennen und landet dabei sogar im Irrenhaus. Die Vorlage für dieses
Stück, das Damisch am Ende für „als geheilt entlassen" erklärt, ist der
Roman „Olympe de Clèves" von Alexandre Dumas. Zu Nestroys Lebzeiten einigermaßen erfolgreich, wird diese Theaterposse kaum noch
gespielt.
HKA 33 (Hein)

TISCHLER, SCHNEIDER UND SCHLOSSER
siehe Der **Feenball**

Der TOD AM HOCHZEITSTAGE oder
MANN, FRAU, KIND
Zauberspiel in zwei Akten
Musik: Franz Roser
Uraufführung: 18. August 1829, Theater in der Josefstadt
Nestroy-Rolle: Herr von Dappschädl (Theaterzettel der Urauffüh-
rung: Dappschädel) ist ein reicher Gutsbesitzer, der am Hochzeitstag
seine Frau verloren hat. Weinerlich stellt er sich mit dem Couplet ein:
„Ich kränk mich in ein fort schon 25 Jahr / So lang ist die G'schicht her,
's ist fast nimmer wahr", und erzählt, daß er „ohne den Kompaß des
Trostes auf'm schwarzen Meer des Kummers" fährt. Doch Nestroy
umreißt genau, wie Dappschädl den Kummer als Lebenslüge zelebriert
und manipulativ einsetzt.
Bemerkungen: Eine genaue Quelle ist zu diesem Stück nicht nachzuweisen, doch das Motiv, ein Leben in verschiedenen Möglichkeiten in
Form von Träumen zu entwerfen, kehrt im Wiener Volkstheater des
öfteren wieder. Herr von Dappschädl trauert ein Menschenalter um die
verlorene Gattin und stellt sich die Gemeinsamkeit als großes Glück vor.
Hexen schließlich entwerfen in drei Träumen, wie die Ehe hätte aus-
gehen können – und alle Eventualitäten sind grausam (wobei Dappschädl am Ende im Babygewand seines eigenen Kindes erscheint).

K. K. priv. Theater in der Josephstadt.
(Gepachtet von K. Friedrich) (Hensler Erben und Compagnie.)

Unter der Direction des Matthäus Fischer.

Heute Dinstag den 18. August 1829.

Zum Vortheile des Schauspielers Johann Nestroy.

Zum ersten Mahle:

Der Tod am Hochzeitstage,

oder: **Mann — Frau — Kind.**

Zauberspiel mit Gesang, Tanz und Tableaux in 2 Acten von J. Nestroy.
Musik von Herrn Kapellmeister Roser.
Das Arrangement der Decorationen und Maschinen von Herrn Seitelhofer.

Personen:

Herr von Dappschädel, ein reicher Gutsbesitzer — — J. Nestroy.	Steffel,) Bauern — Hr. Horn.
Henriette, seine Mündel, Schwe- stertochter von Dappschädels ver- storbenen Frau — — Dlle. N. Wirdlsch.	Strohmann,) — Hr. Thym.
	Dunara, die Traumkönigin — Mad. Korner.
	Eine schwarze Gestalt — — Hr. Seligmann.
Frau von Steinbach, Wittwe, Dappschädels Nachbarin — Dlle. Grünthal.	Erster) — Hr. Matisek.
	Zweyter) Wegelagerer — Hr. Klaas.
Carl, ihr Neffe — — Hr. Ludolf.	Dritter) — Hr. Kurz.
Grund, Dappschädels alter Kam- merdiener — — Hr. Köppl.	Mag Stirelmann — Hr. Gabe.
	Eine alte Hexe — — Dlle. Roger.
Seaherl, eine Magd — Mad. Huth.	Eine jüngere Hexe — — Dlle. Kreuzer.
Martin, Dorfrichter auf Dapp- schädels Gute — Hr. Weichart.	Ein Bedienter des Herrn von Dapp- schädel — — Hr. Stiegel.
	Herren. Landleute. Wegelagerer. Faunen. Genien.

Personen des ersten und zweyten Traumes vom Jahre 1804

Herr von Dappschädel,) als junger Ehemann —	Madame Point d'honneur, Wittwe — — Dlle. Blum.
Frau von Dappschädel,) Joh. Nestroy. seine Gemahlin — —)	Emilie, ihre Tochter — Dl. J. Planer.
Peppi, deren Kammerjungfer Mad. Huth.	Siegwart, ihr Sohn, ein eng- lischer Reiter — — Hr. Fischer.
Grund, Kammerdiener — Hr. Köppl.	Joseph,) Bediente — Hr. Heim.
Sir Punschingthon, ein Eng- länder — — Hr. Walter.	Johann,) — Hr. Wimmer.
	Ein Musikus — — Hr. Dunst.
Miß Lunart, seine Nichte, Wittwe Mad. Korner. Madame Klang, Singmeisterin Mad. René.	Musici. Bediente.

Personen des dritten Traumes vom Jahre 1807.

Herrn von Dappschädel's zweyjähriges Kind — Joh. Nestroy.	Grund, Kammerdiener — Hr. Köppl. Ein Grenadier — — Hr. Matisek.
Frau Stirel, Kindsweib — Hr. Gabe.	Madame Subtil, Marchande des modes — — Mad. Matolai.
Peppi, Kammerjungfer der Frau Dappschädel — — Mad. Huth.	

Die Handlung geht im ersten Act theils auf dem Schlosse des Hrn. v. Dappschädel und dessen Umgebungen, theils im Reiche der Unmöglichkeit vor und spielt im Jahre 1829. Die im zweyten Act vorkommenden Träume von den Jahren 1804 und 1807 spielen in der Stadt. Der Schluß auf Hrn. v. Dappschädels Schloß im Jahre 1829.

„Der Tod am Hochzeitstage" ist das einzige Stück Nestroys, das am Theater in der Josefstadt (damals im Rahmen seines dort stattfindenden Gastspiels) urauf-geführt wurde. Erstveröffentlichung des Theaterzettels.

Friedrich Walla, Herausgeber des Stücks im Rahmen der Historisch-kritischen Gesamtausgabe, findet in diesem Frühwerk Nestroys auto-biographische Erfahrung, was im allgemeinen selten nachzuweisen ist. Aber die Szenen handeln vom Verlassenwerden des Mannes und des

Kindes durch die Gattin bzw. Mutter, und dies war Nestroy selbst geschehen.

Das Stück enthält, trotz seines Zauberpossenanteils, starke Anteile von höchst realistischer Psychologie, die schon den frühen Nestroy als Skeptiker zeigen, der seinen Figuren jeglichen Idealismus austreibt. Trotz dieser interessanten immanenten Möglichkeiten ist nur eine vereinzelte Aufführung des Werks nach Nestroys Tod (1960 im Wiener Volkstheater) bekannt.

HKA I (Friedrich Walla)

Die TRÄUME VON SCHALE UND KERN
siehe **Müller, Kohlenbrenner und Sesseltrager**

TREUE UND FLATTERHAFTIGKEIT
siehe Der **konfuse Zauberer**

Der TREULOSE oder
SAAT UND ERNTE
Dramatisches Gemälde in drei Aufzügen
Musik: Adolf Müller
Uraufführung: 5. März 1836, Theater an der Wien
Nestroy-Rolle: Der Falsch ist eine der hochinteressanten, dabei durchaus ernsten Nestroy-Figuren, der man einen großen autobiographischen Anteil zuschreibt. Ihm kommen alle Geliebten zusammen, „wenn 's nur keine Kollisionen" gibt. Er ist ein Zyniker in Herzensangelegenheiten, der zwanghaft mehrere Frauen gleichzeitig umschwärmt und noch stolz darauf ist, und zeigt sich von seiner übelsten Seite. Am Ende muß er allerdings resümieren: „Um mich ist alles wüst und öd / Jetzt seh ich's ein, doch viel zu spät." Die einzige Komik des Stücks liegt bei der Figur des treuen Dieners Treuhold – die Scholz-Rolle, die Nestroy später auch gespielt hat.
Bemerkungen: Dieses Stück ist einer der seltenen Versuche Nestroys im ernsten Genre, woran weder Mitwelt noch Nachwelt Interesse gezeigt haben. Die zwei Teile der „moralischen" Geschichte, „Die Saat"

und „Die Ernte", sind durch 25 Jahre getrennt. Wenn im zweiaktigen ersten Teil all die Schlechtigkeit gesät wurde (um Falsch herum wirbeln Hermine, Caroline, Ida, Ernestine, die er dann heiratet und unglücklich macht), dann erntet er im einaktigen zweiten Teil, was er verdient: Ohne Happyend schickt Nestroy ihn betrogen, verraten und verkauft und jedes privaten Glückes bar in die Einsamkeit. Die Diener winken ihm nach und verkünden die Moral, wie es im klassischen „Besserungs-stück" die Regel ist.

HKA 10 (Hüttner)

Der TRITSCHTRATSCH

Lokale Posse mit Gesang in einem Akt
Musik: Adolf Müller
Uraufführung: 20. November 1833, Theater an der Wien
Nestroy-Rolle: Der Tabakkrämer Sebastian Tratschmiedl ist der In-begriff des bösen Gerüchtemachers, der zum Selbstzweck über jeder-mann klatscht und tratscht. Sein großes Couplet handelt vom Tabak. Der Tratschmiedl war eine Nestroysche Virtuosenrolle, über die Bern-hard Gutt 1844 schrieb: Die Essenz der Rolle sei „die unbegreifliche Zungenfertigkeit, mit welcher Hr. Nestroy Satz an Satz knüpft, fast ohne Atem zu holen, und in ununterbrochenem Schwalle die einzelnen Sätze hervorbrechen läßt. Beinahe vermag das Ohr dem eiligen Fluge seiner Zunge nicht zu folgen ..." Und die Figur charakterisiert er als die „des neuigkeitssüchtigen, mißwollenden und schadenfrohen Schwät-zers".
Bemerkungen: Nestroy hat diesen Einakter nach dem Vaudeville „Klatschereien" von Louis Angely (dem Schöpfer von „Zwölf Mädchen in Uniform") gestaltet. Der Tabakkrämer Tratschmiedl, der von unge-fähr mitbekommt, was sich rund um seinen Laden ereignet, würde fast eine Hochzeit vereiteln, weil er schlecht über den Bräutigam redet, Klatsch produziert und ihn an die jungen Mädchen weitergibt, die der Braut ihr Glück neiden. Diese selbst, als „vaterlos" verfemt, stellt sich schließlich als reiche Erbin heraus, und die anderen Mädchen ersticken schier vor Neid.

Natürlich dreht sich in diesem Einakter alles um Tratschmiedl, aber Nestroy hat mit den vielen Frauengestalten auch einiges über den Mechanismus von Klatsch und über neidische weibliche Bosheit ausgesagt. Daß das Stück so gut wie gar nicht gespielt wird, dürfte mit Sicherheit an den rein sprechtechnischen Anforderungen der Tratschmiedl-Rolle liegen.
HKA 7/II (Walla)

U

Die ÜBERMÜTIGEN
siehe Die **Zauberreise in die Ritterzeit**

Die ÜBERRASCHUNGEN
siehe Der **Zauberer Februar**

UMSONST
Posse mit Gesang und Tanz in drei Akten
Musik: Carl Binder
Uraufführung: 7. März 1857, Carl-Theater
Nestroy-Rolle: Der alternde, faule und illusionslose Schauspieler Pitzl ist die „zweite" Rolle des Stücks, weil Nestroy den die Handlung beherrschenden „Liebhaber" Arthur seinem Kollegen Karl Treumann auf den Leib geschrieben hat. Arthur hat das erste Couplet des Abends („Wenn das keine Kunst is, ja dann weiß ich's net"), während Pitzl mit „Und 's is nicht der Müh wert, es ist nicht der Müh wert" nachziehen darf. Die letzten Worte des Stücks hat Pitzl, das allerletzte lautet „Umsonst". Nestroy muß die Rolle übrigens so exzentrisch gespielt haben, daß man ihn als „theatralischen Hogarth" bezeichnet hat.
Bemerkungen: Es ist dies das einzige Nestroy-Stück nach einer ungarischen Vorlage („Liliomfi" von Eduard Szigligeti) und wiederum (wie THEATERG'SCHICHTEN) unmittelbar im Theater- und Schauspieler-

milieu angesiedelt. Der erste Akt spielt in der Stadt Steyr, wobei dieser oberösterreichische Ort als Inbegriff der theaterbesessenen Kleinstadt gilt. Der Rest der Handlung begibt sich in Braunau, wobei damals noch niemand ahnen konnte, welch düsteren Ruhm die Stadt später als Geburtsstadt von Adolf Hitler ernten würde. Arthur und Pitzl teilen ein Zimmer in Steyr, und eine der witzigsten Szenen besteht darin, daß Arthur das ältliche Fräulein Anastasia Mispl umschwärmt (während er eigentlich mit ihrem Mündel Emma sprechen will) und Pitzl daneben den Franz Moor memoriert: Die Schiller-Zitate kommentieren perfekt die Situation im Nachbar-Zimmer. Die weitere Handlung spielt im Gasthof des Herrn Sauerfaß, wo Arthur sich, um das Liebesglück eines jungen Paares zu retten, als junger Herr Maushuber ausgibt. Die Verwechslung löst sich erst nach vielen Umständen auf und führt schließlich zum Happyend.

Der erste Akt des Stücks ist, auch mit allen Anspielungen auf das Theater, der amüsanteste. Obwohl UMSONST nicht besser ist als andere Nestroy-Stücke mit ähnlich verworrener Handlung, hat es bei der Nachwelt mehr Glück. Allein am Burgtheater wurde es innerhalb von zehn Jahren zweimal gespielt, 1977 mit Robert Meyer als Arthur, Rudolf Buczolich als Pitzl und Gusti Wolf als Anastasia Mispl (Regie: Rudolf Steinboeck), 1987 mit Karlheinz Hackl als Arthur, Robert Meyer als Pitzl und Annemarie Düringer als Anastasia Mispl (Regie: Achim Benning). 1996 wurde es bei Nestroy auf Liechtenstein gezeigt.

HKA 35 (Branscombe)

Der UNBEDEUTENDE

Posse mit Gesang in drei Aufzügen
Musik: Adolf Müller
Uraufführung: 2. Mai 1846, Theater an der Wien
Nestroy-Rolle: Der Titelheld ist der „brave" Zimmermann Peter Span, der in seinem Handeln und dann auch im überdeutlichen Schlußwort klarstellt, daß auch einfache Menschen ihre Ehre haben. Sein Auftrittscouplet zieht wieder einmal Parallelen zwischen seiner Profession und dem Leben: „So Ideen bilden unter mein Dachstuhl sich aus / So

oft ich ein Dachstuhl wo setz auf a Haus." In seinem zweiten Couplet paraphrasiert er, was alles „wär ganz etwas Neu's". Eigentlich wäre Nestroy die Rolle des intriganten Sekretärs Puffmann näher gelegen, aber sie ging in diesem Fall an Wenzel Scholz.

Bemerkungen: Selten war Nestroy dem „Volksstück" näher als in seiner Bearbeitung der französischen Erzählung „Le grain de sable" von Michel Masson. Die Geschichte ist vollkommen schlicht: Span, der „unbedeutende" Mann aus dem Volk, rettet die Ehre der Schwester Klara und entlarvt den skrupellosen Bösewicht, den bestechlichen und auch einer Urkundenfälschung nicht abgeneigten Puffmann ... Ein Stück, das Moral predigt, solcherart von der Mitwelt gefeiert und mit Raimund verglichen wurde, während es die Nachwelt als nicht sehr typisch für den Dichter empfindet. Aufführungen bleiben vereinzelt, die des Grazer Schauspielhauses 1964 mit Rudolf Buczolich in der Titelrolle wurde bekannt.
HKA 23/II (Hein)

Die UNSCHULDIG SCHULDIGEN
siehe Das **Gewürzkrämerkleeblatt**

UNVERHOFFT
Posse mit Gesang in drei Akten
Musik: Adolf Müller
Uraufführung: 23. April 1845, Theater an der Wien
Nestroy-Rolle: Der Hagestolz Herr von Ledig, der um keinen Preis heiraten will, tritt mit dem Junggesellen-Couplet „So ein Leben wär a Pracht / Gute Nacht, gute Nacht" auf und hält im Anschluß einen der berühmtesten Nestroy-Monologe über die Ehe. Das zweite Couplet resümiert: „'s ist ein gschwollener Diskurs." Ledig sind auch die immer wieder zitierten Worte über die österreichische Befindlichkeit in den Mund gelegt: „Nur der geistlose Mensch kann den Harm überseh'n, der überall durch die fadenscheinige Gemütlichkeit durchblickt."
Bemerkungen: Die Handlung vom Hagestolz, dem man ein Baby auf die Schwelle legt, ist dem Vaudeville „Boquillon à la recherche d'un

père" von Bayard / Dumanoir nachgebildet. Wie der Herr von Ledig sich verändert und angesichts des Kindchens „weich" wird, ist für Nestroy ungewöhnlich lieblich, wenn er es auch an Ironie angesichts der Kindesbegeisterung nicht fehlen läßt. Zwar begibt sich Ledig auf die Suche nach den Eltern seines Findelkindes, wäre aber nur zu gern bereit, zu glauben, selbst der Vater zu sein. Das Stück, von Nestroy-Forscher Franz Mautner „die Posse von der Güte" genannt, wird gerne gespielt. HKA 23/I (Hein)

Der UNZUSAMMENHÄNGENDE ZUSAMMENHANG
Quodlibet in zwei Akten
Uraufführung: 28. Jänner 1830, Ständisches Theater Graz
Bemerkungen: Das Werk ist verschollen.

V

Die VERBANNUNG AUS DEM ZAUBERREICHE oder DREISSIG JAHRE AUS DEM LEBEN EINES LUMPEN
Zauberspiel mit Gesang in drei Akten
Musik: Franz Roser (Graz); Adolf Müller (Wien)
Uraufführung: 20. Dezember 1828, Ständisches Theater Graz
Nestroy-Rolle: Der Name „Longinus" ist zweifellos eine Selbstcharakteristik des im Rahmen seiner Umwelt überdurchschnittlich großen Johann Nestroy. Longinus ist der ganz der Liederlichkeit hingegebene Sohn des Zauberers Pumpf („Der Papa kann's jetzt zahl'n" wirkt wie eine Vorstufe des Kabarett-Klassikers „Der Papa wird's schon richten"), der in mehreren Lebensstationen – darunter auch ganz herabgekommen – erscheint.
Bemerkungen: Nestroys Stück basiert auf einem französischen Stück („Trente années d'un jour" von Victor du Cange) bzw. auf dessen Bearbeitung (von W. Lembert) und liegt in mehreren Fassungen vor. Aber im Prinzip wird immer dieselbe Geschichte erzählt: Nestroy

arbeitet in diesem Stück mit fünf Abteilungen – die Verbannung des Longinus am Beginn und die Strafe am Ende rahmen die drei Stationen ein, die es ihm ermöglichen, seinen liederlichen Helden jeweils in anderer Gestalt, in anderem Milieu zu zeigen. Im ersten Teil stolpert Longinus als „Bub" in eine Liebesgeschichte, im zweiten findet man ihn im Theatermilieu einer Provinzstadt, im dritten schließlich als Schuldner, Habenichts und „verdächtiger Mensch", dem der Arrest droht. Zwei Traumgestalten, die Ehrlichkeit und das Wohlleben (wieder Allegorien im Sinn einer moralisierenden Weltsicht, die Raimund so überhöht hat), suchen ihn im Schlaf heim, und Longinus zeigt sich unverbesserlich. Am Ende trifft man ihn – eine Paraphrase von Raimunds Aschenmann, wie schon F. C. Weidmann in seiner Kritik des Werks 1832 vermerkte – als Straßenkehrer. Da fällt zum „guten" Ende die Besserung nicht schwer. Nestroy, der später mit dem LUMPAZI berühmt werden sollte, bewies schon in diesem Frühwerk seine besondere Eignung dafür, „Lumpen" in ihrer ganzen unwiderstehlichen Frechheit auf die Bühne zu bringen. Der Nachwelt erscheint das Stück wohl zu aufwendig: Es hat sich in den Spielplänen nicht durchsetzen können.

HKA 1 (Walla)

Die VERHÄNGNISVOLLE FASCHINGSNACHT

Lokalposse mit Gesang in drei Aufzügen

Musik: Adolf Müller

Uraufführung: 13. April 1839, Theater an der Wien

Nestroy-Rolle: Der Holzhacker Lorenz ist einer von Nestroys kernigen, äußerst groben, aber dabei selbstgefälligen Volkstypen „aus der unteren Lade", der mit dem Couplet „Lieber Holzhacken als ..." auftritt. Seiner Geliebten gegenüber ein eifersüchtiger Macho, nimmt er es selbst mit der Treue nicht so genau. Sein großes Couplet resümiert: „Und 's is alles nit wahr, es is alles nit wahr."

Bemerkungen: Zum zweiten Male (nach WEDER LORBEERBAUM NOCH BETTELSTAB) parodiert Nestroy ein Stück seines Zeitgenossen und Kollegen Karl von Holtei (sehr zu dessen Ärger). Was bei diesem ein „Trauerspiel in Berlin" war, wird bei Nestroy zur Wiener Posse um eine

vereitelte Kindesentführung. Dabei steht die Nestroy-Figur des Lorenz
gar nicht im Zentrum des Geschehens, weit eher dessen Braut Sepherl,
eine der energischen und besonders liebenswerten Nestroy-Damen.
Darüber hinaus zeichnet Nestroy die fast Strindbergsche Ehehölle von
Sepherls Brotgebern Philipp und Helene Tatelhuber, worüber der alte
Tatelhuber, der urige Pächter vom Land, nur den Kopf schütteln kann.
(Couplet: „Soll i das riskieren? – Nein, justament nicht.")
Obwohl das Stück zu den besten Nestroy-Werken gezählt wird,
kommt es verhältnismäßig selten zur Aufführung. In einer legendären
des Theaters in der Josefstadt von 1962 spielte Karl Paryla den Lorenz
und Paul Hörbiger die Scholz-Rolle des Tatelhuber. 1997 wurde das
Stück bei den Nestroy-Spielen auf Burg Liechtenstein gezeigt.
HKA 15 (Huish)

Das VERLOBUNGSFEST IM FEENREICHE
siehe Die **Gleichheit der Jahre**

VERWICKELTE GESCHICHTE
Posse mit Gesang in zwei Akten
Musik: Carl Franz Stenzel
Uraufführung: 22. Juni 1850, Carl-Theater
Nestroy-Rolle: Der Bediente Wachtl gibt sich für seinen Herrn aus,
bekommt nicht die reiche Erbin, sondern die Dienerin, hat nur ein Couplet („Und ich weiß nicht, warum") und wenige Möglichkeiten. Später
hat Nestroy auch den Bierführer Faß gespielt, einen Biertisch-Politiker
mit „deutschtümelnden" Neigungen und der Sehnsucht, nach Amerika
auszuwandern.
Bemerkungen: Diese Posse ist eines der wenigen Nestroy-Stücke, zu
dem man keine Vorlage kennt. Die Verwechslungshandlung rund um
eine Liebesgeschichte erinnert an das „Spiel von Liebe und Zufall" von
Marivaux, wo Herrschaft und Dienerschaft sich jeweils als die anderen
ausgeben und dennoch die Richtigen zueinander finden.
Die Mitwelt hatte für das Stück wenig übrig, die Nestroy-Forschung
schätzt es gering, und in der Nachwelt haben sich bloß ein Kellerthea-

(¡Heiliger Gott! das Kind ist fort!)

Mlle Condorussi als Sepherl in Nestroy's Posse:
Die verhängnissvolle Faschingsnacht.

Eleonore Condorussi war eine der zahlreichen Schauspielerinnen, aus denen
Nestroy seine Liebschaften rekrutierte. Ihr schrieb er allerdings besondere Rollen
– dieses Bild als „Sepherl" hat sie selbst mit „Lory Condorussy" unterzeichnet.

ter (das heute nicht mehr existierende Theater am Belvedere in Wien)
und im Nestroy-Jahr 2001 das Experiment am Liechtenwerd mit dem
Werk auseinandergesetzt.

HKA 29 (Obermaier)

W

WEDER LORBEERBAUM NOCH BETTELSTAB

Parodierende Posse mit Gesang in drei Akten
Musik: Adolf Müller
Uraufführung: 13. Februar 1835, Theater an der Wien
Nestroy-Rolle: Der Dichter Leicht ist einer von Nestroys illusions-
losen Zynikern und reflektiert weit eher einen mittelmäßigen Literaten,
als daß man ihn als Nestroys Ebenbild betrachten könnte, wie es gelegentlich geschieht. Vielfach hinterfragt wird immer wieder Leichts Lied
über die „Mittelstraße", die er zwischen Bettelstab und Lorbeerbaum
„kommod thalab" führen läßt, weder zum Hunger noch zum Ruhm
verurteilend. Die Frage der „Mitte" wurde gerade in dieser Epoche
stark (u. a. auch von Grillparzer) diskutiert und ist nicht unbedingt als
persönliches Bekenntnis Nestroys zu nehmen.
Bemerkungen: Diese Parodie von Karl von Holteis „Lorbeerbaum und
Bettelstab oder drei Winter eines deutschen Dichters" setzt der wehleidigen Nabelschau des deutschen Kollegen Nestroys gleicherweise
kritische wie selbstkritische Behandlung des Themas gegenüber. Es ist
eines der wenigen Nestroy-Werke dieser Zeit, die nicht mit Musik und
Chor beginnen. Hier beendet der Dichter Leicht eben seine Vorlesung
und sieht sich einem gelangweilten Publikum gegenüber, das nur dem
Buffet zustrebt: Eine Situation, die in ihrer vollen Demütigung aus-
gemalt wird. Trotzdem will Leicht es „leicht" nehmen, daß er in der
dritten Station des Stücks, die 20 Jahre später spielt, zum Harfenisten
absinkt (Raimunds „Nachtigall" in der „Gefesselten Phantasie" war
Harfenist).
Nestroy geht aber nicht nur mit dem Dichter, er geht auch mit dem
Publikum scharf ins Gericht – den Wienern sagt er in diesem Stück in
vieler Hinsicht gebündelt Böses.
Im übrigen wird WEDER LORBEERBAUM NOCH BETTELSTAB beinahe als
Thesenstück genommen, denn der Dichter Leicht spricht jene Worte,
die von der Forschung gar nicht oft genug behandelt werden können,

stellen sie doch die Frage nach Nestroys Selbsteinschätzung: „*Bis zum Lorbeerbaum versteig' ich mich nicht. G'fallen sollen meine Sachen, unterhalten, lachen sollen d'Leut, und mir soll die G'schicht a Geld tragen, daß ich auch lach', das ist der ganze Zweck. G'spaßige Sachen schreiben und damit nach dem Lorbeer trachten wollen, das ist g'rad so, als wenn einer ein' Zwetschgenkrampus macht und gibt sich für einen Rivalen von Canova aus.*" Wie weit Nestroy damit seine eigenen Ambitionen charakterisiert, wird stets im Auge des Betrachters liegen. Jedenfalls sagt Leicht diese Worte, als er Geld entgegennimmt, und Herr von Überall (die Scholz auf den Leib geschriebene Rolle) meint, er hätte doch lieber einen Lorbeerbaum erhalten sollen. Ganz entscheidend die folgenden Sätze Leichts: „Wollen Sie mich foppen? Oder halten Sie mich wirklich für so dumm?"

WEDER LORBEERBAUM NOCH BETTELSTAB zählt jedenfalls, trotz der interessanten Literatur- und Literaten-Problematik, zu den kaum gespielten Stücken (2000 in einer modernisierten Form in Schwechat). HKA 8/II (Walla)

Der WELTUNTERGANGSTAG
siehe Die **Familien Zwirn, Knieriem und Leim**

WIEN, NEUSTADT, BRÜNN
siehe **Eisenbahnheiraten**

Eine WOHNUNG IST ZU VERMIETEN IN DER STADT. EINE WOHNUNG IST ZU VERLASSEN IN DER VORSTADT. EINE WOHNUNG MIT GARTEN IST ZU HABEN IN HIETZING
Lokalposse mit Gesang in drei Aufzügen
Musik: Adolf Müller
Uraufführung: 17. Jänner 1837, Theater an der Wien
Nestroy-Rolle: Der Wiener Spießer Gundelhuber, dessen schlechtes Benehmen bei der Uraufführung sogar das Publikum – sonst immer bereit, über Rüpel zu lachen – bis zur Selbsterkenntnis unangenehm berührte, wird von Nestroy-Forscher Franz Mautner als Vorläufer der

Figuren von Karl Kraus (in den „Letzten Tagen der Menschheit"), von Ödön von Horvath, vom „Herrn Karl" angesehen. Diese Gestalt, deren Wirklichkeitstreue noch in der Karikatur zu erkennen sei, vollende sich in Adolf Hitler, meint Mautner. Schon Gundelhubers Auftrittslied charakterisiert seine Penetranz („Ja, Spaziergänge zu machen, das ist eine Pracht / Wenn man so den stillen Beobachter macht"), desgleichen das zweite Couplet („Wenn man reden wollt, ließ sich gar viel drüber sagen").

Bemerkungen: Nestroy hat das dreiteilige Stück, das auf der Berliner Posse „Wohnungen zu vermieten" von Louis Angely (dem Schöpfer der „Zwölf Mädchen in Uniform") basiert, ins Wiener Milieu versetzt. Der Rentier Gundelhuber sucht für sich und seine Familie eine größere Wohnung und begibt sich mit seinen schnatternden Angehörigen zu diesem Zweck von der Stadt (1. Akt) in die Vorstadt (2. Akt) und schließlich nach Hietzing (3. Akt). Die Komik erwächst weniger aus den Verwechslungen (es gibt die üblichen Liebesgeschichten), als aus dem Benehmen der Familie, wobei ein Wiener Hausmeister namens Cajetan (einst die Rolle von Wenzel Scholz) ihnen Paroli bietet. Das Stück ist zu Nestroys Lebzeiten nie wieder gespielt worden. Das Volkstheater hat 1962, die Nestroy-Spiele auf Liechtenstein haben 1992 einen Versuch damit unternommen.

HKA 12 (Yates)

Z

ZAMPA DER TAGDIEB oder
Die BRAUT VON GIPS
Parodie in drei Akten
Musik: Adolf Müller
Uraufführung: 22. Juni 1832, Theater an der Wien
Nestroy-Rolle: Paphnuzzi de Salamucci, Sohn eines sizilianischen Salami-Fabrikanten, ist in Camillerl, Tochter eines Makkaroni-Fabrikanten, verliebt und mit einer komischen Arie als verschmähter Liebhaber ausgestattet.

Bemerkungen: Nestroy hat die Oper „Zampa ou la Fiancée de Macabre" von Ferdinand Herold parodiert, die ihrerseits schon eine Art „Don-Giovanni"-Parodie darstellte, weil der Titelheld, der Bandit Zampa, von der Statue einer gewissen Alice, die er verlassen hat, verfolgt wird. Bei Nestroy ist der Räuberhauptmann Zampa der „Capo der Tagdiebe" und selbstbewußter Frauenheld, der Paphnuzzi seine Camillerl abspenstig machen will, aber von der Erscheinung der Gipsbraut abgehalten wird. Die erweist sich als lebendig und wird geheiratet, also gibt es auch für Paphnuzzi und Camillerl ein Happyend.
Herolds Oper ist vergessen, und Nestroys ZAMPA teilt dieses Schicksal.
HKA 3 (Scheichl)

Der ZAUBERER FEBRUAR oder
Die ÜBERRASCHUNGEN
Lokales Zauberspiel mit Gesang in zwei Aufzügen
Musik: Adolf Müller
Uraufführung: 12. Februar 1833, Theater an der Wien
Nestroy-Rolle: Görgel Blasi, Müller
Bemerkungen: Der Text des Stückes ist verschollen, die wenigen erhaltenen Informationen stammen von dem Theaterzettel und aus der Originalpartitur, die aber keinen Aufschluß über die Handlung des Werkes geben.
HKA 5 (Walla)

Der ZAUBERER SULPHURELEKTRIMAGNETICOPHOSPHORATUS UND DIE FEE WALPURGISBLOCKSBERGISEMPTEMTRIONALIS oder
Die ABENTEUER IN DER SCLAVEREY oder
ASIATISCHE STRAFE FÜR EUROPÄISCHE VERGEHEN oder
DES UNGERATENEN HERRN SOHNES LEBEN, TATEN UND MEINUNGEN, WIE AUCH DESSEN BESTRAFUNG IN DER SCLAVEREI UND WAS SICH ALLDORT FERNERES MIT IHM BEGAB
Zauberposse mit Gesang in drei Akten
Musik: Adolf Müller
Uraufführung: 17. Jänner 1834, Theater an der Wien

Nestroy-Rolle: Nestroy überließ in diesem Stück die großen Rollen
Carl und Scholz und begnügte sich damit, als „Ali Memek, ein reicher
Orientalier" („Denn was als Türk ich so bemirk / Lebt niemand besser
als ein Türk"), der erst im zweiten Akt erschien, mit einer Handbewe-
gung das Kopfabschlagen anzuordnen. Gegen seinen üblichen Rollen-
charakter, der meist besondere Wendigkeit beinhaltet, hat Nestroy dem
Ali Memek einen extrem trägen Duktus gegeben.

Bemerkungen: Das Stück, dessen Titel in Wortschöpfungen und Länge
gleicherweise monströs ist (und in verschiedensten Fassungen und
Schreibweisen überliefert wird) , geht auf Ernst Raupachs haarsträu-
benden „Robert der Teufel" zurück. Nestroy bedient sich seiner oft
angewandten Methode, die Vorlage einfach mit gesundem Menschenverstand zu betrachten und damit die ganze Sinnlosigkeit transparent
zu machen. Darüber hinaus wird etwas „Orient" beschworen, der im
Wiener Volkstheater immer wieder vorkommt. Die Handlung dreht
sich um Robert (auf dem Theaterzettel: Heinrich), genannt „der Teuxel", Sohn des Herrn von Pastenberg, der den Zauberer Sulphur ... und
die Hexe Walpurgis ... um Hilfe bittet, Robert zu bessern. Aber dieser
benimmt sich so unmöglich, daß er gemeinsam mit dem Portier Plumpsack (Scholz-Rolle) verbannt wird, im Orient landet, doch nach vielen
Komplikationen im letzten Akt, wieder zuhause, dann doch noch
gebessert wird.

Der Zauberer Sulphur, bei der Premiere ausgepfiffen, ist eines der
glücklosen Nestroy-Stücke geblieben.

HKA 6 (Walla)

Die **ZAUBERREISE IN DIE RITTERZEIT** oder
Die **ÜBERMÜTIGEN**
Original-Zauberposse in drei Aufzügen
Musik: Adolf Müller
Uraufführung: 20. Oktober 1832, Theater an der Wien
Nestroy-Rolle: Simplicius Sapprawalt ist ein reicher und versnobter
junger Mann: „Es nutzt nix, und hat man auch noch so viel Geld / Die
Welt ist schon 's ödeste auf dieser Welt." Nach dem System der „Bes-

serungsstücke" kommt er, nachdem man ihn entsprechend „zwiefelt" (sekkiert) hat, zur Erkenntnis.

Bemerkungen: Die Nestroy-Forschung hat für dieses als „Original" postulierte Stück kein direktes Vorbild gefunden – „Zeitreisen" gibt es im Altwiener Volkstheater zahlreiche, „Besserungsstücke" auch, Nestroy bedient damit wieder einmal vorhandene Genres. In der Rahmenhandlung werden die Allegorien von Gegenwart, Zukunft und Vergangenheit beschworen, die Menschen-Geschichte handelt von Leuten, vor allem Onkel und Neffe Sapprawalt, die die Gegenwart abscheulich finden und von der Vergangenheit träumen. Also gelangen sie in die Ritterwelt, wo es ihnen anfangs ganz gut gefällt. Aber das Ritterleben erweist sich dann als ziemlich gefährlich. Doch erst nachdem sie im Hungerturm gelandet sind, schätzen die Herren ihre Gegenwart nach Gebühr.

Vom Thema her ist die Geschichte nicht gänzlich dumm: Denn Leute, die immer von der „guten alten Zeit" schwärmen, sterben nie aus, zerbrechen sich aber kaum den Kopf darüber, wie es „damals" wirklich ausgesehen hat. Doch diese Problematik interessiert in dieser Form heute offenbar so wenig wie zu Nestroys Zeiten.

HKA 4 (Aust)

ZEITVERTREIB

Posse in einem Akt

Uraufführung: Zu Nestroys Lebzeiten nicht auf die Bühne gebracht. In Schwechat 1973, auf Liechtenstein 1987 gespielt, war die Aufführung in den Kammerspielen des Theaters in der Josefstadt (Premiere am 25. Jänner 2000) sehr erfolgreich.

Nestroy-Rolle: Der Diener Bumml ist zwar genau so interessiert an der Weiblichkeit wie sein Herr, aber beurteilt die Situation – und das Stück – mit seinen Schlußworten souverän: *Aber was liegt im Grund daran, ob die oder die Weißnäherin den schwarzen oder den grauen Herrn kriegt? Daran hängt das Heil von Europa nicht! Da gibt's andere Fragen, die auch noch auf Lösung harren – und dann muß man bedenken, das Ganze war ja nur ein – Zeitvertreib.*

Bemerkungen: Dieser freche Einakter, für Karl Treumann als flotten Schuldenmacher Feldern und Nestroy als dessen Diener Bumml geschrieben, zeigt, wie die jungen Herren sich zu helfen wissen, als sie in der Wohnung von Felderns Tante vom Hausherrn, dem sie die Miete schulden, Hausarrest bekommen: Sie „inserieren" per Plakat, daß Näherinnen gesucht werden. Zu deren Empfang verkleidet sich Bumml als Stubenmädchen, Feldern als seine eigene Tante. Die ankommenden Mädchen werden unter Herrn und Diener (beide in Frauenkleidern) aufgeteilt. Doch der Schwindel fliegt auf, und nur der reiche Hausherr hat Chance auf weibliche Gesellschaft.

Die Aufführung in den Wiener Kammerspielen hat den Unterhaltungswert der kleinen Posse erwiesen.

HKA 37 (Branscombe)

Der ZERRISSENE

Posse mit Gesang in drei Akten
Musik: Adolf Müller
Uraufführung: 9. April 1844, Theater an der Wien
Nestroy-Rolle: Mit dem „Kapitalisten" Herrn von Lips hat Nestroy die perfekte Studie eines Dandy geschaffen, dem das Leben scheinbar nichts mehr bieten kann, weil er alles bis zum Überdruß kennt: „Meiner Seel, 's is a fürchterlich' G'fühl / Wenn man selber nicht weiß, was man will." Seine Analyse, wie Reichtum das Lebensgefühl tötet, weil nichts mehr Bedeutung hat, ist tiefschürfend. Wenn Lips die völlig neue Erfahrung von Armut und Arbeit macht („Sich so zu verstell'n, na, da g'hört was dazur"), ist das der – nicht gänzlich schmerzlose – Weg zur „Heilung" und geht mit der Erkenntnis Hand in Hand, wie das Leben wirklich ist und wo die wahren Werte liegen: Seine sogenannten „Freunde" tun angesichts des scheinbar toten Lips alle Verachtung kund, die sie gegen ihn hegten („So gibt es halt allerhand Leut' auf der Welt").

Bemerkungen: Geschrieben nach der Vaudeville-Vorlage „L'Homme blasé" von Duvert / Lauzanne, erzählt das Stück die Geschichte des reichen Herrn von Lips, der aus purer Langeweile bereit ist, die erste

K. K. priv. Theater an der Wien.
(Gepachtet von Carl und Comp.) unter der Leitung des Directors Carl.

Nachricht.

Der Gefertigte hat hiermit die Ehre, einem verehrungswürdigen Publikum die ergebenste Anzeige zu machen, daß ihm die Direction des k. k. priv. Theaters an der Wien, eine freie Einnahme dem Unterzeichneten hat. Diese wird

Morgen Dinstag den **9. April 1844**

Statt haben, und an diesem Tage aufgeführt werden:

Zum ersten Male:

Der Zerrissene.

Posse mit Gesang in drei Akten, von dem Unterzeichneten.

Die Handlung ist dem Französischen (L'homme blasé) nachgebildet.

Musik vom Kapellmeister Herrn Adolf Müller.

Seine ergebenste Einladung hiezu macht

Johann Nestroy,

Mitglied der vereinten k. k. priv. Theater
an der Wien und in der Leopoldstadt.

Die Logen sind bereits genommen.

Billets zu Sperrsitze sind in der Stadt, im Bürgerspital Nr. 1160, der Bastei gegenüber, Vormittags von 9 bis 12, und Nachmittags von 3 bis halb 5 Uhr zu bekommen.

Mit solchen Ankündigungszetteln wurde am Tag vor der Premiere ein neues Stück bekannt gemacht. Sie kamen durch „Zettelträger" oder auch an die Wände geklebt dem schnell reagierenden Publikum zur Kenntnis.

Frau zu heiraten, die bei der Tür hereinkommt (es ist die berechnende Madame Schleyer). Gewissermaßen braucht Lips auch einen „Jux" in seinem Leben, damit dieses wieder sinnhaft wird, und dieser begibt sich in Gestalt einer Katastrophe. Er wird brutal aus seinem Leben gerissen, als er glauben muß, den Schlosser Gluthammer getötet zu haben. Beide stürzen in den Bach, auch Gluthammer hält sich für den Mörder von Lips, und beide gelangen flüchtend auf das Gut von Pächter Krautkopf, auf dem Kathi lebt, das Mündel von Lips, das ihn von Herzen liebt. Kathi „verkleidet" Lips als Bauernknecht, und die Anpassungsschwierigkeiten des wirklich ahnungslosen reichen Mannes an das „normale" Leben sind voll perfekt beobachteter Komik. Der Weg zum Happyend ist nicht weit, und ein Happyend hat die Nachwelt auch diesem konzentrierten, intelligenten Meisterstück von Nestroy bereitet: DER ZERRISSENE zählt – nicht nur dank der meisterlichen Titelrolle – zu den meistgespielten Nestroy-Werken.
HKA 21 (Hein)

Der ZETTELTRÄGER PAPP
Ein Vorspiel
Uraufführung: 15. Dezember 1827, Ständisches Theater Graz
Nestroy-Rolle: Der Zettelträger Papp, der sich als großer „Kenner" der dramatischen Literatur, vor allem der klassischen – und hier wieder jener von Schiller – zu erkennen gibt.
Bemerkungen: Der „Zettelträger Papp" stammt aus einem Stück von Hermann Herzenskron („Die Heirat durch die Pferdekomödie") und ist von Ferdinand Raimund als dessen persönliche Glanzrolle so oft gespielt worden, daß es zu diskutieren ist, ob Nestroys Bearbeitung der Vorlage zu einem ihm persönlich zuzuschreibenden Werk geworden ist. Man hat es jedoch in die Historisch-kritische Gesamtausgabe aufgenommen. Die Bemerkungen über das Theater sind teilweise unverändert witzig, so daß es erstaunt, daß diese schon von Nestroy so genannte „Kleinigkeit" nie als Vorspiel auf der Bühne erscheint.
HKA 1 (Walla)

ZU EBENER ERDE UND ERSTER STOCK oder
Die LAUNEN DES GLÜCKS

Lokalposse mit Gesang in drei Aufzügen

Musik: Adolf Müller

Uraufführung: 24. September 1835, Theater an der Wien

Nestroy-Rolle: Der betrügerische Bediente Johann ist einer der gewandten Nestroyschen Schurken: „Man nehme Keckheit, Devotion, Pfiffigkeit, Egoismus, fünf lange Finger, zwei große Säck' und ein kleines Gewissen, wickle das alles in eine Livree, so gibt das in zehn Jahren einen ganzen Haufen Dukaten." Die Verachtung des Dieners für die Reichen manifestiert sich: „Da finden d'Leut dran a Vergnüg'n / Ich, offen g'sagt, nit, ich müßt's lüg'n."

Bemerkungen: ZU EBENER ERDE UND ERSTER STOCK (man ist immer versucht, „im ersten Stock" zu sagen, aber der Titel lautet anders) zeigt Nestroy direkt mit einem „sozialen" Problem befaßt: In diesem Stück, für das kein Vorbild gefunden wurde, repräsentiert die horizontal zweigeteilte Bühne zwei Welten, die Reichen und die Armen. Oben lebt die Familie Goldfuchs, der Vater Spekulant und Millionär, unten die Familie Schlucker, der Vater ein armer Tandler. Die ganze Brutalität des Alltags springt auf die Zuschauer im Theater zu, wenn Nestroy gleich zu Beginn die Gläubiger sagen läßt: „Wer kein Geld hat, soll auch nix essen" – eine Weltanschauung, die nicht nur zu Nestroys Zeit unter den Besitzenden verbreitet war. Das „Ihr da oben, wir da unten", das 150 Jahre später noch gilt und dann zum Schlachtruf wird, kommt von der Bühne und frappiert in seiner Unmittelbarkeit ebenso wie die technische Meisterschaft, mit der Nestroy die Handlung rund um Reich im ersten Stock und Arm im Parterre in einer fugenlosen Dramaturgie ineinander verzahnt. „Mutter, gemma essen", bitten die Kinder unten – und es ist nichts da. „Jetzt wird auftragen", singen sie oben – und die Tische biegen sich.

Früher hätte Nestroy nach Altwiener Tradition Feen benützt, jetzt sind es die „Launen des Glücks", die in kürzester Zeit die Verhältnisse umdrehen: dreifaches Unglück „oben", dreifaches Glück „unten", und das Quartier muß gewechselt werden. Doch es ist Nestroys Stärke, bei aller Vordergründigkeit der Handlungsführung angesichts der armen Leute nicht sentimental in die Knie zu gehen und sie etwa durchwegs zu „guten" Leuten zu machen: Geld verdirbt alle, wer immer es hat, das ist eine seiner Grundüberzeugungen. Darum liefert er keine „Sozial- schnulze", und läßt, weil er immer dialektisch denkt, dann auch den Reichen seinen Abstieg mit einiger Würde tragen.

Wie Nestroy-Forscher Jürgen Hein betont, besteht die Stärke des Stücks auch darin, daß das Publikum lachen kann, gleicherweise Spaß an Spielwitz und Situationskomik haben und auch den tieferen Sinn in diesem „Weltmodell" erkennen kann – wenn es will. Daß das Stück heutzutage so selten gespielt wird, mag – trotz moderner Bühnentech- nik – mit der Kompliziertheit der Dekoration zu tun haben. Bei Nestroy auf Liechtenstein wurde es 1990 erfolgreich gezeigt.

HKA 9 (Hüttner)

Der ZUFALL
siehe Die **Papiere des Teufels**

Die ZUSAMMENGESTOPPELTE KOMÖDIE

Komisches Quodlibet mit Gesang in zwei Abteilungen. Nebst einem Vorspiele zur Rechtfertigung des Titels in einer Abteilung

Musik: „Von verschiedenen Meistern"

Uraufführung: 8. August 1840, Theater an der Wien

Nestroy-Rolle: Christoph, Sohn des herrschaftlichen Kochs. Sein Schlußcouplet hat sich Nestroy hier im Vergleich zur Erstfassung ent- schieden erweitert.

Bemerkungen: Es handelt sich hier um eine Variation von DIE FAHRT MIT DEM DAMPFWAGEN, die schon 1834 Vorspiel zu einem Quodlibet war.

HKA 16/II (Huish)

ZWEI EWIGE JUDEN UND KEINER
Auch: **Zwei ewige Juden für einen**
Auch: Der **fliegende Holländer zu Fuß**
Burleske mit Gesang in zwei Akten
Musik: Adolf Müller
Uraufführung: Gleichzeitig am 4. August 1846 im Theater in der Leopoldstadt und am Königlich Städtischen Theater in Pest
Nestroy-Rolle: Der Maler Kranz, dezidiert als „alt" erklärt, ein großzügiger Charakter, hat in dem Stück wenige Möglichkeiten – das einzige Couplet erhält der Millionär Wandling (bei der Wiener Premiere: Grois), der dann auch ein Duett mit Mummler (in Wien: Scholz) singen darf („Ja, da kann kein Theater bestehen"). Über den Malerberuf äußert sich Kranz kritisch: „*Wo was Neues finden? Um jeden steirischen Felsen sitzen drei Maler herum und bemseln drauf los; jedes Bachbrückel, jedes Seitel Wasserfall prangt auf der Leinwand, das ganze Salzkammergut existiert in Öl, die Schweizernatur hat keine Quadratklafter mehr, die nicht schon zehn Mal in der Kunstausstellung war …*"
Bemerkungen: Das Vaudeville „Le Nouveau Juif Errant" von François-Antoine Varner diente Nestroy als Vorlage für die komplizierte Geschichte rund um den alten Maler Kranz, der aus Amerika zurückgekehrt ist, wo er einst dem Millionär Wandling das Leben gerettet hat. Wenn er dann im Theatermilieu bei Direktor Mummler landet und dort die Rolle des „ewigen Juden" spielt (in der Wiener Aufführung von der Zensur in den „Fliegenden Holländer" verwandelt, um jegliche mögliche Ausbrüche von Antisemitismus zu vermeiden), wird er – der in Amerika Selbstmorde vorgetäuscht hat, um Gläubigern zu entfliehen – für den „ewigen Juden" persönlich gehalten, womit das Thema des Aberglaubens angeschnitten ist. Am Ende steht dann eine große Erbschaft, die Wilhelm, dem Neffen von Kranz, die ersehnte Heirat ermöglicht.
Erfolglos schon bei der Premiere, hat das Stück mit dem ungeschickten Titel nicht überlebt.
HKA 24/I (McKenzie)

K. K. priv. Theater  in der Leopoldstadt.

Unter der Leitung des Eigenthümers Direktor Carl.

Heute Dinstag den 4. August 1846.

Neue Burleske mit Gesang.

zum ersten Male:

Der

fliegende Holländer zu Fuß.

Burleske mit Gesang in 2 Akten, von Johann Nestroy.
Musik vom Kapellmeister Adolf Müller.

Personen:

Herr von Auerhahn, Landedelmann	Hr. Moritz.		Holper, Negoziant	— — —	Hr. Lang.
Pauline, dessen Tochter	Dlle. Herzog.		Babette, Kellnerin	— —	Mad. Rohrbeck.
Bandling, Millionär	Hr. Grois.		von Distelbrand, ein Abenteurer	—	Hr. Pohl.
Franz, ein alter Maler	Carl.		Klipp, Fabriksinhaber	—	Hr. Brabée.
Wilhelm, sein Neffe	Hr. Gämmerler.		Busch, Eisenhammerbesitzer	—	Hr. Schoffer.
Mummler, Theater-Prinzipal	Hr. Schütz		Johann, Bedienter bei Herrn von		
Rosamunde, dessen Tochter	Dlle. Th. Preschl.		Auerhahn	— — —	Hr. Schmitt.
Der Regisseur	Hr. Stahl.		Ein Wirth	— — —	Hr. Benda.
Erster	Hr. Landner.		Sepherl, Köchin im Wirthshause		Mad. Scotti.
Zweiter ⎫ Dorfwächter	Hr. Jungwirth.		Josef, Kellner	— —	Hr. Raffel.
Dritter ⎭	Hr. Erhartt.		Ignaz, Hausknecht	— — —	Hr. Senbani.
			Ein Notar	— — —	Hr. Brose.

Theatergäste. Reisende. Landleute. Bediente.
Ort der Handlung: 1ten Akt in einem Einkehrwirthshause auf dem Lande,
2ten Akt auf dem Schlosse des Herrn von Auerhahn.

Billets zu Logen und Sperrsitzen sind in der Stadt, im Bürgerspital Nr. 1100
der Bastei gegenüber, und letztere auch im Theatergebäude in der Leopoldstadt, die
Gewölbthüre ebener Erde, nächst dem Cassa-Eingang, Vormittags von 9 bis 12
Uhr, und Nachmittags von 3 bis halb 5 Uhr, zu bekommen.

Heute ist der freie Eintritt für Jedermann ohne Ausnahme aufgehoben.

Alle Tage stehen nach der Theater-Vorstellung 2 Gesellschafts-
Wagen, die nach Hietzing fahren, vor dem Hause Nr. 518, in
der Jägerzeile, in Bereitschaft.

Anfang um 7 Uhr.

Dasselbe Stück, unter zwei verschiedenen Titeln in Wien und in Pest (Ungarn) uraufgeführt: Die Zensur mochte in Wien das Wort „Jude" nicht im Titel und ersetzte den „Ewigen Juden" durch den „Fliegenden Holländer".

Bemerkenswert auf dem ungarischen Theaterzettel: Die „Uraufführung" fand am selben Tag statt wie die erste Aufführung in Wien, aber man verzeichnete, um die Rechte von Carls Theater zu wahren, die Uraufführung als einen Tag davor stattgefunden.

ZWEI SCHÜSSELN VOLLER FASCHINGSKRAPFEN
Quodlibet in zwei Akten
Uraufführung: 12. Februar 1832, Preßburg
Bemerkungen: Der Text dieses Quodlibets, das nur einmal gespielt wurde, ist verschollen.

Menschen und Begriffe

Louis ANGELY

Schauspieler, Dramatiker (1788–1835)

Angely wirkte in Berlin, seine Stücke orientierten sich an französischen Vaudevilles. Sein Einakter „Zwölf Mädchen in Uniform" bot Nestroy die Rolle des einäugigen alten Soldaten Sansquartier, mit der er den Durchbruch zu seiner schauspielerischen Eigenart fand. Manche Nestroy-Forscher (Jürgen Hein) halten Nestroys Bearbeitung dieses Stücks für eine eigenständige Leistung, doch es wurde nicht in die Historisch-kritische Ausgabe aufgenommen. Nestroy hat 1833 DER TRITSCHTRATSCH nach einer Vorlage von Angely gestaltet. Auch die Lokalposse EINE WOHNUNG ZU VERMIETEN ..., 1837, die zu einem seiner größten Mißerfolge wurde, basiert auf einer Angely-Vorlage. Nestroy hat Angelys Werke, die im Berliner Lokalton geschrieben waren, konsequent ins Wienerische „übersetzt".

ANTISEMITISMUS

Die Antisemitismus-Debatte konzentriert sich im Leben Nestroys auf ein einziges Stück, die Hebbel-Travestie JUDITH UND HOLOFERNES. Sie wird schon rund um die Uraufführung und auch nach Nestroys Tod immer wieder geführt, wobei es Wissenschaftler gibt (Gerhard Scheit), die Nestroy bewußten Antisemitismus unterstellen. Das ist allerdings ein durch nichts gerechtfertigter Akt von interpretatorischem Mutwillen, da es in Nestroys Leben keinerlei Belege dafür gibt, seine jüdische Umwelt anders betrachtet zu haben als die nichtjüdische. Zwei Menschen, die für ihn große Bedeutung hatten, vor allem Karl Carl, aber auch Moritz Gottlieb Saphir, waren Juden. Wie sehr Antisemitismus im 19. Jahrhundert eine Alltagserscheinung war, zeigte sich in seiner Zeit in Amsterdam, wo das Deutsche Theater, an dem Nestroy engagiert war, wegen fortlaufender Auseinandersetzung zwischen dem deutschen und dem deutschsprachigen jüdischen Publikum geschlossen werden mußte. Nestroy hat außer in JUDITH UND HOLOFERNES keine „Juden"-Figuren auf die Bühne gebracht, auch nicht in seinem Stück ZWEI EWIGE JUDEN UND KEINER, selbst wenn gelegentlich ein jüdischer Name (Edelschein in DIE LIEBEN ANVERWANDTEN) auftaucht. Er hat selbst für seinen Kollegen Karl Treumann, der das „Jüdeln" als private Spezialität pflegte, keine „jüdelnde" Rolle geschaffen, obwohl er sonst bereit war, Treumann vieles „auf den Leib" zu schreiben.

BALLETT-PARODIEN

Nestroy hat zwei Ballette als Vorlage für seine Parodien genommen, „Adelheid von Frankreich", woraus DER GEFÜHLVOLLE KERKERMEISTER oder ADELHEID, DIE VERFOLGTE WITTIB wurde (1832), und das Feenballett „Der Kobold", das dann als DER KOBOLD oder STABERL IM FEENDIENST auf der Bühne erschien (1838). Vor allem im letztgenannten Stück hat er die Körpersprache des Balletts als parodistischen Effekt in sein Werk einbezogen.

Adolf BÄUERLE

Journalist, Dramatiker (1786–1859)

Bäuerle, ursprünglich Beamter, schuf sich seine einzigartige Stellung in der Wiener Theaterszene von Biedermeier und Vormärz, als er 1806 zwanzigjährig die „Wiener Theaterzeitung" gründete, die Nestroys Weg als Schauspieler und Dramatiker stets begleitet hat – meist mit großem Wohlwollen. Bäuerles „Theaterzeitung" war für Nestroy ein wichtiges Blatt, da es auch sehr gewissenhaft (und grundsätzlich positiv) über Nestroys Gastspiele in der Monarchie und in Deutschland berichtete.

Als fruchtbarer Dramatiker war die Figur des Wiener „Parapluie"-Machers Staberl Bäuerles ureigenste Schöpfung, die auch Nestroy benützt hat (DER KOBOLD oder STABERL IM FEENDIENST). Nestroy hat ab 1823, erstmals schon in Amsterdam, in vielen Stücken Bäuerles gespielt. Von den 24 Rollen gehörte vor allem die „Falsche Primadonna in Krähwinkel" zu seinen Glanzleistungen, mit der er auch sehr gerne gastierte, weil er darin seine Verwandlungs- und Gesangskünste zeigen konnte.

Adolf Bäuerle war
ein Multitalent
und unermüdlicher
Arbeiter, der in
vielen Funktionen,
die man heute als
unvereinbar emp-
findet, tätig war –
etwa als Kritiker
von Theatern, die
seine Stücke spiel-
ten, usw. Nestroy
hatte mit ihm
keine Probleme.

Es existieren mehrere Briefe Nestroys an Bäuerle, teilweise in geradezu devotem Ton gehalten, doch er wehrte sich auch gegen Kritiken, die
er als ungerechtfertigt empfand.
Bäuerle hatte als bestechlicher Hansdampf in allen Gassen einen schlechten Ruf in Wien. Burgschauspieler Costenoble hat dies in einer Tage-
buchaufzeichnung vom 7. Jänner 1834 so umrissen: „Bäuerle verviel-
facht seine Geschäfte über die Maßen und verdient große Summen. Die
Welt schmähet freilich seine industriöse Art; aber er lacht und streicht
dabei Geld ein."

Eduard von BAUERNFELD
Dramatiker (1802–1890)
Fast gleichaltrig mit Nestroy, war Bauernfeld mit seinen leichten Lust-
spielen einer der meistgespielten Autoren seiner Zeit, dem auch das
Hofburgtheater offen stand. Nestroy kannte er privat und hat ihn in sei-
nem Buch „Erinnerungen aus Alt-Wien" ausführlich charakterisiert. In

Nestroys letzten Lebensjahren haben sich die beiden im Sommer häufig in Ischl getroffen.

Friedrich BECKMANN
Schauspieler, Dramatiker (1803–1866)
Beckmann war einer der bedeutenden Darsteller seiner Zeit, ein „geborener Komiker", der in Deutschland als Nestroy-Interpret sehr beliebt war. Im Gegensatz zu jener Nestroys war seine Komik jedoch ausgesprochen liebenswürdig. Beckmanns Angst vor Nestroy veranlaßte ihn allerdings, sich anläßlich von dessen Gastspiel in Berlin 1844 an einer Intrige zu beteiligen, die Nestroys Auftreten verhindern sollte – vergeblich allerdings. Beckmann kam 1846 an das Wiener Burgtheater.

BENEFIZVORSTELLUNGEN
Benefizvorstellungen waren zu Nestroys Zeiten ein wichtiger Bestandteil vom Einkommen eines Schauspielers. An solchen vertraglich zugesicherten Abenden fiel diesem die „ganze Einnahme" oder die „halbe Einnahme" zu. Am Besuch eines solchen Abends ließ sich auch die Popularität eines Autors ermessen. Es war üblich, dafür in einem neuen Stück aufzutreten – Nestroy hat seine meisten Werke für seine eigenen Benefizabende und für jene von Marie Weiler geschrieben, einige wenige neue Stücke hat er auch Kollegen für deren Benefizabende zur Verfügung gestellt. Karten für Benefizabende konnten, wie auf den Theaterzetteln ersichtlich, meist in der Privatwohnung des „Benefizianten" erworben werden, was persönlichen Kontakt mit dem Künstler erlaubte. Für die Logen und Sperrsitze erschien die Dienerschaft der Adeligen und reichen Herrschaften. Der Andrang zu Nestroy-Premieren war meist so groß, daß auch ein Vielfaches der Originalpreise gezahlt wurde.

Carl BINDER
Komponist (1816–1860)
Binder kam 1851 an das Carl-Theater und hat für sieben Nestroy-Stücke die Musik geschrieben. Er war neben Adolf Müller zweifellos der wichtigste Komponist für den Dichter.

Ein besonderer Triumph war die TANNHÄUSER-Parodie: Binders in allen Kritiken hoch gelobte Umsetzung von Wagners Musik trug ihren Teil zum besonderen Erfolg dieses Nestroy-Werks bei.

Ida BRÜNING

Schauspielerin, Sängerin

Ida Brüning war 1841 in Hamburg, wo sie Nestroy begegnete und (nach Information von Friedrich Kaiser) während seines Gastspieles kurzfristig seine Geliebte wurde. Sie soll ihm die Trennung sehr übel genommen haben, und als Ida Brüning von Karl Carl an das Theater an der Wien engagiert wurde, hatte Nestroy in ihr eine Feindin. Mit Ida Brüning begann der Verdrängungsfeldzug, den Carl zugunsten des für Wien neuen Genres des Vaudeville (seichte musikalische Lustspiele französischer Herkunft) gegen die heimische Posse und den immer unangenehmen Nestroy führte, was allerdings nur einige Jahre erfolgreich war: Nestroy und die Posse behaupteten ihren Platz, bis der selbst im Carl-Theater französischen Operetten das Haus öffnete.

Karl CARL

Theaterdirektor, Schauspieler, Regisseur, Dramatiker (1787–1854)

Karl Carl (der eigentlich Bernbrunn hieß) war eine der bemerkenswertesten Persönlichkeiten seiner Zeit, ein Allroundtalent des Theaters, als Unternehmer einer der wenigen, dem es gelang, mit einem Theaterbetrieb persönlich reich zu werden (woran die Ausbeuter-Verträge, die er mit Autoren und Schauspielern schloß, nicht unbeteiligt waren). Er kam von München nach Wien, leitete das Theater an der Wien und eine Zeitlang gleichzeitig das Theater in der Josefstadt. Später übernahm er auch das Theater in der Leopoldstadt, das er – nach dem Verlust des Theaters an der Wien – als „Carl-Theater" neu erbauen ließ: Es war, seiner Zeit weit voraus, 1847 stilistisch so etwas wie der erste „Ringstraßen-Bau".

Carl engagierte Nestroy 1831 und wurde durch ihn reich. Nestroys Arbeitsaufwand als Schauspieler und Dramatiker in Carls Diensten ist schier beispiellos und wurde erst im Lauf der Jahre besser bezahlt.

Für den Schauspieler Carl hat Nestroy zahlreiche Rollen geschrieben: In LUMPAZIVAGABUNDUS, wo Carl den Leim spielte, etablierte er mit Nestroy / Scholz / Carl für lange Zeit das berühmteste Komiker-Trio Wiens. Der Kauz in DAS MÄDL AUS DER VORSTADT war ein geradezu getreues Abbild des unehrenhaften Spekulanten und Frauenhelden. Nach dem Tod von Karl Carl 1854 wurde Nestroy als der „natürliche Nachfolger" seinerseits Direktor des Carl-Theaters.

Obwohl Carl Nestroys Leben ein knappes Vierteljahrhundert dominierte und solcherart für ihn wohl ein „Lebensmensch" war, haben die beiden nie private Sympathien füreinander gehegt. Carl hat Nestroy für seinen Fleiß herablassend gelobt und für seine Frauenaffären verspottet, von Nestroy gibt es eine Briefstelle, die vermerkt, daß er „nie an der Rücksichtslosigkeit des Director Carl gezweifelt habe".

Eleonore CONDORUSSI
Schauspielerin

Eleonore Condorussi ist eine der vielen Nestroy-Partnerinnen, aus denen er seine jeweiligen Liebschaften rekrutierte. Allerdings wurde er für sie auch als Autor bedeutend – zwischen 1832 und 1843 hat sie in den meisten seiner Stücke gespielt, bis sie von Elise Rohrbeck verdrängt wurde (woran möglicherweise Marie Weiler nicht unbeteiligt war). Als Sepherl in DIE VERHÄNGNISVOLLE FASCHINGSNACHT feierte sie 1839 einen persönlichen Triumph.

Carl Ludwig COSTENOBLE
Burgschauspieler, Freund Raimunds, Tagebuch-Schreiber (1769–1837)

Costenobles Tagebücher sind zwar vor allem als Quelle für das Burgtheater seiner Zeit und für Ferdinand Raimund wichtig, aber er beobachtete auch das Wiener Theaterleben der Vorstädte, berichtete über Kaffeehausklatsch und Zeitungslektüre und sah viele Aufführungen in der Vorstadt. Seine zahlreichen Anmerkungen über Nestroy sind kritisch, aber bar jeder Gehässigkeit, die viele andere Zeitgenossen auszeichnete.

Karl Carl, hier als Herr von Geck in Nestroys „Die verhängnisvolle Faschingsnacht",
spielte am liebsten Bonvivantrollen, in denen er sich verkleiden und berühmte Vor-
bilder nachahmen bzw. parodieren konnte.

Nestroy als schlimmer Bube
Willibald in Porzellan, zum Halten
einer Zündholzschachtel gedacht ...

DEVOTIONALIEN

So wie Raimund vor allem als Aschenmann, wurde Nestroy als Sansquartier und Knieriem vielfach „dargestellt". Als Sansquartier gab es Nestroy als Statuette in Gips und auch Porzellan, dazu als Statuette mit Zündholzbehälter, weiters als Ofenbesteckständer, als Tintenfaß. Auch wurde er auf einer Karte in einem Tarockspiel dargestellt. Als Willibald gibt es ihn auf einer Bonbonschachtel, auf einem Zündholzbehälter, einem Schirmständer.

EINAKTER

Nestroy schrieb folgende Einakter:
DER ZETTELTRÄGER PAPP (1827)
DER EINSYLBIGE oder EIN DUMMER DIENER SEINES HERRN (1829) (verloren)
DER TRITSCHTRATSCH (1833)
DIE FAHRT MIT DEM DAMPFWAGEN (1834)
HINÜBER – HERÜBER (1844)
DIE SCHLIMMEN BUBEN IN DER SCHULE (1847)
JUDITH UND HOLOFERNES (1849)
DER GUTMÜTIGE TEUFEL (1851)
ZEITVERTREIB (ca. 1858 entstanden, zu Nestroys Lebzeiten nicht gespielt)
FRÜHERE VERHÄLTNISSE (1862)
HÄUPTLING ABENDWIND (1862)

Nestroy hat seine eigenen abendfüllenden Stücke (VERWICKELTE GE-
SCHICHTE, UMSONST, ROBERT DER TEUXEL u. a.) zu Einaktern umgear-
beitet oder umarbeiten lassen. Das hing mit einem sehr gesteigerten
Bedürfnis an Einaktern seit der Mitte der fünfziger Jahre zusammen.
Das hatte gleicherweise mit Karl Treumann zu tun, der gerne an einem
Abend verschiedene Rollen spielte, aber auch mit einer verminderten
Aufmerksamkeitsspanne des Publikums.

ERFOLGE

Nestroys meistgespielte Stücke zu seinen Lebzeiten (in Wien):
LUMPAZIVAGABUNDUS: 259 Aufführungen
EINEN JUX WILL ER SICH MACHEN: 161
EULENSPIEGEL: 140
ZU EBENER ERDE UND ERSTER STOCK: 134
DER TRITSCHTRATSCH: 132
DER TALISMAN: 112
DIE BEIDEN NACHTWANDLER: 110
GLÜCK, MISSBRAUCH UND RÜCKKEHR: 109
DER ZERRISSENE: 107
UNVERHOFFT: 106
DIE SCHLIMMEN BUBEN IN DER SCHULE: 102
DIE VERHÄNGNISVOLLE FASCHINGSNACHT: 93
DER AFFE UND DER BRÄUTIGAM: 92
DER UNBEDEUTENDE: 92
DREISSIG JAHRE AUS DEM LEBEN EINES LUMPEN: 88
DAS HAUS DER TEMPERAMENTE: 85
KAMPL: 82
DAS MÄDL AUS DER VORSTADT: 81
TANNHÄUSER: 75
HINÜBER – HERÜBER: 74
NAGERL UND HANDSCHUH: 71
JUDITH UND HOLOFERNES: 67
DER FÄRBER UND SEIN ZWILLINGSBRUDER: 63
Dazu kommen noch 186 Auftritte als Sansquartier in „Zwölf Mädchen
in Uniform".

GASTSPIELE

Seit dem Jahr 1836 unternahm Nestroy regelmäßige Gastspielreisen in andere Städte. Einerseits, um sich einem anderen Publikum zu präsentieren, aber natürlich auch, um mehr Geld zu verdienen, als er bei Karl Carl bekam, denn diese Gastspiele wurden teilweise sehr gut bezahlt. Darüber hinaus bedeuteten diese Aufenthalte fern von zu Hause die Möglichkeit, es mit den in seinem Leben immer präsenten Frauengeschichten etwas leichter zu haben als unter dem wachsamen Auge seiner Gefährtin Marie Weiler. Ein bißchen heimliches Geld (Extraauftritte, deren Erlös Nestroy vor der Weiler versteckte wie später die DDR-Stars einen Teil ihrer West-Honorare vor ihren Behörden), ein bißchen heimliche Liebe.

Allerdings erkaufte sich Nestroy diese Freiheit mit großen Anstrengungen, vor allem des Reisens: In seinen Briefen schilderte er gelegentlich, wie mühsam es war, von einem Ort zum anderen zu kommen. Außerdem reiste er mit Sicherheit mit eigenen Kostümen, möglicherweise auch Requisiten und Unterlagen. Es gibt nicht den geringsten Hinweis darauf, daß er zur Begleitung einen Bedienten gehabt hätte: Das bedeutet auch, daß er für Transport, Unterkunft, Mahlzeiten selbst sorgen mußte, deren Organisation im Ausland nicht immer einfach ist. Auch gingen die meisten Gastspiele unter großem Zeitdruck vor sich.

Termine:

1829 Nestroy gastiert, damals in Graz und Preßburg engagiert, in Klagenfurt. Danach in Wien, im Theater in der Josefstadt (bei dieser Gelegenheit wird DER TOD AM HOCHZEITSTAGE oder MANN, FRAU, KIND uraufgeführt)

1830 Nestroy gastiert am Kärntnertortheater in Wien (letztes Engagement als Opernsänger)

1831 Gastspiel im Theater in der Josefstadt, daraufhin Engagement an das Theater an der Wien

1836 Gastspiel in Graz

1837 Gastspiele in Ofen und Pest

1839 Gastspiele in Brünn, Lemberg

1840 Gastspiele in Brünn, Prag

1841 Gastspiele in Prag, Hamburg

1842 Gastspiele in Prag, Brünn

1843 Gastspiele in Linz, Breslau

1844 Gastspiele in Prag, Berlin, Frankfurt an der Oder

1845 Gastspiele in Brünn, Berlin, Prag, München

1846 Gastspiele in Brünn, Prag, Pest, Graz

1847 Gastspiele in Brünn, Graz, Prag, Berlin, Hamburg, Frankfurt am
Main, Wiesbaden, Mainz

1848 Gastspiele in Graz, Ofen, Pest, Prag, Leipzig, Hamburg, Linz
(nahezu ausschließlich mit FREIHEIT IN KRÄHWINKEL)

1849 Gastspiele in Prag

1850 Gastspiele in Ofen, Pest, Lemberg, Linz

1851 Gastspiele in Triest, Ofen, Pest, Brünn

1852 Gastspiele in Prag, Ofen, Pest

1853 Gastspiele in Berlin, Ofen, Pest

1854 Gastspiele in Berlin, Brünn

Sobald er Direktor des Carl-Theaters geworden ist, beendet Nestroy seine Gastspieltätigkeit und tritt gastierend nur noch gelegentlich im Rahmen von Wohltätigkeitsvorstellungen (vor allem in Ischl) auf. Sein allerletztes Auftreten in Graz ist sein letztes „Gastspiel" (29. April 1862).

Marie GORDON

Schriftstellerin unter dem Pseudonym „Alexander Bergen" (1812–1863)

Obwohl Marie Gordon die Geliebte von Nestroys langjährigem Erzfeind Moritz Gottlieb Saphir war, spielte Nestroy doch in dreien ihrer Einakter, die sie unter dem Pseudonym Alexander Bergen verfaßte. 1858 verkörperte er in der einaktigen Posse „Der Mord in der Kohlmessergasse" den „Privatier Trautentaler", den er bis zu seinem letzten Wiener Gastspiel im Repertoire behielt.

1859 erlebte das Genrebild „Eine Greißlerei", worin er die Rolle des Michael Bums spielte, nur zwei Aufführungen, aber noch im selben Jahr wurde die „Frau Maxl" in dem Stück „Die Vorlesung bei der Hausmeisterin" eine seiner komischen Glanzrollen, die Nestroy gleichfalls bis zu seinem Lebensende verkörperte. Der Witz des Stücks bestand u. a. darin, daß auch die „Frau Czerditak, Geldgeschäftlerin" und die „Mamsell Charlotte, Wirtschafterin" von Männern gespielt wurden. Als „Frau Maxl" ist Nestroy vielfach dargestellt worden, darunter auch in dem „Nestroy-Album" von Hermann Klee im Jahr 1861.

Ludwig GOTTSLEBEN
Schauspieler, Autor (1836–1911)

1910 gab Gottsleben seine Erinnerungen „50 Jahre Komiker" heraus. Wir verdanken ihm darin die lebendigste Schilderung, wie Direktor Carl seine Schauspieler Nestroy und Wenzel Scholz 1848 in der Uniform der Nationalgarde auf die Ferdinandsbrücke geschickt hat – weniger, um für Ruhe und Sicherheit der Bürger zu sorgen, als für das Carl-Theater zu werben.

Franz GRILLPARZER
Dichter (1791–1872)

Während Nestroys große Zeitgenossen, Grillparzer und Raimund, untereinander zwar keinen innigen, aber doch einen losen freundschaftlichen Verkehr pflegten, der auf aufrichtiger gegenseitiger Bewunderung basierte, gibt es keinerlei Hinweise darauf, daß Grillparzer und Nestroy einander persönlich begegnet wären. Die Kaffeehaus-Kreise, in denen sie sich bewegten, waren nicht dieselben, in literarischen Zirkeln war wohl Grillparzer, nicht aber Nestroy anzutreffen.

Als Schauspieler hat Nestroy nur dreimal Nebenrollen in Grillparzers Stücken gespielt: 1828 in Graz den Herbot von Füllenstein in „König Ottokars Glück und Ende" und den Arzt in „Ein treuer Diener seines Herrn". Kurioserweise verkörperte er in dem letztgenannten Stück 1829 in Preßburg noch eine eingelegte Rolle: „Janos, ein lustiger Rat des Königs".

Nestroys 1829 in Graz uraufgeführter und verschollener Einakter DER EINSYLBIGE ODER EIN STUMMER DIENER SEINES HERRN läßt zwar im Titel, aber in keiner Weise im Personenverzeichnis eine Grillparzer-Parodie vermuten. Andererseits hat Nestroy mehrfach Grillparzer-Stücke in seine parodistischen Quodlibets eingebaut, die „Ahnfrau" in die MAGI-

SCHE EILWAGENREISE DURCH DIE KOMÖDIENWELT (Preßburg 1830) oder „Sappho" in die HUMORISTISCHE EILWAGENREISE DURCH DIE THEATER-WELT (Wien 1832). Eine Freilichtaufführung der „Sappho" ist auch ein komischer Höhepunkt in den THEATERG'SCHICHTEN.

Im übrigen findet man in Nestroys Dokumenten nur einen weiteren Hinweis auf Grillparzer: In einem Brief ein Jahr vor seinem Tod, in dem Nestroy Ernst Stainhauser seine Skepsis über die politische Entwicklung dartut, spottet er über Grillparzers Einzug ins Herrenhaus: „Ich baue auf Grillparzer; mit Energie und Thatkraft ist so ein bischen Staatsmaschine schnell ins rechte Geleis gebracht" – daß Grillparzer nicht eben ein Mann entschlossener Tat war, wußte jeder.

In Grillparzers Werken kommt Nestroy nur einmal, in einem Neben-satz, vor. 1836 schreibt er angesichts eines Auftretens einer Dem. Leeb über deren Lehrer, einen gewissen Herrn Seipelt, dessen theatralische Laufbahn „selbst den Komiker Nestroy zur Nachahmung anreizte".

Anna GROBECKER
Schauspielerin (1829–1908)

Anna Grobecker kam mit ihrem Gatten, dem Schauspieler Philipp Grobecker, an das Carl-Theater, wo sie ein Publikumsliebling wurde. Bei der Uraufführung der FRÜHEREN VERHÄLTNISSE im Quai-Theater spielte sie an Nestroys Seite die Josefine Scheitermann. Sie hat nach Nestroys Tod 1895 auf die Bitte von Leopold Rosner ihre Erinnerungen an Nestroy in Briefen niedergelegt. Sie hatte ihn erstmals in TANN-HÄUSER gesehen und erinnerte sich des „mächtigen Eindrucks, den er als Künstler auf mich machte". Auch sie erwähnt – wie viele andere – die außerordentliche Schüchternheit des damals schon fast Sechzig-jährigen, der nur ein mehrfaches „Gnä' Frau" herausbrachte, als er ihr etwas Freundliches über ihre Leistung sagen wollte. Als Anna Grobecker in DER TRITSCHTRATSCH mit Nestroy spielte, zeigte er auf der Bühne größte Irritation – Stecknadeln in den Kleidern der Damen hatten ihn so aus dem Konzept gebracht. Sie berichtet auch von seiner berühmten Schwäche, alles zuzusagen – was dann von seinen Mit-arbeitern wieder zurückgenommen wurde. Anna Grobecker war in der

Die junge Schau-
spielerin Anna
Grobecker begeg-
nete dem reifen
Nestroy mit
großer Bewun-
derung.

denkwürdigen Aufführung von „Orpheus in der Unterwelt" am Carl-
Theater die „Öffentliche Meinung". Über Nestroy berichtete sie Rosner: *Man erzählte sich damals, als Nestroy einige Tage krank war, der Doc-
tor habe ihm gesagt, er würde stets gesund bleiben, wenn er etwas mäßiger
in Allem wäre, er solle weniger Wein trinken, nicht so starke Cigarren rau-
chen und die hübschen Mädel nicht so viel anschauen, worauf er antwor-
tete: „Und glauben denn Sie, daß mich das Leben dann noch g'freuen würde, wenn ich Ihren dalketen Rat befolgte? O nein!"*

Louis GROIS
Schauspieler, Freund Nestroys (1809–1874)
Grois war wie Nestroy ursprünglich Sänger und debütierte in Lemberg
mit derselben Rolle wie Nestroy sechs Jahre davor in Wien, als Sara-

Auch an Louis Grois erwies Nestroy seine Fähigkeit, aus Konkurrenten Freunde zu machen.

stro in Mozarts „Zauberflöte". Später wechselte er zum Sprechthea-ter. Karl Carl engagierte ihn aus Graz, um Nestroy eine Konkurrenz vor die Nase zu setzen, aber Grois machte Nestroy seinen Rang nie streitig und konnte sich nur in profilierten Nebenrollen neben ihm behaupten. Die beiden wurden die besten Freunde, eine der letzten Fotografien, die von Nestroy aufgenommen wurde, zeigt ihn neben Grois. Er schrieb für den Freund einige Glanzrollen, u. a. Plutzerkern in DER TALISMAN, Knöpfl in DAS MÄDL AUS DER VORSTADT, Zangler in EINEN JUX WILL ER SICH MACHEN, Marchese Vincelli in LIEBES-GESCHICHTEN UND HEIRATSSACHEN, Krautkopf in DER ZERRISSENE, Schwefel in DAS GEWÜRZKRÄMERKLEEBATT, Hochinger in MEIN FREUND, Scheitermann in FRÜHERE VERHÄLTNISSE, Biberhahn in HÄUPTLING ABENDWIND.

Grois hat noch in den Zeiten von Karl Carl verdienstvoll als Regisseur gewirkt und behielt diese Funktion auch im Carl-Theater unter der Direktion von Nestroy bei.

Bernhard GUTT
Prager Kritiker

Anläßlich von Nestroys Gastspiel in Prag 1844 schrieb er in der „Bohemia" Kritiken über Nestroys darstellerische Leistungen, die in ihrer Genauigkeit und Analyse weit über das hinausgehen, was die Wiener Kritiker zu seinen Leistungen anzumerken pflegten. Es war Karl Kraus, der Gutts Kritiken „entdeckt" hat, die seither immer wieder zur Analyse von Nestroys Spielstil herangezogen werden.

Carl GUTZKOW
Schriftsteller (1811–1878)

Der gebürtige Berliner Gutzkow, dessen Tragödien und Schauspiele zu seiner Zeit viel gespielt wurden (u. a. auch am Wiener Burgtheater), war einer der heftigsten Nestroy-Gegner. Er hat dessen erstes Gastspiel in Hamburg mit einer Flut schlechter, gehässiger Kritiken begleitet. Auch in der Folge hat er Nestroy, den er auch bei seinen Reisen in Wien gesehen hat, geradezu ausfallend negativ beurteilt.

Carl HAFFNER
Dramatiker (1804–1876)

Nestroy hat in 15 Stücken von Haffner, der eine zeitlang für Karl Carl als Dramatiker tätig war, gespielt. Dieser schrieb nach Nestroys Tod den Roman „Scholz und Nestroy", der in zahllosen Details kaum Anspruch auf Seriosität erheben kann (so enthält er Nestroys Romanze mit einer Nonne, mit der er fliehen will, die sich aber das Leben nimmt), doch einige Schilderungen von Personen und Situationen enthält, die der Wahrscheinlichkeit nicht entbehren. Jedenfalls zeichnet Haffner die Augenzeugenschaft aus. An anderer Stelle hat er seine letzte Begegnung mit einem sehr alt, müde und resigniert gewordenen Nestroy geschildert.

Friedrich HEBBEL
Dramatiker (1813–1863)

Der deutsche Dichter ließ sich als Gatte der Burgschauspielerin Christiane Enghaus in Wien nieder, wo seine Dramen am Burgtheater uraufgeführt wurden. Der Schriftsteller Ludwig Speidel schildert eine – schwer zu datierende – Begegnung zwischen dem eloquenten Hebbel und dem im Privatleben so schüchternen Nestroy. Hebbel hat Nestroy anfangs durchaus geschätzt (er äußerte sich etwa positiv über den SCHÜTZLING), bis dessen Parodie seiner „Judith", JUDITH UND HOLOFERNES, Hebbel bis ins Mark traf. Danach bezeichnete er ihn als „Genius der Gemeinheit" und schrieb nach seinem Tod, er habe „Augiasställe" hinterlassen.

Johanna Nepomucena HOFFMANN
Schauspielerin, Nestroys Nichte (1823–1866)

Die Tochter von Nestroys Schwester Franziska und des „Edlen" Iganz Franz Hoffmann wurde in jungen Jahren Schauspielerin und war um 1840 einige Zeit im Carl-Theater tätig, wo sie auch in Stücken ihres Onkels auftrat. Sie heiratete allerdings 1849 den um 18 Jahre älteren Fürsten Alfons von Bretzenheim-Regecz und zog sich von der Bühne zurück. Sie blieb kinderlos.

Karl von HOLTEI
Autor (1798–1880)

Holtei, in Berlin bekannt für seine tränenreichen Stücke, gastierte mit seiner Gattin Julie als Schauspieler und Autor im Wiener Theater in der Josefstadt. Der Überraschungserfolg von Holteis Stück „Lorbeerbaum und Bettelstab", in dem er mit seiner Gattin auch die Hauptrollen spielte, reizte Nestroy zur Parodie (WEDER LORBEERBAUM NOCH BETTELSTAB). Ebenso parodierte Nestroy später Holteis „Trauerspiel in Berlin", das zu DIE VERHÄNGNISVOLLE FASCHINGSNACHT wurde. Man weiß, daß Holtei auf Nestroy sehr „beleidigt" war, er nannte ihn auch, im Gespräch mit dem Schauspieler Josef Lewinsky, die „Todesursache" von Ferdinand Raimund.

Friedrich HOPP

Schauspieler, Dramatiker (1789–1869)

Hopp war Nebenrollen-Darsteller, aber vor allem Autor bei Karl Carl. Nestroy hat in mehreren der überaus erfolgreichen Stücke von Hopp mitgewirkt, darunter „Hutmacher und Strumpfwirker oder Die Ahnfrau im Gemeindestadl" (Bilder mit Nestroy als Baldrian Zwickl und Scholz als Cyprian Deckel vorhanden), „Das Gut Waldegg" (Bilder mit Nestroy als Nigowitz und Scholz als Jonas Froschmaul vorhanden) oder „Elias Regenwurm". Hopp selbst in der Rolle des Semmelschmarrn erscheint auf einem Szenenbild von Nestroys NAGERL UND HANDSCHUH aus dem Jahr 1832.

Friedrich KAISER

Dramatiker (1814–1874)

Kaiser war längere Zeit als Dramatiker neben Nestroy am Theater an der Wien tätig und teilweise so erfolgreich wie dieser. Auch als Vielschreiber konnte er es mit ihm aufnehmen. Seine Stücke, von denen Nestroy in nicht weniger als 53 (!) spielte, sind allerdings heute vergessen. Trotz einer gewissen Schwülstigkeit und Romanhaftigkeit sind für die Nachwelt Kaisers Erinnerungsbücher über Direktor Carl, über Wenzel Scholz relevant. Über Nestroy äußerte er sich ausführlich in seinen eigenen Memoiren „Unter fünfzehn Theaterdirektoren" (1870). Seine Einstellung zu Nestroy war allerdings nicht die freundlichste, und dessen Lebensgefährtin Marie Weiler hat er geradezu verabscheut.

David KALISCH

Dramatiker (1820–1872)

Kalisch, Gründer des Witzblattes „Kladderadatsch", war zu seiner Zeit ein vielgespielter Schwankautor. Nestroy kreierte am 11. September 1858 die Figur des Knitsch in Kalischs einaktiger Posse „Der gebildete Hausknecht" und spielte diese Rolle, die schnell zu einer seiner berühmtesten wurde, bis zu seinem Tod. Manche Nestroy-Forscher (darunter Jürgen Hein) halten Nestroys Bearbeitung für so weitgehend,

daß sie das Werk – wie Angelys „Zwölf Mädchen in Uniform" – zu den
Nestroy-Werken zählen. Es wurde allerdings nicht in die Historisch-
kritische Ausgabe aufgenommen.

Eduard KLISCHNIGG
Berühmter Affen-Darsteller seiner Zeit (1812–1877)

Klischnigg zählte zu jenen „akrobatischen" Künstlern, die so beliebt
waren, daß man Theaterstücke schreiben ließ, in denen sie ihre Künste
gleichsam in „dramaturgischem Zusammenhang" präsentieren konnten. Nestroy schrieb für Klischnigg in Carls Auftrag DER AFFE UND DER
BRÄUTIGAM (1836).

Karoline KÖFER
Schauspielerin

Karoline Köfer war nur eine in einer Legion von Frauen, die durch
Nestroys Leben paradierten, aber durch Zufall ist jener Brief erhalten,
mit dem Nestroy am 12. März 1855 die Bekanntschaft anknüpfte. Dieses immer wieder zitierte, zutiefst skurrile Dokument zeigt, wie „ge-
schäftsmäßig" Nestroy eine „romantische" Beziehung organisierte, und
so wurde dies auch von Karoline Köfer – einer Schauspielerin, die sich in
den vierziger und fünfziger Jahren in Graz, Linz, Lemberg, Brünn und
Krakau umtat – aufgefaßt. Er mietete ihr eine Wohnung am Laurenzer-
berg, zu Fuß nur wenige Minuten von der Leopoldstadt entfernt, und
er fand sie am Ende der Affäre mit 500 Gulden ab. Dieses Ende be-
schwor sie übrigens selbst herauf, als sie begann, Marie Weiler mit ano-
nymen Briefen zu belästigen. Nestroy hat nie geduldet, daß seine Sei-
tensprünge Marie Weiler unmittelbar betroffen haben, und machte der
Köfer-Affäre schnell ein Ende, wobei sein Freund Stainhauser als Vermittler wirkte.

Clemens Wenzel Fürst METTERNICH
Staatskanzler (1773–1859)

Metternich, der für das „System" der Knebelung jeder freien Meinung
in der Monarchie zwischen Wiener Kongreß und Revolution verant-

wortlich war, „unterhielt sich trefflich" bei einer Vorstellung von LUM-
PAZIVAGABUNDUS am 14. April 1833. Ob Nestroy davon erfahren hat,
sei dahingestellt (die Notiz stammt aus dem Tagebuch von Metter-
nichs damaliger Gemahlin Eleonore). Jedenfalls hat er den verhaßten
Mann, sobald die Zensur gefallen war, in der FREIHEIT IN KRÄHWINKEL
als Witzfigur (Ultra verkleidet sich als Metternich) auf die Bühne gebracht.

Julius MILLER
Sänger, Komponist, Direktor (1772–1851)
Miller, ein hünenartiger Heldentenor, engagierte Nestroy vom Kärnt-
nertortheater weg nach Amsterdam, wo er selbst direktoriale Funk-
tionen innehatte. Nestroy sang im Lauf dieser Tätigkeit in Millers Oper
„Nerope".

MISSERFOLGE
Folgende Stücke zählen zu Nestroys größten Mißerfolgen:
1834: DER ZAUBERER SULPHUR ... , bei der Premiere randalierend abge-
      lehnt, 7 Vorstellungen 1834, 4 1839
1834: MÜLLER, KOHLENBRENNER UND SESSELTRAGER wird zu einer Ent-
      täuschung mit nur 5 Vorstellungen
1837: EINE WOHNUNG IST ZU VERMIETEN ..., vom Publikum randalie-
      rend ausgebuht und nur dreimal gespielt
1843: NUR RUHE!, im Theater in der Leopoldstadt, 4 Aufführungen
1845: DIE BEIDEN HERREN SÖHNE, 6 Aufführungen
1845: DAS GEWÜRZKRÄMERKLEEBLATT, 4 Aufführungen
1848: MARTHA, 3 Aufführungen
1848: DIE LIEBEN ANVERWANDTEN, 3 Aufführungen
1849: HÖLLENANGST, 5 Aufführungen
1850: SIE SOLLEN IHN NICHT HABEN ODER DER HOLLÄNDISCHE BAUER,
      3 Aufführungen
1850: KARIKATUREN-CHARIVARI MIT HEIRATSZWECK, eine einzige Auf-
      führung
1850: ALLES WILL DEN PROPHETEN SEHEN, 4 Aufführungen

1850: VERWICKELTE GESCHICHTE (Premiere und eine Wiederholung, 1858 noch zweimal in einaktiger Form)

1853: HEIMLICHES GELD, HEIMLICHE LIEBE, 3 Aufführungen

Die Nachwelt hat die Urteile der Zeitgenossen in den wenigsten Fällen, nachdrücklich nur bei der heute vielgespielten HÖLLENANGST, korrigiert. Doch werden immer wieder „Rettungen" versucht.

Adolf MÜLLER

Komponist (1801–1886)

Adolf Müller war ein ebenso fruchtbarer wie fähiger Komponist, der die Musik zu weit mehr als 600 Bühnenwerken schrieb. Er hat Nestroys Werke im Theater an der Wien von 1831 bis – mit zwei Ausnahmen (LIEBESGESCHICHTEN UND HEIRATSSACHEN und EISENBAHNHEIRATEN) – 1847 betreut, als er Carls Dienste verließ. Dabei hat Müller nicht nur für die Stücke von Nestroy, sondern auch für jene von Schickh, Hopp, Kaiser u. a. die Musik geschrieben.

MUSIK

Musik spielt lange Zeit eine besonders große Rolle in Nestroys Werk. Der hohe Musikanteil, der Stücke vor allem in der Frühzeit auszeichnete (wo sie traditionellerweise mit Musik und Chor begannen, was sogar noch beim TALISMAN der Fall ist), ging später spürbar zurück. Das hatte auch damit zu tun, daß Gesangsnummern und große Quodlibets vor allem eingebaut wurden, um Nestroys Gefährtin Marie Weiler die Möglichkeit zu geben, mit ihren besten Fähigkeiten zu brillieren. Nach ihrem Rückzug von der Bühne war Musik für Nestroy nicht mehr so wichtig, obgleich die Couplets der Hauptfiguren in allen seinen Stücken zu finden sind.

„Der" Komponist Nestroyscher Werke war Adolf Müller, der die meisten Stücke (41 an der Zahl) vertonte. Weitere Komponisten:

Michael Hebenstreit: 10 Stücke

Carl Binder: 7 Stücke

C. F. Stenzel: 3 Stücke

Franz Volkert: 1 Stück

Carl Binder war
für Nestroy der
„zweitwichtigste"
Komponist nach
Adolf Müller. Er
hat vor allem mit
seiner Parodie von
Wagners „Tann-
häuser"-Musik ein
von der Mitwelt
anerkanntes
Meisterstück
geliefert.

Franz Roser: 1 Stück
Karl Rott: 1 Stück
A. M. Storch: 1 Stück
Die Musik zu Nestroys letztem Stück stammte von Jacques Offen-
bach, wurde allerdings schon für das französische Original geschrieben.

Karl MUTH

Polizeidirektor in Brünn

Karl Muth hat seinen Weg aus der Welt der Akten in Nestroys Lebens-
geschichte gemacht, indem er dessen Karriere in Brünn entschieden
verkürzte. Er war das ausübende Organ der Zensur, die als Theater-
zensur jede einzelne Aufführung an jedem einzelnen Theater durch
Polizeibeamte überwachen ließ. Im Zusammenhang mit Karl Muth wird
auch die Anekdote erzählt, Nestroy habe in einer Aufführung von „Die

Teufelsmühle am Wienerberge" als Käsperle auf den Zuruf eines Ritters, „Mut, Käsperle, Mut!", erwidert: „Laßt mich einmal aus mit dem Mut! Mir geht der ‚Mut' schon bis an den Hals!" Das soll dann den Ausschlag dafür gegeben haben, daß Muth Nestroys Brünner Vertrag vorzeitig und mit sofortiger Wirkung kündigte.

Wilhelmine von NESPIESNY
Nestroys Gattin (1804–1870)

Wilhelmine, zweieinhalb Jahre jünger als Nestroy, war die uneheliche Tochter von Katharina Zwettlinger, die aus ihrem Verhältnis mit dem Grafen Zichy von Vasonykeö zwischen 1800 und 1808 fünf Kinder hatte, von denen Wilhelmine das zweite war. Obwohl sich der Vater zu ihnen allen bekannte, galt Wilhelmine als „filia illegitima". Bei der Hochzeit mit Nestroy am 7. September 1823 war sie 19, er noch nicht 22 Jahre alt. Eile war geboten, denn Sohn Gustav kam am 21. April 1824 in Amsterdam auf die Welt, war also schon ein paar Wochen unterwegs, sollte er kein Achtmonatekind gewesen sein. Wilhelmine teilte Nestroys Weg nach Amsterdam, nach Brünn und nach Graz, wo sie ihn im Frühjahr 1827 nach dreieinhalbjähriger Ehe verließ. Er zahlte ihr Unterhalt, aber als sie um mehr Geld einkam, verfuhr er – wie übrigens auch Raimund mit seiner geschiedenen Gattin – sehr hart und ließ sie wegen Schuldenmachens unter Kuratel stellen. Die Scheidung wurde am 15. Februar 1845 ausgesprochen, aber Nestroy konnte seine Lebensgefährtin Marie Weiler dennoch nicht heiraten. Wilhelmine hat Nestroy um mehr als acht Jahre überlebt und starb 66jährig an Altersschwäche.

Ferdinand NESTROY
Nestroys jüngster Bruder (1810–1867)

Auch Ferdinand Nestroy hat – wie Johann Nepomuk – das Studium abgebrochen, ging aber dann zum Militär. 1839 heiratete er in Kronstadt Friederike Schneider. Aus dieser Ehe stammten sechs Töchter und drei Söhne. Die heute lebenden Nestroys sind Nachkommen von Ferdinands Söhnen Gustav und Julius.

Franziska NESTROY

Nestroys jüngere Schwester (1803–1866)

Das Schicksal von Franziska Nestroy war dramatisch. Ignaz Franz „Edler" von Hoffmann, den sie 1822 heiratete, erwies sich als Hochstapler, der 1830 wegen Banknotenfälschung zu drei Jahren Kerker verurteilt wurde. Noch vor der Scheidung der Ehe 1830 begann Franziska 1829 mit der Rolle der Donna Elvira in Mozarts „Don Giovanni" ihre Karriere als Opernsängerin. Ihre Laufbahn führte sie u. a. nach Dresden und Lemberg, wo auch Nestroy 1831 auftrat. Allerdings errang Franziska Nestroy keine besondere Berühmtheit. Ihre Tochter Johanna Nepomucena Nestroy war auch kurzzeitig Schauspielerin und stand mit Nestroy auf der Bühne.

Gustav NESTROY

Nestroys älterer Sohn (1824–1869)

Gustav, der Sohn aus der Ehe mit Wilhelmine von Nespiesny, in Amsterdam geboren, war k. k. Nordbahnbeamter. Er heiratete 1860 Antonia Schöppesdorfer, die Tochter eines Grundgerichtsschreibers. Er starb kinderlos.

Johann NESTROY

Nestroys Vater (1763–1834)

Geboren in Komorau, besuchte er das Gymnasium in Troppau, studierte die Rechte in Wien und promovierte 1797. 1799 heiratete er Magdalena Constantin. Als Hof- und Gerichtsadvokat schuf er seiner Familie einen gutbürgerlichen Rahmen, verlor jedoch nach dem Tod seiner Frau (1814) jeden Halt. Bei seinem Tod war der 71jährige nur in Besitz der kläglichsten Habseligkeiten, darunter eines Bücherkastens mit 34 Büchern juridischen und katholisch-theologischen Inhalts.

Johanna Nepomucena NESTROY

Siehe Hoffmann

Karl NESTROY

Nestroys jüngerer Sohn (1831–1880)

Nestroys Sohn aus der Beziehung mit Marie Weiler wurde 1858 legitimiert. Er schlug die militärische Laufbahn ein und quittierte den Dienst
1863 im Offiziersrang. 1880 heiratete er Stefanie von Bene. Eineinhalb
Monate nach der Hochzeit ist er gestorben.

Karl Korbinian NESTROY

Nestroys älterer Bruder (1800–1835)

Er wurde 1821 Niederösterreichischer Landesregierungskanzleiprakti-
kant, 1830 dann Rechnungskonfizient in Armensachen, 1834 erster
Konfizient. Kurz vor seinem Tod heiratete er Katharina Hofsaß, Tochter
eines Bierwirts. Er starb an Herzlähmung.

Magdalena NESTROY, geb. Constantin

Nestroys Mutter (1781–1814)

Die Tochter eines k. k. Warenbeschauers vom Kohlmarkt brachte nach
ihrer Heirat mit dem Hof- und Gerichtsadvokaten Johann Nestroy
innerhalb von zehn Jahren acht Kinder zur Welt, von denen vier über-
lebten, Karl Korbinian, Johann Nepomuk, Maria Franziska und Ferdinand Gustav. Magdalena Nestroy sorgt vor allem für die musikalische
Erziehung ihrer Kinder. Als die Mutter am 15. September 1814 starb,
war Sohn Johann nicht ganz 13 Jahre alt. Magdalena konnte jedem der
Kinder noch 2000 Gulden hinterlassen. Die Familie verarmte erst nach
ihrem Tod.

Marie NESTROY, verehelichte Sluka

Nestroys Tochter (1840–1873)

Nestroys Tochter aus der Beziehung zu Marie Weiler wurde 1858
gemeinsam mit ihrem Bruder Karl legitimiert. Sie heiratete 1857 den
k. k. Major Karl Sluka. Ihr einziges, 1861 geborenes Kind, starb zwei
Wochen nach der Geburt. So hatte Nestroy von seinen direkten Nachkommen keine Kinder.

Nestroy erwies sich als geradezu genialer Darsteller der Komiker-Rollen in den
Operetten von Jacques Offenbach, der ihm in Satire und Skurrilität zutiefst ver-
wandt war. Das Foto zeigt Nestroy als Pan in „Daphnis und Chloë".

Jacques OFFENBACH

Komponist (1819–1880)

Es war Karl Treumann, der die spezifische Form des Offenbachschen Musiktheaters – zuerst in zahlreichen Einaktern – im Carl-Theater heimisch machte. Doch Nestroy fand, allerdings erst am Ende seiner Karriere, was die satirische Schärfe betraf, in dem „deutschen Franzosen" (Offenbach stammte aus Köln und machte in Paris Karriere) einen Geistesverwandten. Nestroy hat nicht viel Offenbach gespielt – 1859 in dem Einakter „Schuhflicker und Millionär", 1860 in „Orpheus in der Unterwelt" und „Tschin Tschin", 1861 „Daphnis und Chloe" und schließlich 1862 – seine letzte Rolle – in „Damen von Stand". Aber vor allem der Jupiter in „Orpheus in der Unterwelt" wurde legendär, und Bilder, die ihn als Gott Pan zeigen, offenbaren, wie sehr Nestroy hier seinen Hang zur Obszönität ausspielen konnte. Nestroy und Offenbach – das ist, durch seinen frühen Tod, eine Geschichte der Versäumnisse: Nicht auszudenken, welch ein Menelaus er in der „Schönen Helena" gewesen wäre oder wie viele Einakter à la HÄUPTLING ABENDWIND er noch aus Offenbach-Vorlagen hätte gewinnen können. Nach Jahren eingeschränkter Kreativität war das Werk des Franzosen für Nestroy zweifellos ein letzter neuer Impuls in seinen späteren Jahren.

OPERNPARODIEN

Nestroy hat folgende Opern parodiert:

1832: Die „Aschenbrödel"-Versionen von Rossini und Isouard = NAGERL UND HANDSCHUH

1832: „Zampa" von Ferdinand Herold = ZAMPA DER TAGDIEB

1833: „Robert der Teufel" von Giacomo Meyerbeer = ROBERT DER TEUXEL

1840: „Le Brasseur de Preston" von Adolphe Adam = DER FÄRBER UND SEIN ZWILLINGSBRUDER

1840: „La Reine d'un Jour" von Adolphe Adam = DER ERBSCHLEICHER

1848: „Martha" von Friedrich von Flotow = MARTHA ODER DIE MISCHMONDER-MARKT-MÄGDE-MIETUNG

1857: „Tannhäuser" von Richard Wagner = TANNHÄUSER

1859: „Lohengrin" von Richard Wagner = Lohengrin
1862 machte Nestroy noch aus Offenbachs Operette „Le Vent du
Soir ou L'horrible festin" den Häuptling Abendwind.

Adalbert PRIX

Theateragent

Nestroys Stücke wurden sehr bald im ganzen Raum der Monarchie und
in den deutschen Theaterstädten nachgespielt. Nestroy mußte den
Vertrieb aus der Hand geben, obwohl er sich, wie Briefe zeigen, immer
noch persönlich um Anfragen gekümmert hat. Jedenfalls überließ er die
Rechte an seinen Stücken zu einem Schlüssel von 60/40 dem Agenten
Prix. Dieser besorgte Abschriften und Versand von Stücken und Parti-
turen an die Theater. Bisweilen ließ Nestroy nach großen Erfolgen die
Mitteilung in die Zeitung setzen, daß die Stücke bei Prix (später auch
bei anderen Agenten) zu beziehen seien.

QUODLIBETS

Quodlibets, von denen man annehmen kann, daß sie von Nestroy krea-
tiv zusammengestellt und die von der Nestroy-Forschung folglich in die
Historisch-kritische Ausgabe aufgenommen wurden, sind folgende:
Der unzusammenhängende Zusammenhang
(28. Jänner 1830, Graz)
Magische Eilwagenreise durch die Komödienwelt
(13. März 1830, Preßburg)
Zwei Schüsseln voller Faschingskrapfen
(12. Februar 1831, Preßburg)
Humoristische Eilwagenreise durch die Theaterwelt
(23. Mai 1832, Theater an der Wien)
Die Fahrt mit dem Dampfwagen
(5. Dezember 1834, Theater an der Wien)
Die zusammengestoppelte Komödie
(8. August 1840, Theater an der Wien)
Die Ereignisse im Gasthofe
(3. Mai 1842, Theater an der Wien)

Das Quodlibet verschiedener Jahrhunderte
(12. Mai 1843, Theater an der Wien)
Der Begriff „Quodlibet" hat allerdings auch noch eine zweite Bedeutung: Da der Musikanteil der Stücke des Wiener Volkstheaters sehr
groß war und es sich bei vielen der Schauspieler auch um ausgebildete
Sänger handelte, kulminierte der erste Teil des Abends vor der Pause
oft in einem groß angelegten Opernquodlibet. Dabei wurden bekannten
Melodien neue Texte unterlegt, die sich oft auf die Handlung bezogen.
Ein Brief Nestroys an seinen Komponisten Adolf Müller bezeugt, daß
Nestroy zu den Quodlibets nicht nur den Text schrieb, sondern auch
die Musik zumindest teilweise mit aussuchte, und den Kritiken ist zu
entnehmen, daß es sich oft um neueste Werke handelte, die eben erst
am Hofoperntheater oder an anderen Wiener Bühnen vorgestellt worden waren. Aus der Tatsache, daß Nestroy eingestandenermaßen fast
jeden Abend seines Lebens im Theater verbrachte – wenn er nicht
selbst spielte, dann als Zuschauer –, ergab sich seine Repertoirekenntnis
an allem Neuen.

Ferdinand RAIMUND
Schauspieler und Dramatiker (1790–1836)
Ferdinand Raimund war der Schauspieler und Dichter, der das Wiener
Volkstheater vor Nestroy beherrschte. Seine Werke hatten die Ober-
flächlichkeit einer Massenproduktion von Bäuerle, Meisl, Gleich und
zahlreichen Epigonen durchbrochen, hatten dem Wiener Volkstheater
Welttheater-Dimension verliehen – so, wie der Schauspieler Raimund
eine große, tiefe Humanitas auch in die Darstellung gebracht und den
reinen Spaß damit überwunden hatte.
Nestroy sollte an Raimund gemessen und bei den Zeitgenossen im Vergleich zu ihm meist gewogen und zu leicht befunden werden: Urteile
wie jenes des Fürsten Schwarzenberg, für den Nestroy ein Shakespea-
rescher Geist und Raimund ein weinerlicher Jammerer war, blieben
vereinzelt. Auch bei Gastspielen stieß Nestroy oft auf die Erinnerung
an Raimund, der sich das deutsche Theaterpublikum erobert hatte, was
Nestroy nur bedingt gelang. Der Wiener Kritik jedenfalls galt Nestroys

Massenproduktion, seine anfängliche Rückkehr zum rein Unterhalten-
den, sein oft aus den untersten Gesellschaftsschichten rekrutiertes Per-
sonal der Stücke als Rückschritt hinter Raimunds Errungenschaften.

Nestroy war ein Raimund-Spieler, er hat mit Ausnahme des Valentin im
„Verschwender" alle großen Rollen in Raimunds Stücken verkörpert,
und manche – Rappelkopf oder Gluthahn – mögen ihm besser gelegen
haben als dem Autor.

Tatsache war jedoch, daß der auf der Bühne so „rabiate" Nestroy im
Leben ein ebensolcher Zweifler war wie Raimund und daß die beiden,
die sich aus zweifellos beiderseitigen „Berührungsängsten" nie in die
Nähe gekommen sind, sich vielleicht sehr gut verstanden hätten (wie
Peter Hofbauer in einer fiktiven Szene seines Singspiels „Raimund,
Nestroy und die Wiener" angedeutet hat).

Für Remmark in Graz gedruckter Lied-
text des Zwirn.

Karl REMMARK
Schauspieler (1802–1886)

Remmark, der eigentlich Kramer
hieß, kam 1833 nach Graz, wo
er zum Publikumsliebling wurde
und nicht nur als Schauspieler,
sondern zwischenzeitlich auch als
Direktor tätig war. Remmark war
Nestroys Partner, wenn dieser
in Graz gastierte, und sein soge-
nannter „letzter" Freund und
Vertrauter in den Grazer Tagen
ab 1860, wo die beiden angeblich
fast täglichen Umgang pflegten.
Der letzte bekannte Brief Nestroys ging am 1. April 1862 an ihn
und spannte ihn wieder zu einer
Heimlichkeit (wohl in Frauengeschichten) ein. Das letzte Karten-
spiel, mit dem Nestroy und Rem-

mark im Mai 1862 Piquet spielten, existiert noch. Es heißt auch, daß
Remmark neben Marie Weiler an Nestroys Sterbebett weilte und ihm
die Augen schloß.

REVOLUTION

Im Gegensatz zu anderen Theaterleuten – Friedrich Kaiser etwa oder
auch der Schauspieler Heinrich Strampfer, der bei Kämpfen fiel – hat
Johann Nestroy sich nicht aktiv an der Revolution des Jahres 1848
beteiligt. Wie genau er sie beobachtet hat, erweisen zahllose Details in
den Stücken, die er in den darauffolgenden Jahren geschrieben hat. Es
gibt keine direkten Aussagen von ihm zu diesem Thema, wohl aber gül-
tige Formulierungen, beispielsweise in DER ALTE MANN UND DIE JUNGE
FRAU. Daraus zwei Zitate, die mit Sicherheit die Meinung Nestroys
darstellen und frei von Zynismus
und Satire sind:

*„Die Revolution war in der Luft,
jeder hat sie eingeatmet und folglich, was er ausg'haucht hat, war
wieder Revolution ... da heißt's halt
dann, wie Schiller sagt: ‚Den nehm
ich heraus aus eurer Mitte, doch
teilhaft seid ihr alle seiner Schuld'
... Drum schenken wir denen, die's
getroffen, die mitleidvolle Teilnah-
me und danken wir Gott, daß sie
uns grad zufällig nicht herausge-
nommen hat.“*

Und, als zweites Beispiel: *„Nach
Revolutionen kann's kein ganz rich-
tiges Strafausmaß geben. Dem Ge-
setz zufolge verdienen so viele Hun-
derttausende den Tod – natürlich,
das geht nicht; also wird halt einer
auf lebenslänglich erschossen, der*

Nestroy und Scholz „schützen" in
Soldatenuniform die Wiener Bevölkerung ...

*andere auf fünfzehn Jahr' eing'sperrt, der auf sechs Wochen, noch ein
anderer kriegt a Medaille – und im Grund haben s' alle das nämliche
getan. "*

Elise ROHRBECK
Schauspielerin (1803–1868)

Elise Rohrbeck kam 1840, obwohl sie nach damaligen Begriffen nicht
mehr „jung" war, an das Theater an der Wien, wo sie möglicherweise
Nestroy-Freundin Eleonore Condorussi ablöste, die sich bald danach
empfahl. Elise Rohrbeck kreierte mit größtem Erfolg die Salome Pockerl
im TALISMAN, und es ist anzunehmen, daß Nestroy, der so genau auf
vorhandenes schauspielerisches Potential hin schrieb, einige „starke"
Frauenrollen auf ihre Persönlichkeit zuschnitt – die Frau von Erbenstein
im MÄDL AUS DER VORSTADT, die Lucia Distl in LIEBESGESCHICHTEN
UND HEIRATSSACHEN, desgleichen ihre letzte große Nestroy-Rolle, die
Madame Schleyer in DER ZERRISSENE.

Im ganzen hat Elise Rohrbeck 13 verschiedene Nestroy-Rollen gespielt,
die letzte war die Frau Pemperl 1848 in FREIHEIT IN KRÄHWINKEL.

ROLLENTAGEBÜCHER

In der Wiener Stadtbibliothek sind mehrere „Rollentagebücher"
Nestroys erhalten, und sie sind neben den Briefen auch die einzigen
„privaten" Aufzeichnungen, die wir von ihm besitzen. Er hat in mehreren Anläufen und in verschiedener Form versucht, sein Leben als
Sänger und Schauspieler dokumentarisch zu erfassen. Die Versuche
beginnen alle mit seinem ersten Auftreten als Sarastro, enden in verschiedenen Jahren, wobei man nicht weiß, ob Nestroy die Aufzeichnungen weitergeführt hat und sie bloß verlorengegangen sind oder ob er
vor der schier unglaublichen Fülle seiner Auftritte kapituliert hat.

Leopold ROSNER
Schauspieler, später Verleger (1838–1903)

Rosner kam im September 1859 durch Empfehlung des Possendichters
O. F. Berg an das Carl-Theater, wo er dem Sekretär Franz Neumann

vorsprach. Marie Weiler hörte zu und entschied wohl über das Engagement des 21jährigen. Dieser hat in der Folge zwar nur die beiden letzten Jahre von Nestroys Direktion, diese aber aus unmittelbarer Nähe erlebt. Ihm dankt man ausführliche Aufzeichnungen, die reich mit anekdotischem Material bestückt sind. Rosner war es dann auch, der Nestroys Zeitgenossen noch nach ihren Erinnerungen befragte und solcherart etwa die Aufzeichnungen von Anna Grobecker veranlaßte.

Louise RUSA
Schauspielerin

Louise Rusa, die in mehreren Nestroy-Stücken kleine Rollen gespielt hat, war um 1842 die Geliebte des Dichters. Ein Brief, den Nestroy über sie an seinen Kollegen und Vertrauten Ignaz Stahl schrieb, ist wieder – wie der Köfer-Brief – ein ungemein originelles und auch seltsames Dokument. Denn da Louise Rusa eine Kropfoperation bevorstand, ordnete Nestroy für den möglichen Todesfall alles für ihr Begräbnis an. Da Louise Rusa auch noch später in Nestroys Stücken spielte, hat sie die Operation ganz offenbar überlebt. Die finanzielle Großzügigkeit, die Nestroy sein Leben lang in allen Belangen zeigte, kommt auch hier zum Ausdruck.

Moritz Gottlieb SAPHIR
Journalist, Kritiker, Autor (1795–1858)

Saphir, der in seiner Zeitschrift „Der Humorist" ein Forum für seine Bosheiten hatte, war Nestroys Leib- und Magenfeind, aber er erfreute sich allgemein in Dichterkreisen keiner Beliebtheit: Grillparzer und Bauernfeld wiesen ihn vom Literatenstammtisch im Gasthaus „Zum Stern". So wie er in früheren Jahren Raimund gegen seinen Rivalen Ignaz Schuster ausgespielt hatte, machte er sich ein Vergnügen daraus, Nestroys Rivalen Karl Treumann auf Nestroys Kosten hoch zu loben. Nestroys „offener Brief" an Saphir (18. Februar 1849) zeigte, daß er nicht bereit war, sich auf die Dauer Saphirs Spott und Gemeinheiten gefallen zu lassen. Wie es dazu kommen konnte, daß Saphir dann den Prolog zur Eröffnung des Carl-Theaters unter Nestroys Direktion schrieb, ist nie geklärt worden.

Wenzel SCHOLZ

Schauspieler (1787–1857)

Scholz, 14 Jahre älter als Nestroy, war einer der großen Schauspieler des Volkstheaters. Er und Nestroy sind einander wohl schon in Graz begegnet und wurden in Wien für mehr als ein Vierteljahrhundert Partner. Der lange, dünne, quirlige Nestroy und der kleine, dicke, phlegmatische Scholz bildeten schon physiognomisch ein unwiderstehliches Duo.

Nestroy hat von NAGERL UND HANDSCHUH an in nahezu allen seinen Stücken große Rollen für Scholz geschrieben, von denen der Zwirn in LUMPAZIVAGABUNDUS, der Eulenspiegel in EULENSPIEGEL, der Faden in DIE BEIDEN NACHTWANDLER, der Tatelhuber in DIE VERHÄNGNISVOLLE FASCHINGSNACHT, der Melchior in EINEN JUX WILL ER SICH MACHEN, der Florian Fett in LIEBESGESCHICHTEN UND HEIRATSSACHEN, der Schafgeist in NUR RUHE!, der Gluthammer in DER ZERRISSENE, der Wampl in den SCHLIMMEN BUBEN, der alte Pfrim in HÖLLENANGST, der Schippl in MEIN FREUND, der Brunner in KAMPL, der Peter Dickkopf in HEIMLICHES GELD, HEIMLICHE LIEBE und der Schofel in THEATERG'SCHICHTEN die bedeutendsten waren. Die letzte Scholz-Rolle war der Wirt in UMSONST – damals war bereits Karl Treumann der Star des Theaters und der Nestroyschen Feder, was Scholz sehr betrübt hat. Doch er dankte Nestroy ein unglaubliches Repertoire an Tönen, seine Figuren in Nestroy-Stücken sind nur in den seltensten Fällen bloß die gemütlichen Dicken. Nestroy schrieb ihm Abgründiges, wenn er auch bisweilen (wie mit dem Patzmann im UNBEDEUTENDEN) über die Scholzschen Möglichkeiten, böse Menschen zu spielen, hinausging (wobei der Peter Dickkopf eine ebenso abstoßende Gestalt ist).

Ernst STAINHAUSER

Schauspieler, Theatermann (1810–1893)

Stainhauser war Nebenrollen-Darsteller im Theater an der Wien und versuchte sich auch als Dramatiker, aber Carl erkannte seine Qualitäten als Organisator und setzte ihn für Verwaltungsarbeiten ein. Dort wurde er so unentbehrlich wie für Johann Nestroy als Freund, auf den sich dieser in jeder Lebenslage verlassen konnte. Stainhauser hat nicht nur

Ernst Ritter von Stainhauser war der beste, verläßlichste und loyalste Freund, den Nestroy hatte, ein Mann, der ihm in jeder Lebenssituation beistand.

Nestroys „heimliches Geld" verwaltet und flüssig gemacht, er hat auch in den Krisen mit Marie Weiler als ehrlicher Makler zwischen beiden Teilen vermittelt. Für den Direktor Nestroy war er in der Organisation des Carl-Theaters unentbehrlich, und auch als er an das Kärntnertortheater ging, blieb er Nestroy als privater „Vermögensverwalter" erhalten. Die Briefe an Stainhauser sind die offensten und herzlichsten, die es von Nestroys Hand gibt.

Karl TREUMANN
Schauspieler (1823–1877)

Als der gebürtige Hamburger 1847 ans Theater an der Wien kam, bildete er dort zusammen mit Carl Rott ein Komiker-Duo, das dem Duo Nestroy / Scholz im Carl-Theater starke Konkurrenz bereitete. Diese Verunsicherung vergällte Nestroy Jahre seines Lebens. Im September 1852 kam Treumann an das Carl-Theater, wo sich Nestroy ein Jahr lang weigerte, ihn zur Kenntnis zu nehmen oder gar mit ihm zu spielen. Als der Bann dann ein Jahr später gebrochen wurde, entstand zwischen den beiden Männern eine Freundschaft, die Nestroy dazu brachte, freiwillig hinter Treumann zurückzutreten, ihm eigene Rollen zu überlassen und ihm die besten Rollen in seinen neuen Stücken zu schreiben.

Dabei galt Treumann bei Zeitgenossen als höchst oberflächlicher Komiker, dessen angebliche „Verwandlungskunst" – etwa nach dem Urteil von Friedrich Uhl – vor allem darin bestand, daß er sich in Windeseile umzuziehen verstand. Karl Treumann schließlich war es, der als gefälliger Sänger und Bonvivant in dem Genre der heraufkommenden französischen Operette – in der Nachfolge des in Wien kurzfristig beliebten Vaudevilles – sein eigenes Wirkungsgebiet entdeckte. Nestroy ließ ihm als Direktor des Carl-Theaters freie Hand, und Treumann holte von Paris die Stücke nach Wien, die er dann auch selbst übersetzte. Der positive Nebeneffekt war, daß Nestroy solcherart auch noch Offenbach für sich entdeckte und brillante Rollen in dessen Werken fand.

Als Nestroy das Carl-Theater verließ, keinesfalls in Harmonie mit Carls Erben, denen er es wieder zurückstellte, ging auch Treumann und nahm einen Teil des Ensembles mit sich. Er war nämlich bereits um die Erlaubnis eingekommen, ein eigenes Theater zu errichten. Tatsächlich kam es zum Bau des „Theaters am Franz-Josephs-Quai", das er am 1. November 1860, einen Tag nach Nestroys Abschied am Carl-Theater, eröffnete. Es handelte sich dabei um ein „Provisorium" in Holz, das später durch einen Steinbau ersetzt werden sollte. Treumann hatte schon davor einen Vertrag unterzeichnet, der Nestroy von 1860 bis 1865 zu Gastspielen verpflichtete. Zwei davon hat Nestroy vor seinem Tod auch absolviert, beim zweiten kamen dann FRÜHERE VERHÄLTNISSE und HÄUPTLING ABENDWIND zur Uraufführung.

Als das Quai-Theater (noch das Provisorium) in der Nacht vom 8. zum 9. Juni 1863 abbrannte, gab es Gerüchte, der Brand wäre Treumann sehr gelegen gekommen, denn die Errichtung des Steinbaus hätte ihn finanziell überfordert. Inzwischen aber hatte sich die neue Direktion des Carl-Theaters nach Nestroy nicht bewährt, und so übernahm Treumann im August 1863 sein ehemaliges Theater als Direktor, blieb aber in dieser Funktion nur bis 1866.

Marie WEILER
Schauspielerin, Nestroys Lebensgefährtin (1809–1864)

Nestroy begegnete der optisch reizlosen Schauspielerin und Sängerin 1828 in Graz. Sie übernahm Mutterstelle an seinem Sohn Gustav und wurde für Nestroy lebenslang „die Frau", die ihm Gefährtin in allen Lebenslagen war, seinen Haushalt (und später das Carl-Theater) führte, sein Geld zusammenhielt (er schaffte immer noch genug beiseite) und seine Frauengeschichten ertrug, von zwei großen Krisen (1856 und 1858) abgesehen, in denen sie ihn verlassen wollte.

Was Marie Weiler als Schauspielerin betraf, konnte Nestroy ihr Können und ihre Qualitäten genau einschätzen, hat ihr nie Hauptrollen geschrieben, aber dafür gesorgt, daß sie in wirkungsvollen Nebenrollen

Sie war nicht schön, sie war auch nur mäßig begabt, aber dennoch war Marie Weiler dank ihrer menschlichen und geschäftlichen Qualitäten der für Nestroy unentbehrlichste Mensch seines Lebens.

ihre Stärke, den Gesang, einsetzen konnte. So hatte sie schon in NAGERL UND HANDSCHUH als Bella eine „Bravour"-Arie, die sie mit besonderem Beifall sang. Auch war sie stets in Nestroys Quodlibets führend dabei. Das einzige Theaterbild, das es von ihr und Nestroy gibt (es existiert kein Privatfoto der beiden), zeigt sie als Rosalie neben Nestroys Schnoferl in DAS MÄDL AUS DER VORSTADT, worin das Quodlibet ein besonderer Erfolg war. Die beste Rolle, die er ihr geschrieben hat, war die Flora Baumscheer im TALISMAN.

Marie Weiler, die mit Nestroy den Sohn Karl und die Tochter Marie hatte, hat Nestroy nur um zwei Jahre überlebt.

Franz WIEST
Journalist, Kritiker (1814–1847)

Franz Wiest hat sich in das Bewußtsein der Nachwelt hineingeschrieben als der Mann, der Nestroy ausreichend provozierte, um ihn schließlich im Gefängnis landen zu lassen.

ZENSUR

Alles Gedruckte mußte seit den Zeiten Maria Theresias eine Kontrolle durch staatliche Stellen über sich ergehen lassen. Seit der Französischen Revolution dehnte man die Zensur auch auf Briefe aus. Metternich sorgte durch die ausübende Kraft von Josef Sedlnitzky als Leiter der Obersten Polizei- und Zensurhofstelle für die absolute Kontrolle aller Erzeugnisse von Literatur, Theater und Presse, was sich auch auf Predigten oder Geschäftsschilder erstreckte. 1848 bestand einer der kurzen Triumphe der Revolution in der Aufhebung der Zensur, was die Aufführung von Nestroys FREIHEIT IN KRÄHWINKEL möglich machte. Die Zensur wurde noch 1848 wieder eingeführt (und die FREIHEIT IN KRÄHWINKEL prompt verboten).

Alle Stücke Nestroys mußten der Zensur vorgelegt werden, alle mußten sich Beanstandungen und Änderungen gefallen lassen. Die „Selbstzensur", die Nestroy vielfach in hohem Maße übte, indem er gewisse Formulierungen in seinen Stücken a priori änderte, ist von der Nestroy-Forschung ausführlich analysiert worden. Nestroys Auseinandersetzung mit der Zensur ist am deutlichsten in der Eingabe vom 22. März 1851 formuliert, wo er sich gegen viele Einwände der Zensoren in bezug auf sein Stück MEIN FREUND verwahrt.

Der Dichter Nestroy hat mit der Zensur weniger Probleme als der Schauspieler. Die schärfsten Zusammenstöße:

Dezember 1825: Nestroy wird in Brünn wegen nicht genehmigter Zusatzstrophen in „Der Dorfbarbier" von der Zensur gerügt. Als er sich in weitere Auseinandersetzungen mit Polizeidirektor Karl Muth einläßt (dem er erklärt, daß er in manchen Rollen „durchaus extemporieren müsse"), kündigt dieser vor der Zeit Nestroys Brünner Engagement.

Jänner 1836: Nestroy extemporiert gegen den Kritiker Franz Wiest und muß eine fünftägige Haftstrafe antreten, aus der er seinen berühmten „Brief aus dem Gefängnis" schreibt.

Juni 1851: Nestroy extemporiert in Friedrich Kaisers Stück „Verrechnet" gegen Beichte und „die Schwarzen" (worunter damals die Priester zu verstehen sind) und wird zu einer Geldstrafe von 10 Gulden verurteilt.

April 1852: Nestroy extemporiert in seinem Stück KAMPL gegen die beabsichtigte Gasbeleuchtung.

Herbst 1855: Die Zensur verweigert eineinhalb Jahre lang eine Wiederaufführung von Angelys „Zwölf Mädchen in Uniform", in der Erkenntnis, daß man den Schauspieler Nestroy in diesem Stück nicht bändigen kann.

November 1856: Nestroy extemporiert in der Wiederaufnahme von Bäuerles „Zemire und Azor" gegen die Creditanstalt. Es kommt zu einem Straferkenntnis der Polizeidirektion.

Dezember 1857: Bei der Wiederaufnahme von Nestroys DIE VERHÄNGNISVOLLE FASCHINGSNACHT wird reklamiert, daß Nestroy in der Szene, wo er seine Geliebte um ein Rendezvous bittet, in Betonung und Mimik zweideutig gewesen sei.

Mai 1860: In Anton Bittners „Das Kind des Bettlers" extemporiert Nestroy und wird zu einer Geldstrafe von 40 Gulden verurteilt.

Jänner 1862: Nestroy macht in Vorstellungen von Offenbachs „Orpheus in der Unterwelt" und vielleicht auch LUMPAZIVAGABUNDUS seinem Ärger über die Krönung von Wilhelm I. zum König von Preußen Luft, wobei sich Nestroy in Nachahmung der historischen Vorgänge als Jupiter selbst die Krone auf den Kopf setzt. Desgleichen spottet er darüber, daß preußische Offiziere Frankreichs Bürgerkönig Louis Napoleon die Hände geküßt haben.

Was Nestroy tatsächlich von der Zensur hält, sagt er ihr in den wenigen Monaten, als er es „unzensuriert" tun darf. Da heißt es dann in der FREIHEIT IN KRÄHWINKEL:

Die Zensur ist die jüngere von zwei schändlichen Schwestern, die ältere heißt Inquisition; die Zensur ist das lebendige Geständnis der Großen, daß sie nur verdummte Sklaven treten, aber keine freien Völker regieren können. Die Zensur ist etwas, das tief unter dem Henker steht, denn derselbe Aufklärungsstrahl, der vor 60 Jahren dem Henker zur Ehrlichkeit verholfen hat, hat der Zensur in neuester Zeit das Brandmal der Verachtung aufgedrückt.

Und was ein Zensor ist, definiert er so:

Ein Zensor ist ein Mensch gewordener Bleistift oder ein Bleistift gewordener Mensch, ein fleischgewordener Strich über die Erzeugnisse des Geistes, ein Krokodil, das an den Ufern des Ideenstromes lagert und den darin schwimmenden Literaten die Köpf abbeißt.

ZETTELTRÄGER

Zu Nestroys Zeiten wurde der Spielplan der Theater kurzfristig bestimmt und täglich per „Zetteln" verbreitet. Diese wurden an den Wänden angeschlagen, aber auch durch sogenannte „Zettelträger" verteilt und in die Häuser gebracht, um das Interesse am Theater zu befriedigen. In seinem Stück MOPPELS ABENTEUER schildert Nestroy die Arbeit eines Zettelträgers durch Moppel selbst: *„Ich hab es in Wien bereits bis zum Theaterzetteltrager gebracht, was für eine Karriere war mir eröffnet, einem Menschen, der in den nobelsten Häusern unangemeldet bis in das Innerste des Portiergemachs dringen durfte, einem Menschen, auf den die vornehmsten Leut so oft mit neugieriger Sehnsucht warteten, daß sie alle Augenblick gefragt haben, wo bleibt denn der Lump wieder so lang."*

Hinweise auf im Buchhandel erhältliche Nestroy-Literatur

Die Historisch-kritische Gesamtausgabe, herausgegeben von Jürgen Hein, Johann Hüttner, Walter Obermaier und W. Edgar Yates, umfaßt sämtliche Stücke Nestroys in Text und Kommentar, weiters einen Band Briefe und einen Ikonographienband. Verlag Deuticke.

Otto Basil: Nestroy
Rowohlt-Monographie Nr. 132, 1967

Helga Dostal, Hrsg.: Nestroy. Weder Lorbeerbaum noch Bettelstab.
Katalog des Österreichischen Theatermuseums, 2000

Jürgen Hein / Claudia Meyer: Theaterg'schichten. Ein Führer durch Nestroys Werk.
In der Reihe „Quodlibet" des Verlagsbüros Lehner, 2001

Herbert Hunger: Das Denken am Leitseil der Sprache.
Verlag der Akademie der Wissenschaften, 1999

Franz H. Mautner, Hrsg.: Nestroy. Komödien. Insel TB 1742, 1995

Ruth Pauli: Die Welt ist die wahre Schul' – Mit Nestroy durch das Jahr 2001.
Edition Atelier, 2000

Walter Schübler: NESTROY. Eine Biographie in 30 Szenen. Residenz Verlag, 2001

Reinhard Urbach: Nestroy. Stich- & Schlagworte. Deuticke, 2001

W. Edgar Yates: Reserve und andere Notizen. In der Reihe „Quodlibet" des Verlagsbüros Lehner, 2000

In Vorbereitung:
Herbert Zeman: Johann Nepomuk Nestroy. Verlag Holzhausen, 2001

Die Website nestroy.at enthält u. a. ein Werkeverzeichnis von Jürgen Hein, Nestroy-News und zahlreiche Links.

STÜCKE TABELLARISCH

Titel	Uraufführung	Gattungsbezeichnung	Musik
Prinz Friedrich von Korsika	18. Dez. 1841 / TaW[1]	Histor.-romant. Drama in 5 Akten	Adolf Müller
Der Zettelträger Papp	15. Dez. 1827 / Graz	Komische Kleinigkeit, Vorspiel	Franz Volkert
30 Jahre aus dem Leben eines Lumpen	20. Dez. 1828 / Graz	Zauberspiel m. G.[3] in 3 Akten	
Der Einsylbige	16. Jän. 1829 / Graz	Schwank in 1 Aufzug	
Der Tod am Hochzeitstage	18. Aug. 1829 / Josefst.[2]	Zauberspiel in 2 Akten	Franz Rosner
Der unzusammenhängende Zusammenhang	28. Jän. 1830 / Graz	Quodlibet in 2 Akten	
Mag. Eilwagenreise durch die Komödienwelt	13. März 1830 / Preßburg	Quodlibet in 2 Akten	
Zwei Schüsseln voller Faschingskrapfen	12. Feb. 1831 / Preßburg	Quodlibet in 2 Akten	
Der gefühlvolle Kerkermeister	7. Feb. 1832 / TaW	Gespr. und ges. Parodie in 3 Akten	Adolf Müller
Nagerl und Handschuh	23. März 1832 / TaW	Parodie in 3 Aufzügen	Adolf Müller
Humorist. Eilwagenreise durch d. Theaterwelt	23. Mai 1832 / TaW	Quodlibet in 2 Akten	
Zampa der Tagdieb	22. Juni 1832 / TaW	Parodie in 3 Akten	Adolf Müller
Der konfuse Zauberer	26. Sept. 1832 / TaW	Original-Zauberspiel m. G. in 3 Akten	Adolf Müller
Die Zauberreise in die Ritterzeit	20. Okt. 1832 / TaW	Original-Zauberposse in 3 Akten	Adolf Müller
Genius, Schuster und Marqueur	nicht aufgeführt	Zauberspiel in 4 Akten	
Der Zauberer Februar	12. Feb. 1833 / TaW	Lokales Zauberspiel m. G. in 2 Akten	Adolf Müller
Der Feenball	nicht aufgeführt	Faschingsposse in 3 Aufzügen	
Der böse Geist Lumpazivagabundus	11. Apr. 1833 / TaW	Zauberposse m. G. in 3 Akten	Adolf Müller
Robert der Teuxel	9. Okt. 1833 / TaW	Parodierte Zauberposse in 3 Akten	Adolf Müller
Der Tritschtratsch	20. Nov. 1833 / TaW	Lokale Posse m. G. in 1 Aufzug	Adolf Müller
Der Zauberer Sulphur. u. die Fee Walpurgis.	17. Jan. 1834 / TaW	Zauberposse m. G. in 3 Akten	Adolf Müller
Müller, Kohlenbrenner und Sesselträger	4. April 1834 / TaW	Zauberposse m. G. in 3 Aufzügen	Adolf Müller
Das Verlobungsfest im Feenreiche	nicht aufgeführt	Zauberposse in 3 Aufzügen	
Die Gleichheit der Jahre	8. Okt. 1834 / TaW	Lokale Posse m. G. in 4 Abteilungen	Adolf Müller
Die Familien Zwirn, Knieriem und Leim	5. Nov. 1834 / TaW	Zauberspiel in 2 Aufzügen	Adolf Müller
Die Fahrt mit dem Dampfwagen	5. Dez. 1834 / TaW	Vorspiel zu Quodlibet in 1 Akt	
Weder Lorbeerbaum noch Bettelstab	12. Feb. 1835 / TaW	Parodierte Posse in 3 Abteilungen	Adolf Müller
Eulenspiegel	22. April 1835 / TaW	Lokale Posse m. G. in 4 Akten	Adolf Müller
Zu ebener Erde und erster Stock	24. Sept. 1835 / TaW	Lokale Posse m. G. in 3 Aufzügen	Adolf Müller
Der Treulose	5. März 1836 / TaW	Dramatisches Gemälde in 3 Aufzügen	Adolf Müller
Die beiden Nachtwandler	6. Mai 1836 / TaW	Posse m. G. in 2 Aufzügen	Adolf Müller
Der Affe und der Bräutigam	27. Juli 1836 / TaW	Posse m. G. in 3 Aufzügen	Georg Ott
Eine Wohnung ist zu vermieten	17. Jan. 1837 / TaW	Lokale Posse m. G. in 3 Aufzügen	Adolf Müller
Moppels Abenteuer im Viertel . . .	5. Mai 1837 / TaW	Posse in 2 Abteilungen	Adolf Müller
Das Haus der Temperamente	16. Nov. 1837 / TaW	Posse m. G. in 2 Aufzügen	Adolf Müller
Glück, Mißbrauch und Rückkehr	10. März 1838 / TaW	Lustspiel m. G. in 5 Aufzügen	Adolf Müller
Der Kobold	19. April 1838 / TaW	Parod. Zauberposse m. G. in 3 Aufz.	Adolf Müller
Gegen Torheit gibt es kein Mittel	3. Nov. 1838 /TaW	Lustiges Trauerspiel m. G. in 3 Abt.	Adolf Müller
Die verhängnisvolle Faschingsnacht	13. April 1839 / TaW	Lokale Posse m. G. in 3 Aufzügen	Adolf Müller
Der Färber und sein Zwillingsbruder	15. Jan. 1840 / TaW	Posse m. G. in 3 Aufzügen	Adolf Müller
Der Erbschleicher	21. Mai 1840 / TaW	Posse m. G. in 4 Akten	Adolf Müller
Die zusammengestoppelte Komödie	8. Aug. 1840 / TaW	Komisches Quodlibet m. G. in 2 Abt.	

1) TaW = Theater an der Wien – 2) Josefstadt = Theater in der Josefstadt, Wien – 3) m. G. = mit Gesang

rlage Land	Vorlage Genre	Vorlage Autor	Nestroy-Rolle	Nestroy-Beruf	Scholz-Rolle
utschland		Erzählung	Van der Velde		
terreich	Stück	Herzenskron	Papp	Zettelträger	
nkreich	Stück	Victor du Cange	Longinus	Kammerdiener	
			Siegelwachs		
ginal			Dappschädl		
			Diverse Rollen		
			Diverse Rollen		
			Diverse Rollen		
			Dalkopatscho	Kerkermeister	
ien/Frankr.	Oper	Rossini / Isourd	Ramsamperl	Magischer Erbe	Maxenpfutsch
			Diverse Rollen	Theaterdiener	Diverse Rollen
ien	Oper	L. Herold	Pahnuzzi		
ginal			Schmafu	Magier	Konfus. Stockfisch
ginal			Simpl. Sappraw.		
			Görgel Blasi	Müller	Pulverhörnl
utschland	Erzählung	Karl Weisflog	Knieriem	Schuster	Zwirn
nkreich	Oper	Meyerbeer	Bertram	böser Zauberer	Reimboderl
utschland	Stück	Louis Angely	Tratschmiedl	Tabakkrämer	
utschland	Stück	Ernst Raupach	Ali Memek	reicher Orientale	Plumpsack
			Rot	Sesselträger	Schwarz
utschland	Erzählung	Prätzel	Eduard Strizl		Pudelkopf
itschland	Erzählung	Karl Weisflog	Knieriem	Schuster	Zwirn
			Christoph	Herrschaftssohn	Nebel
itschland	Stück	Karl Holtei	Leicht, Dichter	Dichter	Chr. Überall
			Natzi		Eulenspiegel
			Johann	Bedienter	Damian Stutzel
			Falsch		Treuhold
erreich	Stück	Gleich / Castelli	Fabian Strick	Geselle	Sebastian Faden
			Hecht	Diener	
itschland	Stück	Louis Angely	Gundelhuber	Rentier	Cajetan Blsam
			später: Moppel	Bedienter	Moppel
			Schlankel	Barbier	Hutzibutz
nkreich	Roman	Paul de Kock	Blasius Rohr	Schreiber	Rochus
nkreich	Ballett	J. Perrot	Foletterl	Junger Kobold	
nkreich	Roman	Paul de Kock	Simplicius Berg		Anselm
itschland	Stück	Karl Holtei	Lorenz	Holzhacker	Tatelhuber
nkreich	Oper	Adolphe Adam	Kilian / Hermann	Färber / Soldat	Peter
nkreich	Oper	Adolphe Adam	Simon Dappl		Gregorius Tost
			Christoph		Nebel, Theaterdiener

STÜCKE TABELLARISCH

Titel	Uraufführung	Gattungsbezeichnung	M
Der Talisman	16. Dez. 1840 / TaW	Posse m. G. in 3 Aufzügen	Adolf Müller
Das Mädl aus der Vorstadt	24. Nov. 1841 / TaW	Posse m. G. in 3 Akten	Adolf Müller
Einen Jux will er sich machen	10. März 1842 / TaW	Posse m. G. in 4 Aufzügen	Adolf Müller
Die Ereignisse im Gasthofe	3. Mai 1842 / TaW	Komische Szenenreihe in 1 Akt	
Die Papiere des Teufels	17. Nov. 1842 / TaW	Posse m. G. in 3 Akt. und 1 Vorsp.	Adolf Müller
Liebesgeschichten und Heiratssachen	23. März 1843 / TaW	Posse m. G. in 3 Akten	M. Hebenstreit
Das Quodlibet verschiedener Jahrhunderte	12. Mai 1843 / TaW	Scenen- u. Pers.-Durchein. in 3 Abt.	
Nur Ruhe!	17. Nov. 1843 / Leopoldst.	Posse m. G. in 3 Akten	Adolf Müller
Eisenbahnheiraten	3. Jän. 1844 / TaW	Posse m. G. in 3 Akten	Andreas Scutti
Hinüber – herüber	16. März 1844 / Leopoldst.	Intermezzo nach einer Anekdote	keine Angabe
Der Zerrissene	9. April 1844 / TaW	Posse m. G. in 3 Akten	Adolf Müller
Die beiden Herren Söhne	16. Jän. 1845 / TaW	Posse m. G. in 4 Akten	Adolf Müller
Das Gewürzkrämerkleeblatt	26. Feb. 1845 / TaW	Posse m. G. in 3 Akten	Adolf Müller
Unverhofft	23. April 1845 / TaW	Posse m. G. in 3 Akten	Adolf Müller
Der Unbedeutende	2. Mai 1846 / Leopoldst.	Posse m. G. in 3 Akten	Adolf Müller
Zwei ewige Juden und keiner	4. Aug. 1846 / Leopoldst.	Burleske m. G. in 2 Akten	Adolf Müller
Der Schützling	9. April 1847 / Leopoldst.	Posse m. G. in 4 Akten	Adolf Müller
Die schlimmen Buben in der Schule	10. Dez. 1847 / Carl-Th.	Posse m. G. in 1 Akt	M. Hebenstreit
Martha	25. Jän. 1848 / Carl-Th.	Parodierte Posse m. G. in 3 Akten	M. Hebenstreit
Die lieben Anverwandten	21. Mai 1848 / Carl-Th.	Posse m. G. in 5 Akten	M. Hebenstreit
Freiheit in Krähwinkel	1. Juli 1848 / Carl-Th.	Posse m. G. in 2 Abteilungen	M. Hebenstreit
Lady und Schneider	6. Feb. 1849 / Carl-Th.	Posse m. G. in 2 Akten	M. Hebenstreit
Judith und Holofernes	13. März 1849 / Carl-Th.	Travestie m. G. in 1 Akt	M. Hebenstreit
Der alte Mann mit der jungen Frau	posthum aufgeführt	Posse (Volksstück?) m. G. in 4 Akten	
Höllenangst	17. Nov. 1849 / Carl-Th.	Posse m. G. in 3 Akten	M. Hebenstreit
Sie sollen ihn nicht haben	12. Jän. 1850 / Carl-Th.	Faschings-Posse m. G. in 2 Aufzügen	M. Hebenstreit
Karikaturen-Charivari mit Heiratszweck	1. April 1850 / Carl-Th.	Posse m. G. in 3 Aufzügen	M. Hebenstreit
Alles will den Propheten sehen	4. Mai 1850 / Carl-Th.	Posse m. G. in 3 Aufzügen	C. F. Stenzel
Verwickelte Geschichte	22. Juni 1850 / Carl-Th.	Posse m. G. in 2 Akten	C. F. Stenzel
Mein Freund	4. April 1851 / Carl-Th.	Posse m. G. in 3 Akt. und 1 Vorsp.	C. F. Stenzel
Der gemütliche Teufel	20. Dez. 1851 / Carl-Th.	Zauberspiel m. G. und Tanz in 1 Akt	Carl Binder
Kampl	29. März 1852 / Carl-Th.	Posse m. G. in 4 Akten	Carl Binder
Heimliches Geld, heimliche Liebe	16. März 1853 / Carl-Th.	Posse m. G. in 3 Akten	Carl Binder
Theaterg'schichten durch Liebe, Intrige ...	1. Feb. 1854 / Carl-Th.	Posse m. G. in 2 Akten	Carl Binder
Nur keck!	posthum aufgeführt	Posse m. G. in 3 Akten	
Umsonst	7. März 1857 / Carl-Th.	Posse m. G. in 3 Aufzügen	Carl Binder
Tannhäuser	31. Okt. 1857 / Carl-Th.	Zukunftsposse in 3 Abteilungen	Carl Binder
Zeitvertreib	posthum aufgeführt	Posse in 1 Akt	
Lohengrin	31. März 1859 / Carl-Th.	Musikal.-dramat. Parodie in 4 Bilder	Carl Binder
Frühere Verhältnisse	7. Jän. 1862 / Quai-Th.	Posse m. G. in 1 Akt	A. M. Storch
Häuptling Abendwind	1. Feb, 1862 / Quai-Th.	Indian. Fasch. burleske in 1 Akt	Offenbach

Vorlage Land	Vorlage Genre	Vorlage Autor	Nestroy-Rolle	Nestroy-Beruf	Scholz-Rolle
nkreich	Vaudeville	Dupeuty / Courc	Titus Feuerfuchs	Barbier	*später:* Plutzerkern
nkreich	Vaudeville	Paul de Kock	Schnoferl	Winkelagent	
gland	Stück	John Oxenford	Weinberl	Handelsdiener	Melchior
			Dappl / Stock		Konrad
nkreich	Vaudeville	Arargo / Vermond	Federl	Schreiber	Dominik
gland	Stück	John Poole	Nebel	Bedienter	Florian Fett
			Diverse Rollen		Diverse Rollen
nkreich	Stück	Michel Masson	Rochus Dickfell	Lederergeselle	Schafgeist
nkreich	Vaudeville	Bayard / Varin	Patzmann	Zimmermaler	Peter Stimmstock
terreich	Zeitungsnotiz		Der Gevatter		Der Wirt
nkreich	Vaudeville	Duvert / Lauzanne	Lips	Kapitalist	Gluthammer
nkreich	Roman	Paul de Kock	Vincenz		Jakob Balg
nkreich	Vaudeville	Lockroy / Anicet-Bourgois	Cichori	Gewürzkrämer	Peter
nkreich	Vaudeville	Bayard / Dumanoir	Ledig	Particulier	Walzl
nkreich	Erzählung	Raymond / M. Masson	Peter Span	Zimmermann	Puffmann
nkreich	Vaudeville	François-Antoine Varner	Kranz	alter Maler	Mummler
nkreich	Stück	Joseph-Bernard Rosier	Gottlieb Herb	Neffe	Pappinger
nkreich	Vaudeville	Lockroy / Anicet-Bourgois	Willibald	Bube	Wampl
utschland	Oper	Friedrich v. Flotow	Leinöhl	Pächter	Plumpsack
land	Roman	Charles Dickens	Edelschein		Lampl
utschland	Stück	Kotzebue / Bäuerle	Ultra	Journalist	Klaus
nkreich			Hyginus Heugeign	Schneider	Restl
utschland	Stück	Friedrich Hebbel	Joab	Judiths Bruder	Holofernes
nkreich		Epagny / Dupin	Wendelin	Schuster	Pfrim
nkreich	Vaudeville	Varin / Boyer	Vincenz	Gehilfe	Krapfl
terreich	Zeitungstypen		Jeriel Finkl	Pfiffikus	Kajetan
utschland	Stück	Charlotte Birch-Pfeiffer	Kilian Sitzmeyer	Juwelier	Knollich
			Wachtel	keine Bezeichnung	Faß
nkreich	Roman	Michel Masson	Schlicht	Buchhalter	Schippl
utschland	Volkssage		Satanas	Teufel	Belzebub
nkreich	Roman	Eugene Sue	Kampl	Chirurgus	Gabriel Brunner
nkreich		Frédéric Soulié	Kasimir Dachl	Kupferschmiedgeselle	Peter Dickkopf
nkreich	Roman	Alexandre Dumas	Matthias Damisch		Schofel
nd	Stück	Boucicault			
arn	Stück	Szigligeti	Pitzl	Schauspieler	
utschland	Oper	Richard Wagner	Purzl	Landgraf	
tschland	Oper	Richard Wagner	verschied. Rollen		
tschland	Stück	Emil Pohl	Muffl	Hausknecht	
kreich	Operette	Jacques Offenbach	Abendwind	Häuptling	

Danksagungen

Bekannter- und unbekannterweise muß pauschaler Dank den Herausgebern der Historisch-kritischen Nestroy-Ausgabe gelten, die über Texterstellung und Interpretation hinaus so viel Material zu Nestroy gefunden und publiziert haben.
Universitätsprofessor Othmar Nestroy hat freundlicherweise Objekte aus seinem persönlichen Besitz zur Abbildung zur Verfügung gestellt.
Hofrat Wilfried Seipel, der Direktor des Kunsthistorischen Museums, sowie Dr. Franz Pichorner waren gemeinsam mit Monsieur Philippe Luez vom Louvre in Paris bemüht, das Gemälde von Charles Muller aufzutreiben, das unter dem Titel „Der Tod des Girondisten" durch die Nestroy-Literatur geistert. Ein Bild dieses Titels konnte allerdings nicht gefunden werden. Möglicherweise hat Nestroy das Muller-Gemälde „Appel des Dernières Victimes de la Terreure dans la Prison de Saint Lazare. 7,9 Thermidor 1794" gesehen, das zwar nicht, wie mancherorts berichtet, eine krasse Schreckensszene darstellt. Dennoch ist unübersehbar, daß die Figur im Zentrum des Bildes eine gewisse Ähnlichkeit mit Nestroy aufweist.

Persönlicher Dank ergeht an

Dr. Walter Obermaier, den Direktor der Wiener Stadtbibliothek, an Ministerialrat Dipl.-Ing. Karl Zimmel, den Geschäftsführer der Nestroy-Gesellschaft, sowie an Freunde, die mir in schier unglaublicher Großzügigkeit ihre Bibliothek öffneten und mit Rat und Tat nicht geizten: Gottfried Riedl, Dr. Edda und Dr. Fritz Fuhrich, Irene und Georg Mittendrein. Mein Sohn Rudolf hat mich tatkräftig unterstützt.
Last not least ist den Mitarbeitern des Verlages herzlich zu danken. Ohne den persönlichen Einsatz von Elke Vujica, die auch alles bisher unveröffentlichte, Graz betreffende Bildmaterial (von Nestroys erster Premiere als Autor mit dem „Zettelträger Papp" bis zu seinem letzten Auftreten überhaupt in „Umsonst" und vieles mehr) beschaffte, wäre dieses Buch nicht denkbar gewesen. Hersteller Helmut Lenhart hat sich des Buches mit besonderer Liebe angenommen.

Bildnachweis

Bildarchiv der Österreichischen Nationalbibliothek: 37, 55, 221
Historisches Museum der Stadt Wien: 39, 71, 84, 118, 123, 130, 143, 160, 172, 187, 203, 225, 232, 233, 240, 244, 253, 255
Wiener Stadt- und Landesbibliothek: 18, 20, 90, 194
Grazer Stadtarchiv: 120
Grazer Stadtmuseum: 24 (oben)
Steiermärkische Landesbibliothek, Sondersammlungen: 24 (unten), 27, 81, 125, 248
Renate Wagner: 11 (zweimal), 127
Privatbesitz, Graz: 97, 183
Alle übrigen: Privatbesitz, Wien